EBERHARD MANNSCHATZ

Jugendhilfe als DDR-Nachlaß

VOTUM Verlag 1994

Die Deutsche Bibliothek — CIP-Einheitsaufnahme

Mannschatz, Eberhard:
Jugendhilfe als DDR-Nachlass / Eberhard Mannschatz. —
Münster : Votum-Verl., 1994
  ISBN 3–926549–79–3

© 1994 VOTUM Verlag GmbH
Studtstraße 20 · 48149 Münster

Umschlag: Böwer Jauczius Manitzke, Münster
Druck: Druckwerkstatt, Münster

ISBN 3–926549–79–3

Inhaltsverzeichnis

Vorwort von C.W. Müller		5
Vorbemerkung des Autors		7
1	Zur Aufbereitung des DDR-Nachlasses	9
	Befindlichkeit	9
	Maßstab für kritische Hinterfragung	13
2	Arbeitsprofil der DDR-Jugendhilfe	19
	Arbeitsfelder, Struktur, Personal	19
	Arbeitsmethode	21
	Heimerziehung	23
3	Jugendhilfe in Aufbruch und Niedergang der DDR	26
	Einflußfaktoren, Periodisierung	26
	Zu den Anfängen nach 1945	29
	Funktionsbestimmung der Jugendhilfe	31
	Das pädagogische Konzept der Jugendhilfe	40
	Arbeitsweise	47
	Rahmenbedingungen für die Heimerziehung	53
	Das pädagogische Konzept der Heimerziehung	59
	Der sozialpädagogische Denkansatz	66
	Zusammenfassende Wertung	81
4	Situative Bedingungen für die Nachlaßverwertung	85
5	Ein sozialpädagogischer Denkansatz als Verwertungsangebot - Ambivalenzen seiner Herleitung	93
	Problemlage hinsichtlich der Bezugnahme auf Makarenko	93
	Zum Umgang mit dem Erbe Makarenkos in der DDR	97
	Kollektiverziehung und sozialpädagogischer Denkansatz	103
	Aufbruch zur Erkundung von Erziehungsgestaltung	113
6	Erziehungsgestaltung in sozialpädagogischer Modifikation	129
	Existenzberechtigung als theoretische Fragestellung	129
	Begrifflichkeit der Sozialpädagogik	132
	Gretchenfrage Erziehungsgestaltung	138
	Methodik der sozialpädagogischen Arbeit	142
	Umgang mit der Methodik	164
Literatur		167

Vorwort von C.W. Müller

Die Wiedervereinigung der beiden Teile des Deutschen Reiches hat als Beitritt der Deutschen Demokratischen Republik zur Bundesrepublik Deutschland stattgefunden. Manche haben sich diesen Beitritt als einen länger andauernden Prozeß kritischer und konstruktiver Diskussionen über die Erfahrungen mit unserer jeweiligen Gesellschaftlichkeit und Staatlichkeit vorgestellt. Das war eine Illusion. Was wirklich geschah, waren Vorwürfe auf der einen, Entschuldigungen und Klagen auf der anderen Seite. Die Totalitarismus-Kritik konzentrierte sich auf den Stasi-Verdacht, als Errungenschaften der DDR blieben grüner Abbiegepfeil und Kindergartenvollversorgung haften. Als Aufarbeitung unserer getrennten und doch wohl auch gemeinsamen Nachkriegsgeschichte war das ein bißchen wenig.

Eberhard Mannschatz hat den selbsterteilten Auftrag zur Aufarbeitung und Ordnung seines DDR-Nachlasses ernst genommen. Von den Gründungsjahren der DDR bis Ende der 70er Jahre war der ehemalige Neulehrer Abteilungsleiter für Jugendhilfe und Heimerziehung im Ministerium für Volksbildung, die nächsten fünfzehn Jahre Professor für Sozialpädagogik an der Humboldt-Universität zu Berlin. Der einzige seines Faches, weil 'Sozialpädagogik' in der DDR als eine Form kapitalistischer Krisenintervention galt, die in einer Gesellschaft auf dem Wege zum Sozialismus überflüssig geworden war bzw. deren Funktionen von anderen gesellschaftlichen Kräften wahrgenommen wurden. Dennoch gab es offensichtlich einen bestimmten Bedarf für die Weiterbildung pädagogischer Fachkräfte auf Universitätsebene, und diesen Bedarf deckte der einzige sozialpädagogische Diplomstudiengang der DDR Unter den Berliner Linden am Bebelplatz.

Mit dem vorliegenden Buch mustert Eberhard Mannschatz kritisch seinen eigenen beruflichen Anteil am 'DDR-Nachlaß'. Er tut das weder als Rechtfertigung noch in der Gebärde eines Büßers. Sondern als ein älterer, erfahrener Kollege, der sich auf die markantesten Prinzipien seines professionellen Credos besinnt, diese im Lichte von Informationen und Erkenntnissen aus den letzten Jahren neu betrachtet und auf eine vorsichtige und zugleich hoffnungsvolle Weise neu formuliert. Eberhard Mannschatz war und ist ein geisteswissenschaftlich und humanistisch orientierter außerschulischer Pädagoge in der Tradition des ganzen Makarenko und des frühen Marx – jenes Marx, für den das Kollektiv eine Vereinigung von Individuen war, in der die Freiheit des einzelnen Mitglieds Bedingung für die freie Entfaltung aller Mitglieder darstellte. Es ist ausgesprochen spannend nachzulesen, wie sich die Akzente der staatlichen Vorgaben für Jugendhilfe und Heimerziehung im Laufe der DDR-Entwicklung verschoben. Weil wir, sagt Mannschatz nicht nur zwischen den Zeilen, weil wir auf die ordnende und erziehende Kraft der sozialistischen Gesellschaft vertrauten, wurden wir ihr Gefangener, als sie ihre ordnende Kraft verlor und sich ihre erziehende Wirkung in eine desorientierende und verwahrlosende verwandelte. Spannend für westliche Leser wird auch seine Bewertung westdeutscher sozialpädagogischer Theorie und Praxis sein und seine Revision des Makarenko-Bildes (vor allem auch im Verhältnis zu Partei und Staat) nach seinen Diskussionen mit Marburger Makarenko-Forschern.

Was bleibt, ist das Nachdenken über Grundprobleme menschlicher Erziehung: Die Subjekt-Objekt-Dialektik, das Spannungsverhältnis zwischen Anleitung und Selbsttätigkeit, die grundsätzliche (und nicht nur formationsspezifische) Rolle der Sozialerziehung im komplexen pädagogischen Gestaltungsprozeß. Für die Sozialpädagogik kommen hinzu die Prinzipien sozialer Verwurzelung, fördernder Geborgenheit und Partnerschaft im Sinne von 'Familienhaftigkeit'. Neu hinzugekommen ist offensichtlich eine vorsichtige Annäherung an Prinzipien der Gruppenpädagogik wie: Freiwilligkeit und Akzeptanz der gestellten Aufgaben durch Kinder und Jugendliche, eine dynamische Konsensbildung ("Die Zweckmäßigkeit muß ausgehandelt, erstritten und schließlich vereinbart werden"), Partnerschaft, Hilfe bei der Sinnstiftung und eine 'Didaktik der nächsten Schritte'.

Angesichts der drangvollen Enge unserer Alltagsgeschäfte, die mehr und mehr durch die Aufgabe bestimmt werden, immer wieder von neuem eine unwillige Öffentlichkeit auf den Beitrag der Erziehung bei der Menschwerdung von Menschen aufmerksam zu machen, wünsche ich mir jene ruhigen Stunden, die notwendig sind, mit Pädagogen wie Eberhard Mannschatz seinen DDR-Nachlaß zu betrachten und über die Fragen zu reden, die offen geblieben sind.

Berlin im Herbst 1993
C. Wolfgang Müller

Vorbemerkung des Autors

Das Ordnen eines Nachlasses macht dann einen Sinn, wenn etwas Geschehenes einen besiegelten Abschluß gefunden hat und dennoch das Gefühl da ist, daß es des wertenden Rückblickes lohnt mit der unterschwelligen Hoffnung, irgendwer wird irgendwann auf die damit verbundenen Erfahrungen zurückgreifen, um sie in seinem Gedankenkontext mitklingen zu lassen. Es wird etwas anderes auf das Papier zu bringen sein als ein glättender Nachruf oder ein rigoroser Verriß; und das verlangt ein hohes Maß kritischer und selbstkritischer Hinterfragung, weil Tiefgang und Abgewogenheit der Beurteilung angezeigt sind, nicht populistische Verteufelung oder verklärende Nostalgie. In unserem Falle sollte zudem eine nicht nur vage Vorstellung, sondern ein möglichst tiefes Verständnis mitschwingen für die gesellschaftlichen Gegebenheiten und Prozesse, in denen der Nachlaß eine Rolle spielen könnte. Aber genau das alles ist für unsereins, der in der Jugendhilfe-Szene der DDR gelebt, gearbeitet und Verantwortung getragen hat, mit quälender Unsicherheit behaftet. Ausweichen könnte man auf eine Rentner-Sicht: So und so war es; und das also ist es gewesen. Altersmäßig steht sie dem Autor zu. Wenn man sich aber schon die Mühe des Aufschreibens macht, sollte mehr angestrebt werden als nur Selbstverständigung.

Diese Schrift ist der Versuch einer Aufarbeitung der Jugendhilfe und Sozialpädagogik als DDR-Nachlaß. Ich gebe Befindlichkeit und Maßstab an, von denen ich ausgehe. Es folgt eine kurze, überblickartige Schilderung des Arbeitsprofils der DDR-Jugendhilfe, die vor allem für die Leser gedacht ist, die sich bisher wenig mit diesem Thema beschäftigt haben. In einem weiteren Abschnitt versuche ich eine Beschreibung und kritische Wertung des Entwicklungsweges von Jugendhilfe und Sozialpädagogik. Dabei ist der Blick vor allem auf innere Widersprüche gerichtet; in ihrer keimhaften Verursachung und Anlage bis Entfaltung.

Dann folgt der Versuch, über Nachlaß-Verwertung in der Jugendhilfe und Sozialpädagogik im vereinigten Deutschland zu reden. Als Angebot wird ein sozialpädagogischer Denkansatz eingebracht, der an die Theorie-Entwicklung in der DDR anknüpft und das theoretische Umfeld in Deutschland in Ansätzen berücksichtigt. Diese Zurichtung auf Theorie-Fragen ergibt sich aus meinem persönlichen Arbeitsgegenstand und aus der Überlegung, daß in dieser Sphäre am ehesten Kompatibilität und mögliche Zusammenarbeit vermutet und angestrebt werden kann.

Eberhard Mannschatz

1 Zur Aufbereitung des DDR-Nachlasses

Befindlichkeit

Äußerer Anlaß für Nachbemerkungen ist die Tatsache, daß es eine akademische Ausbildung für Sozialpädagogen an der Humboldt-Universität zu Berlin nicht mehr geben wird. Diese Mitteilung mußten wir zur Kenntnis nehmen. Das Land Berlin will sich drei Standorte für diese Wissenschaftsdisziplin nicht leisten, obwohl Studenten sich in genügender Anzahl bewerben. Freie Universität und Technische Universität machen in bewährter Weise weiter; die Humboldt-Universität muß aufgeben. Dieser arithmetischen Logik müssen wir uns unterwerfen. Wer hätte unter den obwaltenden Umständen eine andere Entscheidung erwartet.

Der Zufall will es, daß das 25jährige Jubiläum des Wissenschaftsbereiches Sozialpädagogik bzw. der Pädagogik der Jugendhilfe und Heimerziehung an der Humboldt-Universität Berlin (HUB) mit dem Zeitpunkt seiner Abwicklung zusammenfällt. Wir waren in der DDR ein Unikat. Nur wir haben auf universitärer Ebene Sozialpädagogen ausgebildet. Diese institutionelle Einmaligkeit gerät nun auch zur historischen Ausschließlichkeit für das "Beitrittsgebiet"; vorläufig wenigstens. Anders hat es nicht sollen sein. Oder hätte es anders sein können? Die Ansätze nach dem politischen Umbruch waren vielversprechend; wenn das auch diejenigen, die über Abwicklung zu befinden haben, jetzt nicht wahrhaben wollen und damit ihre eigene Argumentation unterlaufen.

Die nunmehr letzten Direktstudenten waren im "real existierenden Sozialismus" immatrikuliert worden. Wir entließen sie im Juni 1991 in die komplizierte Übergangsphase zur sozialen Marktwirtschaft der BRD. Eine Zäsur war zu bewältigen, die ihrerseits als Prozeß im Eiltempo mehrere Etappen durchlief; nämlich das Bemühen um eine bessere DDR, die Hoffnung auf deutsche Vereinigung als Zusammenwachsen, schließlich den kompromißlosen Anschluß an die BRD mit der schockierenden Betroffenheit beruflicher und sozialer Unsicherheit der Studierenden und der Abwicklung des Lehrkörpers. Diese historisch einmalige Situation sind wir gemeinsam mit den Studenten angegangen. Wir standen uns täglich in den Lehrveranstaltungen gegenüber. Keiner der Partner konnte abtauchen und mit angeblich neuer Identität wieder in Erscheinung treten. Alle Beteiligten wußten, mit wem sie es zu tun haben. Die schmerzliche Selbstfindung geschah in der Öffentlichkeit der Studiengemeinschaft. Das war ein Beginn von Vergangenheitsbewältigung und Neuprofilierung, weit entfernt von formaler und würdeloser Verhörtechnik und ohne opportunistische Optionen. Schon die äußeren Umstände, aber nicht sie allein, veranlaßten zu rückhaltloser Ehrlichkeit. Die Studenten haben das mitvollzogen und, was den Lehrkörper anbelangt, durch bleibendes oder gar wachsendes Vertrauen honoriert. Das war die Basis für den Beginn echter Erneuerung des Ausbildungsgeschehens. Für den Vollzug von Erneuerung und ihrer konkreten Ausdrucksformen kam uns ein glücklicher Umstand zu Hilfe. Das war die unvergleichlich ehrliche und menschlich würdevolle Partnerschaft mit den Sozialpädagogen der Technischen Universität (TU) und mit Kollegen der Freien Universität (FU). Sie haben uns in unserer Befindlichkeit angenommen; und wir konnten lernen, ohne uns unterwerfen zu müssen. Dafür schulden wir den Kollegen Dank; uneingeschränkt auch aus der heutigen Situation der vollzogenen Abwicklung, welche die meisten Angehörigen des Lehrkörpers des Partnerbereiches der TU verhindern wollten, aber nicht verhindern konnten.

Durchgeführt wurden 1990 eine Werkstattwoche für die Studenten aus Ost und West und ein teilnehmeroffener Lehrgang, gemeinsam getragen und inhaltlich bestritten vom Lehrkörper der TU und der HUB. Wir haben Studienprogramme und Studienformen nach dem Vorbild der TU eingeführt. Westberliner Kollegen wirkten als Gastlektoren, unsere Studenten absolvierten Praktika in beiden Teilen Berlins. Es gab gemeinsame Veröffentlichungen und Konferenzen. Ein moderner Ausbildungsgang wurde Wirklichkeit für die Direktstudenten und für einen Umschulungslehrgang mit über einhundert Teilnehmern, der vom Arbeitsamt finanziert wurde. Das hatte sich herumgesprochen; und zahlreiche Bewerbungen für das Sozialpädagogik-Studium an der HUB erreichten uns.

Nie sind wir im Prozeß der "Neustrukturierung" der Universität nach diesen Fakten befragt worden. Niemand außerhalb des Wissenschaftsbereiches interessierte sich dafür, obwohl lauttönend die inhaltliche Erneuerung des wissenschaftlichen Denkens zum Kriterium für das Schicksal der Universität erklärt worden war. Die Abwicklung hat den Wissenschaftsbereich ereilt.

Ist das ein Verlust für die Wissenschaftslandschaft in Berlin bzw. Deutschland? Die gegenwärtig übliche, nur sparsam übertünscht auf flächendeckende Abwicklung gerichtete Argumentation wird sich mit Hinweis auf SED-Verstrickung und Staatsnähe schnell zu einer negativen Antwort auf diese Frage bereit finden.

Ich erlaube mir eine andere Meinung.

Jugendhilfe tut not in den neuen Bundesländern. Unbestritten in anderen Formen, als Abkehr von ideologischer Indoktrination, auf neuen gesetzlichen Grundlagen; aber ebenso unbestritten auch in höherem Maße und mit gewachsener Intensität. Marktwirtschaft verändert und kompliziert die Problemfelder, mit denen sich Jugendhilfe zu beschäftigen hat. Neuland ist das für uns, nicht aber für die westdeutschen Sozialarbeiter und Sozialpädagogen, deren Hilfe beansprucht und erwartet werden muß. Aber das ist nicht alles mit Leihbeamten zu bestreiten; und es gibt auch keine Anzeichen für eine solche Absicht. Träger der Aktivitäten werden in der Mehrzahl Bürger der neuen Bundesländer sein; in Fortsetzung ihrer bisherigen Tätigkeit, aus anderen Berufen kommend oder junge Menschen, die sich für den sozialen Dienst entscheiden und beruflich qualifizieren. Diese Menschen verbindet die Befindlichkeit als ehemalige DDR-Bürger, mehr oder weniger gepaart mit beruflicher Erfahrung in der Jugendhilfe-Arbeit unter diesen Verhältnissen. Ihnen fällt auch der Bonus zu, in der Szene zu leben, aus der sich die Problemsituationen ergeben, mit denen Kinder und Jugendliche als Klientel der Jugendhilfe gegenwärtig konfrontiert sind. Die Mitarbeiter haben sich neu zu orientieren, nicht aber als Neugeburt, sondern aus ihrer Vergangenheit heraus. Sie können und wollen ihre gewachsenen Denkstrukturen und ihre Arbeits- und Lebensweise nicht einfach abstreifen oder für ihre berufliche Tätigkeit partiell eleminieren. Das wäre vielleicht denkbar für technische und kaufmännische Berufe, nicht aber für den sozialen Dienst. Dieser fordert den Menschen als Gesamtpersönlichkeit. Der Sozialarbeiter bringt sich ein mit dem Insgesamt seiner Überzeugungen, Haltungen, Gewohnheiten. Diese Tätigkeit ist mehr als nur Broterwerb. Die Mitarbeit in der Jugendhilfe verlangt deshalb in hohem Maße persönliche Vergangenheitsbewältigung. Sie ist berufsbezogen lebensnotwendig.

Eine wissenschaftliche Begleitung dieses komplizierten Prozesses durch Menschen bzw. eine Institution, die ihrerseits von der gleichen Befindlichkeit ausgehen und auch diesem Erfordernis der Identitätsfindung unterworfen sind, hätte hilfreich sein können. Das schließt selbstverständlich nicht eine personelle "Durchmischung" und schon gar nicht eine enge Zusammenarbeit mit gleichgelagerten westdeutschen wissenschaftlichen Institutionen aus. Dafür gab es hoffnungsvolle Ansätze. Ihre administrative Liquidierung versucht Vergangenheitsbewältigung durch Kahlschlag, schiebt sie also auf oder setzt sie von der Tagesordnung ab oder überträgt sie Dritten, die diese Vergangenheit gar nicht durchlebt haben.

Noch ein gewichtiger Grund ist anzuführen für die Enttäuschung über die Abwicklung. Im Kontext der gegenwärtigen Argumentation hört man ihn nicht gern. Es geht darum, daß Jugendhilfe in der DDR nicht in ihrer Gesamtheit marode, untauglich und wirkungslos war und deshalb weggesteckt werden muß. Dazu im Folgenden der Versuch einer differenzierten Wertung. Der dafür erforderliche kritische und selbstkritische Blick wird, so paradox das klingt, schärfer bei denjenigen zu finden sein, die Jugendhilfe unter den damaligen Umständen praktiziert haben; ehrliche Absicht zu Vergangenheitsbewältigung selbstverständlich unterstellt. Wir stehen erst am Anfang solcher Aufarbeitung. Aber gerade deshalb muß Gelegenheit gegeben werden, sie zu leisten. Man kann sagen, daß das auch ohne die Humboldt-Universität geht. Das ist sicher richtig. Aber sie war ein, wenn auch personell bescheiden ausgestattetes, Zentrum des politischen und wissenschaftlichen Denkens auf dem Gebiet der Jugendhilfe. Warum wird sie aus der Verantwortung genommen? Das ergibt nur dann einen Sinn, wenn den Wissenschaftlern aus der DDR die Lernfähigkeit abgesprochen wird, welche man ihnen in der offiziellen Propaganda abverlangt; und wenn der Gedanke mitschwingt, daß Jugendhilfe in den neuen Bundesländern sich entwickeln kann und soll ohne Aufarbeitung bzw. Respektierung dessen, was hier als Gewordenes nun einmal vorhanden ist. Jugendhilfe ist wie alle Problemfelder sozialer Arbeit ein permanenter Suchprozeß;

und sie wird es bleiben. Kann und sollte diese Lösungssuche auf 40jährige widersprüchliche Erfahrungen in einem Teil Deutschlands verzichten?

Schließlich ein weiteres "heißes Eisen": Das theoretische sozialpädagogische Denken an der HUB berief sich auf den Marxismus als methodologische Grundlage. Es wird weiter unten implizit zu erörtern sein, ob und inwieweit dieser Zugriff richtig gehandhabt worden ist. Nun ist die materialistisch-dialektische Methodologie eine Gegebenheit in der Geschichte des geisteswissenschaftlichen und sozialwissenschaftlichen Denkens. Sie spielte und spielt auch in den alten Bundesländern eine Rolle. Sie ist im Zusammenhang mit dem Scheitern des "real existierenden Sozialismus" mehr denn je auf den Prüfstand geraten. Doch wird sie weder einfach übergangen noch abgeschafft oder gar verboten werden können. Das stünde dem Pluralismus entgegen, der die geisteswissenschaftliche Szene der BRD charakterisiert. Sollen Wissenschaftler, die in der DDR mit dem Marxismus umgegangen sind, nicht die Gelegenheit haben, sich in den Disput einzubringen? Angesichts der vorherrschenden ideologischen Indoktrination der DDR-Jahre erscheint es sicher anmaßend, wenn wir eine solche Chance einklagen. Aber im Interesse der Sache und der nach dem Grundgesetz gegebenen Freiheit der Wissenschaft sollte diese Forderung selbstverständlich sein. Die Geheimnisse und obwaltenden Gesetzmäßigkeiten gesellschaftlichen Zusammenlebens und menschlich-individueller Entwicklung sind noch nicht schlüssig aufgedeckt. Verteufelung bzw. Abwicklung partieller Zugänge an Stelle wissenschaftlicher Diskussion fördern nicht den Erkenntnisprozeß; wer weiß das jetzt besser als wir. Und die jahrhundertlange Geschichte der Wissenschaft hat das erwiesen. Der Umgang mit den Erkenntnissen von Marx steckt in einer tiefen Krise. Er bleibt aber eine Aufgabe, die aus dem geisteswissenschaftlichen Arsenal nicht ausgesondert werden kann. Das betrifft auch das Anwendungsgebiet Sozialpädagogik.

Kehren wir zum Ausgangsgedanken zurück: Der Wissenschaftsbereich Sozialpädagogik der Humboldt-Universität ist abgewickelt. Wir müssen uns damit abfinden. Wir haben angedeutet, wie wir dazu stehen. Die aufgeführten Gründe veranlassen uns zu Nachbemerkungen im vorgestellten Sinne.

Eine persönliche Bemerkung darf ich an dieser Stelle einfügen, damit der Leser sich in die Position eindenken kann, von der ich ausgehe.

Ich war von 1951 bis 1954 und von 1957 bis 1977 Leiter der Abteilung Jugendhilfe und Heimerziehung im Ministerium für Volksbildung der DDR; seit 1966 nebenamtlicher Hochschullehrer und von 1977 bis 1991 hauptamtlicher Hochschullehrer für Sozialpädagogik an der Humboldt-Universität zu Berlin. Ich kann und muß mich also als Verantwortungsträger für das hier in Rede stehende Fachgebiet bezeichnen. Ich gehe von der Vermutung aus, daß ehemalige Kollegen von mir einen Beitrag zur Aufarbeitung der Jugendhilfe in der DDR erwarten; vor allem aber meine ich, daß ich mir eine Äußerung selbst schuldig bin. Was ich aufschreibe, bringt meine subjektive Sicht zum Ausdruck. Ich bemühe mich um eine gewisse Distanz zu dem Gegenstand, die eine nachträgliche Einschätzung erst möglich macht. Aber die kühle Haltung eines unbeteiligten Dritten werde ich nicht erreichen. Ich halte das weder für möglich noch für erstrebenswert, denn ich habe nicht die Absicht, aus der Verantwortung, die ich getragen habe, herauszutreten. Ich bekenne mich zu ihr und damit zu dem, was meiner Ansicht nach richtig war, aber auch zu dem, was sich aus heutiger Sicht als ungenau, unvollkommen oder falsch herausstellt. Weder will ich Rechtfertigung um jeden Preis, noch habe ich die Absicht, meine weiteren Erdentage in Sack und Asche zu gehen. Vielleicht kann ich zur *Erklärung* dessen beitragen, was Jugendhilfe in der DDR war. Den Anspruch auf historisch gültige, abschließende Beurteilung und Wertung erhebe ich selbstverständlich nicht. Diese Wahrheitsfindung kann nur in einem längeren Prozeß erreicht werden, in den sich unterschiedliche Sichtweisen streitbar einbringen. Vielleicht kann das, was ich zu sagen habe, in diesen Prozeß einbezogen werden.

Maßstab für kritische Hinterfragung

Für die rückblickende Wertung bedarf es einer Haltung, die eine gewisse innere Distanz und ein ehrliches Bemühen um kritische und selbstkritische Prüfung einschließt; der Aufdeckung und Aufarbeitung von Fakten außerhalb bisher gängiger Beurteilungsschemata; vor allem aber eines *Maßstabes*, auf welchen die Wertung bezogen wird.

Damit gelangt ein politischer Standpunkt ins Spiel, den auch wir hier nicht umgehen können und wollen. Er hat zunächst noch nichts mit Jugendhilfe zu tun, sondern betrifft die Haltung zur "Gegebenheit DDR". Der populistisch verbreiteten Meinung, die DDR sei von Anfang an und in der Totalität ihrer Entwicklung ein "Unrechtsstaat" gewesen, schließen wir uns nicht an. Die politische Tendenz einer solchen Behauptung ist zu offensichtlich, als daß man sie ohne Selbstaufgabe in Fremdbestimmung akzeptieren könnte. Und vor allem: Sie trifft nicht die Wirklichkeit, in der wir gelebt und die wir mitgestaltet haben. Die abgeschwächte Variante pauschaler Einschätzung, man hätte in der DDR nur "anständig" bleiben können, wenn und insofern man sich in eine private "Nische" zurückzog, ist in ihrer Treffsicherheit auch in Zweifel zu ziehen.

Die DDR war von Menschen bevölkert, die sich ihre Ortsansässigkeit nicht ausgesucht hatten. Wie alle Gesellschaftszustände war auch sie ein Gemeinwesen, das allein aus der Tatsache heraus, daß es existierte, funktionieren mußte und funktionierte; unterhalb der Schwelle politischer und ideologischer Ausrichtung und Vereinnahmung. Brot mußte gebacken werden und wurde gebacken, Straßenbahnen fuhren, Arbeitsprodukte wurden hergestellt, Kinder betreut, Kranke behandelt, Hilfe geleistet für Menschen in Problemlagen. Dieser Bereich beruflicher Tätigkeit existierte außerhalb privater Nischen. Er umfaßte einen breiten Spielraum, der als existentielle gesellschaftliche Bedürfnisbefriedigung bis in öffentliches Interesse hineinragte und in sich weit gefächert war. Schlitzohrig ist die Behauptung, daß solche Berufstätigkeit vordergründig oder ausschließlich in dem Bewußtsein geleistet wurde, das "System" zu stabilisieren oder zu stärken. Es gab gegenstandsspezifische Funktionsräume in relativer Unabhängigkeit vom politischen Feld. Wer das übersieht oder in Abrede stellt, versteigt sich zu dem Urteil, jeder DDR-Bürger habe sich "schuldig" gemacht; allein dadurch, daß er in diesem Land lebte bzw. in ihm verblieb und einer Arbeitstätigkeit nachging.

Was kritisch gewertet werden muß, ist die *Absicht* der Vereinnahmung der Gesamtheit des Lebens und Funktionierens des Gemeinwesens für eine Politik, die sich zunehmend von ihren ursprünglichen Intentionen entfernte, ihre Flexibilität einbüßte, zur Machterhaltung erstarrte, in die welthistorische Sackgasse geriet; und die dafür eingesetzten Methoden und Mittel.

Kritisch und selbstkritisch zu werten ist die differenzierte persönliche Bereitschaft, sich dieser Absicht zu unterwerfen, sie zu unterstützen, sich vereinnahmen zu lassen.

Mit Blick auf das Gemeinwesen als Ganzes ist aber die erwähnte Absicht tunlichst zu bilanzieren mit dem *Ergebnis*, das bekanntlich gerade darin besteht, daß diese Absicht auf Dauer und mit der gewünschten Tiefenwirkung *nicht* verwirklicht werden konnte. Die wesentliche spezifische Erfahrung der DDR-Geschichte ist nicht die politische Vereinnahmung des Lebens der Menschen, sondern ihr *Scheitern*. Daran muß erinnert werden. Das systemunabhängige gemeinwesenbezogene Denken, Handeln und Streben der Bürger erwies sich als in starkem Maße resistent gegenüber politischer Vereinnahmung. Viele Bürger gingen auf Distanz, liefen ihrem Staat scharenweise davon, vollendeten durch gewaltlose Massenproteste auf der Straße die Implosion des politischen Systems.

Vor diesem Hintergrund sollte auch das Wirken der Jugendhilfe in der DDR aufgearbeitet werden. Zu prüfen ist, wie Jugendhilfepolitik und Jugendhilfepraxis in Aufbruch und Niedergang des "realen Sozialismus" einbezogen waren, welche positiven Erfahrungen, aber auch welche Einschränkungen oder Deformationen sich hinsichtlich ihrer Wirkung daraus ergeben haben.

Das kann aber noch nicht der ganze Maßstab sein. Beschränken wir uns auf diesen Politikbezug, dann unterstellen wir, daß alles, was Jugendhilfe in diesem Lande war, ausschließlich DDR-Spezifik aufweist. Das betrifft wohl Strukturen, Orientierungen, gesetzliche Bestimmungen, aber nicht die Bemühungen zur Bewältigung der gegenstandseigenen Problematik, mit der Jugendhilfe zu tun hat. Wenn gewertet werden soll, dann muß dies einbezogen werden. Zum Maßstab gehört die Frage, wie das bewältigt worden ist und was dabei für die Kinder, Jugendlichen und Erwachsenen herausgekommen ist. Wenn wir das außerhalb der Betrachtung lassen, dann könnten wir uns die Sache einfach machen: Die Jugendhilfearbeit in der BRD bzw. in den alten Bundesländern wäre in ihren Strukturen und Methoden für die neuen Bundesländer zu übernehmen. Sie stellt den Idealzustand dar und hat alle Problemlösungen parat, weil sie hergeleitet ist aus den politischen Rahmenbedingungen und sich innerhalb der politischen Strukturen vollzieht, denen wir heute zugehörig sind. Von der DDR-Jugendhilfe könnte nichts als Anregung kritisch geprüft werden, weil ihre politischen Rahmenbedingungen zusammengebrochen sind, und sie damit als Gesamtaktivität für untauglich erklärt werden muß.

Leider müssen wir uns mit einer solchen Argumentation auseinandersetzen. Das ist umso erstaunlicher, als uns an der westdeutschen Jugendhilfe gerade die Offenheit gegenüber Problemen beeindruckt, das permanente Ringen um Lösungen und Ansätze, die breite Palette der Angebote, vielfältige Experimente und Versuche, der Streit der Meinungen. Wenn wir in der DDR Einheitslösungen anstrebten und bevorzugten, für Westdeutschland ist die Vielfalt typisch. Das entspringt nicht nur der pluralistischen Politikverfassung, sondern ist auch der systemunabhängigen Vielfalt und Kompliziertheit der gegenstandseigenen Problematik der Jugendhilfe geschuldet und überzeugt als ein Vorgehen, das eben dieser besonderen Jugendhilfe-Substanz entspricht, erweist sich als die ihr adäquate Methode, die wir nicht praktiziert haben.

Auf ihre Weise aber hat auch die Jugendhilfe in der DDR um die Bewältigung der gegenstandseigenen Problematik gerungen. Die darauf bezogenen Ergebnisse und Erfahrungen wären zu prüfen und kritisch zu verarbeiten.

Wohl unterschieden die Jugendhilfe der BRD und der DDR das politische System und die Vorgehensweisen, die daraus für Jugendhilfearbeit hergeleitet wurden. Gemeinsam war aber das Bestreben, die gegenstandseigene Problematik zu bewältigen. Und ich wage die Behauptung, daß die Jugendhilfe der BRD und der DDR neben darauf bezogenen Ergebnissen und Mißerfolgen auch eine gewisse beunruhigende Hilflosigkeit gegenüber der gegenstandseigenen Problematik verband und verbindet. Aus dieser Sicht sind Sozialpädagogen miteinander gesprächsfähig.

Was ist mit gegenstandseigener Problematik gemeint?

Da ist zunächst die Tatsache, daß Jugendhilfe aufgabenbedingt mit Kindern und Jugendlichen zu tun hat, für die gesellschaftliche Regelsysteme nicht greifen, also mit Ausnahmefällen. Die persönliche Situation der Probanten ist jeweils so einmalig und außergewöhnlich, daß der Versuch kategorialer Bestimmung nur als grobe Suchstrategie taugt. Es bleibt der unwiederholbare Einzelfall außerhalb von Gruppendefinitionen. Wenn die Jugendhilfe ihrerseits ein Regelsystem aufbaut, dann ist das im Grunde genommen ein Widerspruch in sich. Ausnahmefälle sind durch Regellösungen gerade nicht zu erfassen; vielleicht verschieben sich geringfügig die Grenzen. Die Grauzone des Ausnahmefalles bleibt. Der Hauptwiderspruch innerhalb der Jugendhilfearbeit scheint die Spannung zwischen der Tendenz zur Verfestigung von Strukturen und dem Charakter der angestammten Aufgabe zu sein.

Was Jugendhilfe tut, ist Fremderziehung. Das betrifft ambulante wie stationäre Hilfen; selbst familienähnliche Formen der Betreuung oder Unterbringung. Der "Normalfall" der intakten Familie ist gerade nicht gegeben. Das Regelhafte innerhalb von Jugendhilfearbeit ist die Abweichung von der Regel. Wir wehren uns gegen Stigmatisierung als "Ersatzerziehung"; aber das Untypische, Außergewöhnliche als Fremderziehung bleibt und ist schwer zu bewältigen. Jugendhilfe stellt sich einer Aufgabe, die dem entgegensteht, was sich in der menschlichen Gesellschaft bewährt und als Regelfall durchgesetzt hat.

Fremderziehung ist eine, wie auch immer geartete, "Einmischung" in die angestammte Privatsphäre. Sie ist auf Akzeptanz angewiesen, stößt ohne sie ins Leere, wird nicht angenommen, bewirkt Widerstand. Sie hat im Grunde genommen immer mit einem Konfliktfall zwischen Elternrecht und Kindeswohl zu tun, der in seiner Dramatik und Unauflöslichkeit kaum von anderen Konflikten zu überbieten ist.

Fremderziehung impliziert die Tätigkeit professioneller Erzieher oder Sozialarbeiter. Dabei ist relativ belanglos, ob sie dafür Lohn empfangen oder nicht. Das Problem erwächst aus der Tatsache, daß sie einerseits der Privatsphäre der Kinder und Jugendlichen (im Sinne der Fremderziehungssituation) angehören, andererseits aber selbst eine Privatsphäre außerhalb des Kontaktes zu dem Kind oder der Kindergemeinschaft besitzen. Die allumfassende Partnerschaft und Zuwendung ist dadurch erschwert, Konflikte können auftreten, zumindest liegt auch hier eine außergewöhnliche Situation vor, die als Regel von der Regel abweicht.

Mit dieser Schilderung ist die gegenstandseigene Problematik der Jugendhilfe nicht umfassend beschrieben, eher nur angedeutet. Und es muß noch ein Merkmal hinzugefügt werden, das scheinbar die Behauptung widerlegt, daß Jugendhilfe Aufgaben außerhalb politischer und weltanschaulicher Bestimmung zu erfüllen hat, also systemunabhängig funktioniert. Es markiert gerade die Berührung der gegenstandseigenen Problematik mit dem politischen und weltanschaulichen Umfeld, innerhalb dessen sie bewältigt wird. Das betrifft aber Jugendhilfe in jeglicher Gesellschaftsformation; und deshalb gehört dieses Merkmal — so paradox das klingt — zum systemunabhängigen gegenstandsspzifischen Problemfeld der Jugendhilfe. Wir meinen die Tatsache, daß Jugendhilfe mit Hilfsbedürftigkeit zu tun hat. Solche Problemlagen findet die Jugendhilfe vor, sie greift sie auf, sie werden ihr "zuständigkeitshalber" zugeschoben. Die Verursachung liegt weitgehend außerhalb ihrer Reichweite. Die Definition der Hilfe-Bedürftigkeit bereitet einige Schwierigkeiten. Ist sie nur dann gegeben, und berechtigt sie nur dann zu Handlungen der Jugendhilfe, wenn Betroffene Hilfe erwarten, anfordern, wünschen und akzeptieren, sie die persönliche Problemsituation also als solche erleben und empfinden? Ist Hilfebedürftigkeit in dieser Weise ausschließlich subjektiv aus der Sicht der Hilfe-Bedürftigen definiert? Oder liegt auch Handlungsbedarf vor, wenn das nicht der Fall ist, wenn also Außenstehende "meinen", daß Hilfe angebracht ist? Wenn das so gesehen wird, dann gelangen gesellschaftspolitische Auffassungen ins Spiel, nur notdürftig versteckt in soziologischen, psychologischen und pädagogischen Definitionsversuchen. Jugendhilfe hat es mit Abweichungen von der Regel zu tun; was aber ist die Regel? Diese Bestimmung hängt mit dem jeweiligen Menschenbild und dem Gesellschaftsverständnis zusammen. Sie läßt sich schwerlich von ihnen abtrennen. Indem solche politischen Standpunkte in die Definition hineinragen, kommt die Jugendhilfe objektiv in die Lage, eine ordnungspolitische Funktion zu erfüllen; bezogen auf das jeweilige Gesellschaftssystem. Damit wird Jugendhilfetätigkeit politisch eingefärbt. Allein schon durch die Definition ihres Gegenstandes und ihres Handlungsfeldes wird sie anfällig für politische Vereinnahmung.

Mit diesem Umstand müssen die Jugendhilfe-Mitarbeiter fertig werden. Sie können ihn nicht verdrängen. Nach Maßgabe und im Rahmen der Berührung ihres Arbeitsfeldes mit dem Gesellschaftssystem müssen sie sich politisch bekennen; bezogen auf die Möglichkeit, die Interessenvertretung für Kinder mit den vorherrschenden politischen Absichten zu vereinbaren. Berufsethische Entscheidung und Haltung in diesem Sinne gehören zur gegenstandseigenen Problematik jeglicher Jugendhilfe.

Jugendhilfearbeit bezieht aus der Gesamtheit dieser Merkmale ihre interessante, aufregende und anspruchsvolle Besonderheit; weitgehend unabhängig vom politischen System, dem sie zugehört.

In den Maßstab, über den wir hier reden, muß einbezogen werden, wie Jugendhilfe in der DDR diese gegenstandsspezifische Problematik bewältigt hat. Dem politischen Bewertungskriterium muß die Frage hinzugefügt werden, wie DDR-Jugendhilfe innerhalb oder trotz der politischen Rahmenbedingungen mit ihr umgegangen ist und was dabei für die Kinder, Jugendlichen und Familien herausgekommen ist.

Das ist um so mehr nötig, weil Vergangenheitsbewältigung nicht das Gewesene abschließen und das Gewordene ignorieren, sondern sich zu einem Standpunkt durchringen soll, wie wir mit der Vergangenheit und ihrer faktischen und bewußtseinsmäßigen Hinterlassenschaft umgehen.

2 Arbeitsprofil der DDR-Jugendhilfe

Arbeitsfelder, Struktur, Personal

Jugendhilfe in der DDR bezeichnete zunächst einen Aufgabenkomplex, der rechtzeitige korrigierende Einflußnahme bei Anzeichen der sozialen Fehlentwicklung und die Verhütung und Beseitigung der Vernachlässigung und Aufsichtslosigkeit von Kindern und Jugendlichen, die vorbeugende Bekämpfung der Jugendkriminalität, die Umerziehung von schwererziehbaren und straffälligen Minderjährigen sowie die Sorge für elternlose und familiengelöste Kinder und Jugendliche umfaßt. (JHVO 1966; § 1 (1))

Dem Gesellschaftsverständnis entsprechend ging man davon aus, daß alle an der Erziehung, Bildung, arbeitsmäßigen Beschäftigung und Betreuung von jungen Menschen beteiligten Bürger, staatlichen und wirtschaftsleitenden Organe sowie gesellschaftlichen Organisationen in ihrem Verantwortungsbereich für erforderliche Aktivitäten und Maßnahmen zuständig sind. Jugendhilfe wurde in diesem Sinne als gesamtgesellschaftliche Aufgabe betrachtet. Diese Verantwortung war hinsichtlich der Gewährleistung von Arbeits- und Ausbildungsplatz, partnerschaftliche Unterstützung in den Arbeitskollektiven, Versorgung mit Wohnraum und gegebenenfalls medizinische Behandlung für Jugendliche, die unter der Betreuung der Jugendhilfeorgane standen, in zweigspezifischen Rechtsvorschriften verankert und verfahrensmäßig ausgestaltet. (vgl. Richtlinie 1974; 7. DB 1983)

In diese begriffliche Fassung eingeordnet und zugleich von ihr abgehoben ist Jugendhilfe als Tätigkeit der Jugendhilfe-Organe. Sie war umfassend sowohl materiell-rechtlich als auch verfahrensrechtlich geregelt.

Jugendhilfe in dieser Begrifflichkeit umfaßt die Teilgebiete Erziehungshilfe, Vormundschaftswesen und Rechtsschutz für Minderjährige.

Erziehungshilfe: Gefährdung der Erziehung, Entwicklung oder Gesundheit; einschließlich spezifischer Gerichtshilfen (vor allem zur Entscheidungshilfe zur Übertragung des elterlichen Erziehungsrechts im Falle der Ehescheidung der Eltern, der Mitwirkung im Strafverfahren gegen Jugendliche unter definierten Voraussetzungen, Entscheidungen zur Übertragung des Erziehungsrechtes in besonderen Fällen).

Vormundschaftswesen: Sorge für elternlose bzw. familiengelöste Kinder und Jugendliche, einschließlich Pflegekinder.

Rechtsschutz für Minderjährige: Reste des Nichtehelichenrechtes bzw. der Amtsvormundschaft, der staatlichen Schutzfunktion für außerhalb der Ehe geborene Kinder und einiger ausgewählter Aufgaben zur Sicherung wirtschaftlicher

Interessen von Kindern und Jugendlichen gegenüber ihren Eltern (Vaterschaft, Unterhalt, Vermögen). (Seidenstücker 1990, 13)

Innerhalb dieser Aufgabenkreise waren die Jugendhilfeorgane auf der Grundlage von differenzierten rechtlichen Bestimmungen berechtigt bzw. den Umständen entsprechend veranlaßt, Verpflichtungen zu bestätigen, Pflichten aufzuerlegen, Maßnahmen anzuordnen, sich gutachterlich zu äußern, Anträge bei anderen staatlichen Organen zu stellen bzw. Klage zu erheben, Beurkundungen vorzunehmen. Für bestimmte Entscheidungen war die Beschlußfassung durch Kollegialorgane vorgeschrieben, andere konnten als Verfügungen durch den Referatsleiter ausgesprochen werden. Rechtsmittel waren vorgesehen, der Rechtsmittelzug war verfahrensmäßig ausgestaltet.

Die gesetzlichen Grundlagen für die Jugendhilfetätigkeit waren neben der Verfassung der DDR (Grundrechtsverhältnisse zwischen Eltern und Kindern sowie zwischen Familie und Gesellschaft) insbesondere das Familiengesetzbuch sowie das Strafgesetzbuch und die Strafprozeßordnung. Aufgaben, Zuständigkeit, Arbeitsweise, Verfahrensvorschriften usw. für die Jugendhilfeorgane waren in der Jugendhilfeverordnung geregelt.

Organe der Jugendhilfe waren die Abteilung Jugendhilfe im Ministerium für Volksbildung und der Zentrale Jugendhilfeausschuß; die Referate Jugendhilfe und der Jugendhilfeausschuß bei den Räten der Bezirke; die Referate Jugendhilfe, der Jugendhilfeausschuß und der Vormundschaftsrat bei den Räten der Kreise; die Jugendhilfekommissionen bei den Räten der Gemeinden.

Auf der zentralen Ebene, auf Bezirksebene und der Kreisebene waren hauptamtliche Mitarbeiter tätig (etwa 1300); die Mitglieder der Jugendhilfekommissionen in den Gemeinden übten als "Jugendhelfer" ihre Tätigkeit ehrenamtlich aus. Im Jahre 1989 waren 26.582 Jugendhelfer in 4.179 Jugendhilfekommissionen tätig. Auch die Jugendhilfeausschüsse und die Vormuneschaftsräte waren ehrenamtlich besetzt (1989 in 490 JHA 2.667 Mitglieder; in 216 VMR 1.233 ehrenamtliche Mitarbeiter).

Die Mitglieder der JHA und VMR wurden von den Räten der Bezirke und Kreise, die Jugendhelfer von den Räten der Gemeinden berufen. Es handelte sich um Bürger, die sich für diese Tätigkeit interessierten und bereit waren, sich dafür zu engagieren. Sie erhielten keinerlei Vergütung. Sie übten diese Funktionen zum größten Teil über viele Jahre aus. Etwa 50% waren Pädagogen (Lehrer, Erzieher, Kindergärtnerinnen). Ihnen wurde ein Ausweis ausgestellt, mit dem sie sich legitimieren konnten; sie unterlagen der Schweigepflicht, waren gegen Unfälle versichert. Mittel für nachweislich entstandene Reisekosten und andere notwendige Ausgaben sowie Lohnausfälle wurden im Haushalt bereitgestellt, soweit sie nicht nach den Bestimmungen des Arbeitsgesetzbuches von den Betrieben zu zahlen waren.

Für die fachliche Anleitung der ehrenamtlichen Mitarbeiter waren die Referate Jugendhilfe der Kreise zuständig, ebenso für Schulung in Form von Erfahrungsaustausch, seminaristischen Beratungen und Exkursionen.

Die hauptamtlich in den Referaten Jugendhilfe tätigen Mitarbeiter trugen die Berufsbezeichnung "Jugendfürsorger", sofern sie eine dazu erforderliche Ausbildung absolviert hatten. Bewußt wurde auf eine grundständige Ausbildung für den Beruf eines Jugendfürsorgers verzichtet, um Mitarbeiter für die Jugendhilfe zu gewinnen, die sich bereits in pädagogischen Berufen ausgewiesen hatten und möglichst in der Jugendhilfe ehrenamtlich tätig gewesen waren. Ein abgeschlossenes pädagogisches Fach- oder Hochschulstudium wurde vorausgesetzt.

Die Ausbildung erfolgte in einem einjährigen postgradualen Studium am Institut für Jugendhilfe auf Fachschulniveau. Etwa 85% der in den Referaten Jugendhilfe tätigen Mitarbeiter verfügten 1988 über eine solche Zusatzqualifikation. (Seidenstücker 1990, 43)

Im Jahre 1966 wurde an der Humboldt-Universität zu Berlin eine Hochschulausbildung für Sozialpädagogik eingerichtet. Zu diesem Zwecke wurde ein Lehrstuhl gegründet. Es handelte sich um ein zweijähriges postgraduales Direktstudium, in das Frauen und Männer aufgenommen wurden, die bereits über eine abgeschlossene Fach- oder Hochschulausbildung sowie über mehrjährige praktische Erfahrung in Referaten Jugendhilfe oder in Heimen verfügten. Nach Abschluß des Studiums wurde der akademische Grad "Diplompädagoge" verliehen.

Am Lehrstuhl haben 20 Frauen und Männer promoviert, zwei sich habilitiert, sämtlich aus der Berufstätigkeit als Jugendfürsorger oder Heimerzieher kommend und in der Thematik der Dissertationen darauf bezogen. 1988 verfügten alle Leiter und Mitarbeiter der Referate Jugendhilfe der Bezirke, alle Leiter der Referate Jugendhilfe der Kreise und 54% der Heimleiter über die Qualifikation als Diplompädagoge.

Arbeitsmethode

Praktische Jugendhilfearbeit vollzog sich auf Kreis- und Gemeindeebene. Sie war auf Einzelfallbearbeitung gerichtet. Leitungselemente waren nur insofern eingeflochten, als jeweils ein Jugendfürsorger für die fachlichen und persönlichen Kontakte mit mehreren Jugendhilfekommissionen zuständig (Territorialprinzip) und der Referatsleiter für die Anleitung der unterstellten Jugendhilfeeinrichtungen (Heime) verantwortlich war. Die Jugendhilfeorgane auf Bezirksebene befaßten sich mit Einzelfällen ausschließlich im Rahmen von Rechtsmittelentscheidungen.

Praktische Jugendhilfearbeit war operative Tätigkeit und Entscheidungstätigkeit der Jugendhelfer und Jugendfürsorger mit dem Ziel, die Lebenssituation von Kindern und Jugendlichen in Problemlagen aktuell und perspektivisch im Sinne der Gewährleistung einer positiven Persönlichkeitsentwicklung zu verbessern. Sie beschränkte sich nicht auf Direktkontakte mit Erziehungsberechtigten und Kindern bzw. Jugendlichen und nicht auf isolierte Maßnahmen der Jugendhilfeorgane, sondern wurde als komplexe Aufgabe in dem Sinne verstanden, daß die Erwachsenen, von denen akzeptierter und positiver Einfluß auf die betreffenden Familien und

Minderjährigen erwartet werden konnte (Lehrer, Kindergärtnerinnen, Pionierleiter, Lehrausbilder, Arbeitskollegen, Funktionäre der gesellschaftlichen Organisationen und Vertreter staatlicher Organe), in die Verantwortung und in das Betreuungsgeschehen einbezogen wurden. Mit ihnen berieten sich die Jugendfürsorger und Jugendhelfer und besprachen die spezifischen Möglichkeiten der Mitwirkung an der Verbesserung der Lebenssituation und der Begleitung des Lebensweges. Sie konnten sich dabei auf die moralische Verpflichtung dieser Bürger berufen und stützen, Jugendhilfe als gesamtgesellschaftliche Aufgabe wahrzunehmen. Die Hauptmethode der Arbeit wurde als "Organisierung des gesellschaftlichen Einflusses" bezeichnet.

Innerhalb dieses komplexen Vorgehens oblag es den Organen der Jugendhilfe insbesondere,

- gegenüber gesellschaftlichen und staatlichen Organen und Institutionen, gegenüber Eltern sowie anderen Bürgern, die für die Erziehung von Kindern und Jugendlichen verantwortlich sind, *beratend* tätig zu sein;
- *eigene Entscheidungen vorzubereiten*, zu erlassen und durchzuführen, wenn trotz staatlicher und gesellschaftlicher Unterstützung der Erziehungsberechtigten die Gesundheit oder die Erziehung und Entwicklung Minderjähriger gefährdet sind, wenn für Minderjährige niemand das elterliche Erziehungsrecht ausübt oder wenn sie in gesetzlich besonders bestimmten Fällen die Interessen der Minderjährigen vertreten müssen;
- ihre *Erfahrungen zu verallgemeinern* und den Räten Vorschläge zur vorbeugenden Bekämpfung der sozialen Fehlentwicklung Minderjähriger, der Jugendkriminalität und der Vernachlässigung und Aufsichtslosigkeit von Minderjährigen sowie zur Sicherung der positiven Entwicklung von elternlosen und familiengelösten Kindern und Jugendlichen zu unterbreiten. (Richtlinie 1965)

Der Bezugspunkt für das operative, entscheidungsunterlegte und koordinierte Vorgehen war das individuelle Erziehungsprogramm. Es umfaßte die pädagogische Zielstellung für den Einzelfall und den Komplex von Festlegungen und staatlichen Maßnahmen zu ihrer Verwirklichung.

Der persönliche Umgang mit den Erziehungsberechtigten und den Kindern und Jugendlichen war in dieses komplexe Vorgehen eingebettet.

Die Jugendfürsorger und Jugendhelfer betrachteten sich als Kontakt- und Bezugspersonen für die jungen Menschen, als Anwalt ihrer Interessen gegenüber Dritten und als diejenigen staatlichen Mitarbeiter, welche die bezugswürdigen Erwachsenen im Umfeld der Familien und Kinder in der Wahrnehmung ihrer Verantwortung unterstützten und das komplexe Vorgehen koordinierten.

Heimerziehung

Die Heime in der DDR waren staatliche Jugendhilfeeinrichtungen. Daneben existierten Heime der konfessionellen Verbände.

Die staatlichen Heime unterstanden leitungsmäßig in der Mehrzahl den Referaten Jugendhilfe der Kreise; einige den Bezirken, wenige dem Ministerium für Volksbildung.

Die Einweisung in Heime erfolgte ausschließlich durch Beschlüsse der Jugendhilfeausschüsse der Kreise. Die Unterbringung in einem Heim wurde als schwerwiegender Eingriff in die Lebensverhältnisse der Kinder und Eltern betrachtet. Es war sorgfältig zu prüfen, ob sie notwendig ist. Vorrang hatten Bemühungen um die Verbesserung und Stabilisierung der Familiensituation; bei Verbleib der Kinder im Elternhaus. Heimunterbringung war dann angebracht, wenn unter den gegebenen Umständen diese Maßnahme und keine andere die positive Entwicklung des Kindes gewährleisten konnte. Sie ist als eine notwendige fördernde Maßnahme und keinesfalls als eine Gelegenheit zu verstehen, aus einer für den Augenblick gegebenen schwierigen Situation einen Ausweg zu finden. Aus diesem Grund wurden gleichzeitig mit der Anordnung der Heimerziehung die Perspektiven des Kindes oder Jugendlichen festgelegt, die Funktion des Heimaufenthaltes im Lebensweg des jungen Menschen überdacht und Maßnahmen zur Einflußnahme auf die Familie eingeleitet.

Die Auffassung von der pädagogischen Funktion des Heimes erläutern wir dem Leser dieser Schrift durch eine Beschreibung der unverwechselbaren Spezifik von Heimerziehung, die wörtlich aus dem Buch "Heimerziehung" entnommen ist:

"(1) Die Heimgemeinschaft ist eine sozialistische Lern-, Arbeits- und Lebensgemeinschaft. Sie bietet den Kindern und Jugendlichen die Möglichkeit und verpflichtet sie zugleich, gut zu lernen, politische Aktivitäten zu entwickeln, zu arbeiten, Pflichten hinsichtlich der Betreuung und Versorgung zu erfüllen, an sinnvoller Freizeitgestaltung teilzunehmen. Das sind aber nicht nur Chancen, die den Kindern geboten werden, sondern Aufgaben, die ihnen die Gesellschaft stellt.

Die Heimkollektive sind in diesem Sinne Gemeinschaften, die am gesellschaftlichen Leben teilnehmen. Im Heim zu leben bedeutet für die Kinder und Jugendlichen die Zugehörigkeit zu einem Kollektiv, das hier und heute bedeutsame Aufgaben zu erfüllen hat. Den persönlichen Sinn ihres Tuns sehen sie nicht nur in der Vorbereitung auf das Leben. sondern in der Teilnahme daran. Natürlich dient z.B. das Lernen der Vorbereitung auf den Beruf und die staatsbürgerlichen Pflichten, aber dennoch betrachten die Kinder das Lernen als einen Auftrag, der ihnen gegenwärtig übertragen worden ist, für dessen Erfüllung sie dem Kollektiv, dem sie jetzt angehören, rechenschaftspflichtig sind.

(2) Innerhalb des Ensembles der gesellschaftlichen Erziehungseinflüsse übernimmt das Heim für die Kinder und Jugendlichen eine spezifische Funktion. Sein Einfluß bezieht sich nicht nur auf bestimmte Lebenstätigkeiten, sondern durch-

dringt sie in ihrer Gesamtheit. Alles, was die Kinder tun, wird von der Heimatmosphäre in bestimmter Weise angeregt und von ihr reflektiert. Wo die Kinder auch auftreten, nie verliert sich der prägende Einfluß des Heimes. Es ist ihr Zuhause, ihre Heimstatt, in ihr sind sie verwurzelt. Auf diesen Kontakt sind sie gewissermaßen in letzter Instanz angewiesen. Deshalb verstehen sich die Heimerzieher keinesfalls als Freizeitgestalter, sondern fühlen sich für das ganze Leben, für die gesamte Entwicklung verantwortlich. Auch die Lebensordnung im Heim wird nicht nur unter dem Gesichtspunkt eines gut funktionierenden Ablaufs innerhalb der Einrichtung gestaltet. Sie besitzt für die Kinder gewissermaßen Basischarakter. Sie fördert in ihrer Zweckmäßigkeit auch gerade die Teilnahme der Kinder am schulischen Leben, an der politischen Tätigkeit der Jugendorganisation, ihre Verbindung zur Öffentlichkeit, sie ordnet die Gesamtaktivität der Kinder und bezieht sich nicht nur auf bestimmte Zeitabschnitte.

(3) Die zwischenmenschlichen Beziehungen in einer Heimgemeinschaft erfahren eine spezifische Ausprägung. Wir bezeichnen sie mit dem Begriff der Geborgenheit. Die Kinder betrachten die Erzieher weniger als Personen, die einen Beruf ausüben, sie sind vielmehr ihrer Privatsphäre zugehörig, fungieren als die entscheidenden erwachsenen Bezugspersonen, denen die Kinder vertrauen, auf die sie sich einstellen und auf die sie angewiesen sind. Die Kinder möchten von den Erwachsenen im Heim nicht nur Anweisungen erhalten und sich belehren lassen, sondern erwarten von ihnen, daß sie sich gemeinsam mit ihnen betätigen, ihre Sorgen und Freuden teilen, im wahrsten Sinne des Wortes mit ihnen leben.

Geborgenheit gewährt auch eine gewisse Freizügigkeit, einen bestimmten Spielraum für das Verhalten der Kinder. Zuhause, also im Heim, hat man sich nicht immer unter strenger Kontrolle, man läßt sich auch einmal gehen. Das darf nicht mit dem Risiko ständiger Vorwürfe oder gar Bestrafung verbunden sein. Die Erzieher müssen es sich leisten können, auch einmal 'ein Auge zuzudrücken'.

Dennoch und gerade deshalb gehört zur Geborgenheit Disziplin. Als moralische Haltung gewährleistet Disziplin nicht nur die Pflichterfüllung, sondern auch die Rechte jedes einzelnen. Wo keine Disziplin herrscht, macht sich Rücksichtslosigkeit breit, kann es vorkommen, daß einzelne Kinder, die vielleicht neu hinzugekommen sind, ausgenutzt werden. Disziplin dagegen gewährleistet Freiheit und Geborgenheit.

(4) Heimerziehung sichert die umfassende Versorgung und Betreuung der Kinder. Das betrifft die Unterbringung, Verpflegung, Bekleidung, Hygiene und Gesundheit. Aber das keinesfalls nur im Sinne 'materieller Sicherstellung'. Auch die damit verbundenen Fähigkeiten, Kenntnisse und Gewohnheiten sowie Auffassungen sind einbezogen. Gerade in dieser Hinsicht gilt es oft, nachzuholen, Bedürfnisse erst zu wecken, falsche Gewohnheiten zu überwinden. Versorgung und Betreuung sind also nicht nur Voraussetzung oder Bedingung für Erziehung, sondern Bestandteil der Erziehungsarbeit selbst. Die Kinder werden nicht nur versorgt, sondern sollen lernen, das selbst für sich zu tun und auch an der Betreuung anderer mitzuwirken.

Die Heimerzieher müssen das alles selbst können, überschauen, beeinflussen; und vor allem, sie müssen dafür da sein. Ihre Verantwortung auch in dieser Hinsicht ist unteilbar. Die Sorge für ein fieberkrankes Kind endet nicht mit den Dienststunden. Die Entscheidung über die saisonbedingte Bekleidung der Kinder ist für die Heimerzieher keine zweitrangige und sozusagen nichtpädagogische Angelegenheit.

(5) Das Heim übernimmt die Verantwortung für die Hilfe bei grundsätzlichen Lebensentscheidungen der Kinder und Jugendlichen, die über die Zeit des Heimaufenthaltes hinausreichen. Sie beziehen sich auf die schulische und berufliche Entwicklung, auf die Gestaltung der Familienkontakte sowie auf das künftige Verhalten als Staatsbürger. In dieser Hinsicht brauchen die Kinder eine klare Lebensperspektive. Das ist gerade für Heimkinder wichtig, weil ihre Lebensverhältnisse oft unübersichtlich, unklar und kompliziert sind. Die Klarheit über ihre Zukunft beeinflußt auch ihr Verhalten und ihre Anstrengungsbereitschaft im Heim. Sie ist auch der Orientierungspunkt für die 'Startbedingungen', die mit Hilfe der Erzieher während des Heimaufenthaltes geschaffen werden müssen.

Diese Aufgaben und Funktionen in ihrer Gesamtheit machen die Spezifik der Heimerziehung aus. Heimerziehung ist nicht Schulerziehung plus Versorgung oder Internatserziehung plus Betreuung über das Wochenende, sondern eigenständiger Lebens- und Erziehungsbereich im Ensemble der gesellschaftlichen Erziehungseinflüsse mit unverwechselbarem Profil, wichtig und unersetzbar für die Persönlichkeitsentwicklung solcher Kinder und Jugendlichen, die nicht in Familien aufwachsen." (Heimerziehung 1984, 52 ff.)

In der DDR existierten 1989 insgesamt 602 Heime mit 35.000 Plätzen.

Das System der Heime der Jugendhilfe gliederte sich in Heimarten. Es gab Vorschulheime, Kinderheime für Schüler der Klassen 1 bis 10 der allgemeinbildenden Oberschule (ohne Heimschule) sowie Jugendwohnheime. In einigen Heimen waren Kinder und Jugendliche vom 3. bis 18. Lebensjahr untergebracht. Die Zahl solcher Einrichtungen hatte zugenommen. Hilfsschüler fanden in Hilfschulheimen Aufnahme. Auch einige Jugendwohnheime nahmen ausschießlich Abgänger der Hilfsschule auf. Alle diese Heime wurden traditionell als Normalheime bezeichnet.

Neben diesen Einrichtungen gab es Spezialheime für schwererziehbare Kinder und Jugendliche; und zwar Kinderheime und Jugendwerkhöfe. Für stark verhaltensgestörte Kinder und Jugendliche, für die Heimerziehung durch die Organe der Jugendhilfe angeordnet worden war, waren Sonderheime für Psychodiagnostik und pädagogisch-psychologische Therapie geschaffen worden. In jedem Bezirk gab es ein Durchgangsheim. Es diente der kurzzeitigen Aufnahme von Kindern und Jugendlichen, die aufgegriffen wurden oder unverzüglich aus dem Haushalt der Eltern herausgenommen werden mußten. Diese Einrichtungen wurden 1987 aufgelöst. Es existierte ein geschlossener Jugendwerkhof.

3 Jugendhilfe im Aufbruch und Niedergang der DDR

Einflußfaktoren, Periodisierung

Die Jugendhilfe war eingebettet und eingeordnet in das politische Umfeld DDR und wurde von ihm beeinflußt und geprägt. Nichtsdestoweniger hat sie in diesem Determinations-Zusammenhang eine relativ eigenständige Entwicklung genommen; hervorgerufen und begünstigt dadurch, daß sie ein in sich geschlossener Komplex von administrativer Struktur, rechtlicher Grundlegung, wissenschaftlich-theoretischer Orientierung sowie vielgliedriger Praxis war und im staatlichen Gefüge eine Randstellung einnahm.(Hoffmann 1981,224) Um so mehr wird es für die Erklärung ihres Entwicklungsweges erforderlich und angebracht sein, die verschiedenen Faktoren und Einflüsse zu erwähnen und in ihrer Wirkung zu bestimmen, die für ihre Profilierung und ihren Fortgang durch die Zeit eine Rolle gespielt haben. Das ist im Rückblick natürlich nur annähernd exakt möglich, zumal sie nur zum Teil der eigenen Regiebefugnis der Jugendhilfe unterlagen, ineinander verwoben waren, unterschiedlich gewichtet wirkten, untereinander zeitversetzt zur Geltung gelangten. Dennoch soll versucht werden, das Geflecht anzudeuten; auch deshalb, um Raum zu eröffnen für selbstkritische Einschätzung, für den Blick auf vermeidbare Fehler, auch auf richtige Entscheidungen. Handlungsspielraum war vorhanden, bis zu dem Zeitpunkt wenigstens, von dem ab die Rahmenstrukturen übermächtig einwirkten. Manches hätte anders gemacht werden; manches anders verlaufen können. Aus dieser Verantwortung will ich mich nicht herausnehmen.

In unvermeidbarer Vergröberung lassen sich vielleicht vier Einflußfaktoren oder Einflußlinien ausmachen, welche die Entwicklung der Jugendhilfe bestimmend berührten.

(1) Profilierungs- und Orientierungsbemühungen hinsichtlich des Gegenstandes, der *Funktion* und der *Aufgabenstellung* der Jugendhilfe.

Sie berühren die Fragen nach der Zuständigkeit oder besser: nach den Handlungsfeldern der Jugendhilfe; nach den Problemlagen, die Jugendhilfe auf den Plan riefen, nach deren Ausdeutung hinsichtlich Verursachung und Gewicht für die individuelle und gesellschaftliche Entwicklung; und sie berühren die Frage nach der pädagogischen Konzeption, also danach, worauf Interventionen gerichtet sind, wie dieser Zielpunkt als pädagogische Aufgabe umrissen ist.

Durch administrative Entscheidungen außerhalb der Jugendhilfe gab es dafür einen Rahmen, der aber von der Jugendhilfe weitgehend selbst ausgestaltet werden konnte und mußte.

Bei der Beschreibung des Entwicklungsweges der Jugendhilfe wird der Leser die Ergebnisse dieser Profilierungsbemühungen vorfinden als Familienbezogenheit, als sozialpädagogische Aufgabe, als Kollektiverziehung in den Heimen und in anderen Konzepten.

(2) Profilierungs- und Orientierungsbemühungen hinsichtlich der *Arbeitsweise* der Jugendhilfe-Organe.

Sie liefen darauf hinaus, Wirksamkeit zu erzielen durch Nutzung der im Gemeinwesen DDR vorherrschenden Tendenz von Gesellschaftlichkeit und durch Einordnung in die gesellschaftlichen und staatlichen Funktionsmechanismen und Führungsprinzipien. In diesem Sinne handelte es sich um das gesellschaftspolitische Konzept der Jugendhilfe.

Ihren Niederschlag fanden diese Bemühungen in der "Hauptmethode" der Organisierung des gesellschaftlichen Einflusses und in Grundhaltungen und Festlegungen, das Verhältnis von Angebot zur Hilfeleistung und staatlichem Eingriff innerhalb von Jugendhilfeaktivitäten betreffend.

Für diese beiden Einflußlinien gilt, daß sich die Jugendhilfe innerhalb von Rahmenbedingungen relativ eigenständig und selbständig profilieren konnte, und daß Korrekturen vorgenommen werden konnten und vorgenommen wurden aus der Rückkopplung aus der jugendhilfespezifischen Praxis.

Das trifft so auf die folgenden Einflußlinien nicht zu.

(3) Der strukturelle Zwang, Funktion und Konzeption der Jugendhilfe *in die jeweilige* parteipolitische, staatspolitische und schulpolitische *Orientierung einzubinden*; die Jugendhilfe im Interesse der Erhaltung der Substanz gewissermaßen "durchzubalancieren".

Der (westdeutsche) Autor des Buches "Jugendhilfe in der DDR" sieht eine solche durchgängige Linie, ein Bemühen um Legitimation der Jugendhilfe in wechselnden politischen Konstellationen. Er schreibt: "Das Handeln der Jugendhilfeorgane, besonders das ihrer leitenden Funktionäre, darf auch aus dem Bemühen verstanden werden, die Jugendhilfe als eine eher kleine, schwache, abhängige Institution unter größeren, mächtigeren und selbständigeren Bereichen zu behaupten." (Hoffmann 1981, 99) Ich zitiere diese Quelle, weil ich bekennen muß, daß ich erst nach ihrer Kenntnisnahme und nach anfänglicher Abwehrhaltung mein diesbezügliches Verhalten annähernd so gesehen habe. Die Einschätzung trifft zu, aber mir war diese Tendenz nicht bewußt. Ich will mich also nicht nachträglich mit den Federn einer Person schmücken, die bemüht war, die Jugendhilfe unter den Fährnissen des politischen Umfeldes in ihrer Substanz zu erhalten. Von Interesse aber dürfte sein, daß an diesem Beispiel deutlich wird, wie Menschen innerhalb von Strukturen funktionieren. Und das ist ein Thema für unseren Rückblick; und das scheint mir auch ein Thema für heute zu sein. Der strukturelle Zwang wirkt selten direkt über verbindliche Vorgaben, weit mehr indirekt über die Kanalisierung des Entscheidungsfeldes, innerhalb dessen Optionen zwar eingeschränkt sind, aber doch individuell getroffen und auch verantwortet werden müssen. Aber das hier nur am Rande.

Die Anpassung von Funktion und Konzept der Jugendhilfe an politische Gegebenheiten ist eine Einflußlinie, die auf Jugendhilfeentwicklung gewirkt hat. Wir finden sie wieder in konzeptionellen Varianten innerhalb des Entwicklungsweges der Jugendhilfe.

(4) Die *allgemeine gesellschaftliche Entwicklung in der DDR* in dem Bogen von Aufbruch und Niedergang, Akzeptanz durch die Bevölkerung und Distanzierung.

Sie wirkte sich auf die Jugendhilfe als Erziehungsbereich vor allem in ihrer Variante aus, die auf Vereinnahmung und Verfügbarkeit der Menschen für die immer mehr ins Trudeln kommende politische Absicht zielte und deren Scheitern immer offensichtlicher wurde. Die Konzeption der Jugendhilfe reagierte darauf nur spärlich und hilflos. Um so mehr fand sie ihren Niederschlag in der *Praxis* von Jugendhilfe und Heimerziehung als Bestandteil der allgemeinen Erziehungspraxis. Die Widersprüchlichkeit in ihr wurde übermächtig, überlagerte alle anderen Bestrebungen und Orientierungen und führte letztlich mit dem Scheitern der Gesellschaftskonzeption auch zum Scheitern der Jugendhilfekonzeption, die aus ihr hergeleitet und mit ihr verbunden war.

Die genannten Einflußlinien auf Jugendhilfe und Heimerziehung wirkten in ihrer Gesamtheit, nicht scharf unterscheidbar, sich überlappend und überlagernd, in ihrer partiellen Gewichtung zeitlich verschoben. Das muß bachtet werden, wenn wir im Folgenden eine *Periodisierung* der Jugendhilfeentwicklung in der DDR versuchen. Die in Vorschlag gebrachten Entwicklungs-Etappen können die wirkliche Bewegung nur annähernd widerspiegeln, dienen lediglich einer grob einteilenden Draufsicht, die das Verständnis erleichtern soll und kann. Scharfe und zeitlich genau anzusetzende Zäsuren sind nicht auszumachen. Eher fällt Kontinuität ins Auge, als Beständigkeit des Weges mit evolutionärer Entwicklungstendenz.

1. Etappe (1945 – 1950): Die Anfänge ab 1945 bis zur Ablösung der Jugendämter durch Schaffung der Organe der Jugendhilfe.

2. Etappe (etwa 1951 – 1956): Durch politische und administrative Entscheidungen wird das Arbeitsfeld der Jugendhilfe (eingeschränkt gegenüber den Auf-

gaben der Jugendämter) neu festgelegt. Sie wird der Volksbildung zugeordnet. Innerhalb dieses Rahmens sucht die Jugendhilfe, ihr Arbeitsprofil zu bestimmen. Eine arbeitsmäßige Infrastruktur wird geschaffen. Die Jugendhilfe und Heimerziehung konsolidieren sich auf dieser Grundlage. Sie beginnen, ihren Aufgaben flächendeckend gerecht zu werden. Zugleich wird der Keim zu einer monostrukturellen Entwicklung gelegt.

3. Etappe (etwa 1957–1971): Die Jugendhilfe hat ihr Profil als spezifische pädagogische Aktivität bestimmt; Jugendhilfeorgane und Heime betreffend. Sie bemüht sich um inhaltliche Ausgestaltung dieses Profils, nimmt auch Korrekturen aus der Praxiserprobung vor.
In der Praxis setzt sich das sozialpädagogische Moment durch. Sie lockert sich auf, entspricht in hohem Maße der gegenstandsspezifischen Problemlage und Aufgabenstellung.
Zugleich geraten Jugendhilfe und Heimerziehung zunehmend in eine Isolierung. Die Voraussetzungen (Jugendhilfe als gesamtgesellschaftliche Aufgabe), in welche die Spezialisierung konzeptionell eingedacht war, kommen nicht in dem erwarteten Maße zur Wirkung.

4. Etappe (etwa 1972–1989): Der Widerspruch zwischen politischer Erziehungsabsicht sowie Erziehungskonzeption einerseits und dem wirklichen Leben in der DDR andererseits schlägt zunehmend auf die Erziehungsbemühungen und die Erziehungspraxis der Jugendhilfeorgane und Heime durch und stellt sie in ihrer Wirksamkeit in Frage. Es kommt zu Verkrustungen, die nicht mehr aufgelöst werden können. Die Jugendhilfe verfällt in einen Zustand der konzeptionellen Lähmung. Sie wird schulpolitisch überformt.

Dieser Versuch einer Periodisierung wird für die folgende Beschreibung des Entwicklungsweges der Jugendhilfe und Heimerziehung als Raster genutzt, ohne ihn "horizontal" sichtbar zu machen. Da die Entwicklung in den Teilgebieten unterschiedlich verlief, erlauben wir uns eine Darstellung, die diese "vertikale Gliederung" berücksichtigt Eine unzweifelhafte Zuordnung zu den Etappen kann nicht erwartet werden.

Zu den Anfängen nach 1945

In den Anfängen nach 1945 bestand Jugendhilfe vor allem aus Aktionen von politischen und gesellschaftlichen Kräften, die darauf gerichtet waren, die Not von Kindern und Jugendlichen in der Nachkriegssituation zu mildern. Getragen wurden sie von antifaschistischen Bürgerausschüssen (Frauen, Jugend), von der Volkssolidarität, von gesellschaftlichen Organisationen, Kirchen und Parteien. Ein "Werk der Jugend" als öffentlich-rechtliche Körperschaft wurde ins Leben gerufen, um für die zahlreichen arbeits- und berufslosen Jugendlichen Möglichkeiten zu schaffen, sich in den Arbeitsprozeß einzugliedern und eine Perspektive zu finden. Aus den antifaschistischen Jugendausschüssen bildete sich die 'Freie Deutsche Jugend' (FDJ). Sie wurde 1946 gegründet. Von den jungen Menschen wurde sie als Gelegenheit betrachtet und angenommen, miteinander in Verbindung zu treten, gemeinsam die Freizeit zu gestalten, sich einen politischen Standpunkt zu bilden, am Aufbaugeschehen teilzunehmen.

Die administrativen Strukturen der Jugendhilfe formten sich in Anknüpfung an die Traditionen der Weimarer Republik. Obwohl sie ihre gesetzliche Grundlage zunächst in Befehlen der sowjetischen Militäradministration fand, kann von einer Nachahmung oder Überstülpung sowjetischer Strukturen nicht die Rede sein. Auch später, unter der Verantwortung der Regierung der DDR, wurde ein solcher Versuch niemals unternommen. Es gab keine "Kommissionen für die Angelegenheiten Minderjähriger", die Jugendfürsorge wurde nicht der Miliz (Volkspolizei) übertragen, wie das in der Sowjetunion der Fall war.
Jugendämter wurden gegründet, als eigenständige Verwaltungseinheiten neben Schulamt, Kulturamt usw. im Bereich der Verwaltung für Volksbildung. Diese Jugendämter umfaßten die Bereiche Jugendförderung, Jugendschutz und Jugendbetreuung. Das Hauptanliegen bestand zunächst darin, den zahlreichen elternlosen, familiengelösten und obdachlosen Kindern und Jugendlichen Unterbringung zu verschaffen, sie zu versorgen und zu betreuen. Familienzusammenführungen spielten eine große Rolle, unabhängig von den Besatzungszonen in Deutschland und über das Land hinausgehend. An dieser Aufgabe entwickelte sich im übrigen die Zusammenarbeit mit westdeutschen Jugendbehörden, die nach Gründung der BRD und der DDR als Amtshilfe weitergeführt wurde. Es ist wenig bekannt, daß Jugendhilfe bis zur deutschen Vereinigung das staatliche Arbeitsgebiet blieb, auf dem in breitem Maße Amtshilfe auf örtlich-kommunaler Basis auf direktem und unbürokratischem Wege weitgehend komplikationslos geleistet wurde.

Überwindung von Obdachlosigkeit und Familienzusammenführung fanden 1946/47 Ergänzung durch Jugendpflege als Erholungsverschickung, Ferienlager, örtliche Feriengestaltung, Anregung von Aktivitäten der Betriebe zur Jugendförderung usw.
Zweckbauten für Heime waren nach 1945 nur wenige übrig geblieben. Ehemalige Schlösser, Villen und Gutshäuser wurden umfunktioniert, nicht zuletzt mit Hilfe der sowjetischen Besatzungsmacht. Personal wurde gewonnen und eingestellt, vielfach aus Kreisen von Umsiedlern. Fachleute standen nur vereinzelt zur Verfügung. Sie rekrutierten sich aus Sozialarbeitern, die in der Weimarer Republik diese Tätigkeit ausgeübt hatten. In der Mehrzahl handelte es sich aber um Neuanfänger.

Die politische Orientierung bezog sich auf Erziehung im antifaschistisch-demokratischen Sinne.

Die pädagogischen Intentionen erwuchsen aus reformpädagogischen Ansätzen. Die Kinder und Jugendlichen wurden zu eigenständiger Aktivität angeregt, zur

Mitverwaltung veranlaßt, in das Leben der Territorien einbezogen. Ein partnerschaftliches Verhältnis zu den Erwachsenen wurde angestrebt. Geschlossene Einrichtungen waren nicht zugelassen. Es gab unterschiedliche Heimformen, auch Kinderdörfer. Träger der Heime waren die Kommunen und konfessionelle Verbände. Private Trägerschaft war ausgeschlossen. Allerdings war die Wirkung solcher reformpädagogischer Bestrebungen eingeschränkt. Sie wurden nicht gewissermaßen projektmäßig durchgehalten. Das hing mit der Unkenntnis bei der Mehrzahl der Heimerzieher und Jugendamtsmitarbeiter (Neuanfänger) zusammen, aber auch mit dem zunächst skeptischen und später ablehnenden Umgang mit der Reformpädagogik seitens der pädagogischen Wissenschaft. Auch aus diesem Orientierungsdefizit heraus ist die überragende Wirkung der Darstellungen und theoretischen Auffassungen Makarenkos zu verstehen. In deutscher Fassung wurde das "Pädagogische Poem" (Weg ins Leben) bekannt, später andere Schriften Makarenkos. Der gedankliche Gehalt dieser Veröffentlichungen wurde von zahlreichen Heimerziehern und Jugendfürsorgern begierig aufgenommen; wohl vor dem Hintergrund, "von der Sowjetunion lernen" zu wollen, aber vor allem deshalb, weil er den persönlichen Intentionen eines erzieherischen Neuanfanges entsprach. Im Vordergrund stand der reformpädagogische Charakter der Praxis und der Auffassungen Makarenkos. Allerdings gab es auch schematische Übertragung äußerer Formen, die aus dem ungedeckten Orientierungsbedürfnis dieser Zeit und aus der Tatsache zu erklären sind, daß eine tiefer schürfende Makarenko-Forschung damals erst ihren Anfang nahm.

Nach meiner Einschätzung hat die Berufung auf Makarenko und die starke orientierungsmäßige Anlehnung an seine Praktiken zu dieser Zeit positive Wirkungen gezeigt und auch für die nachfolgenden Jahre hinterlassen. Zuwendung zu den Kindern, sinnhafte Gemeinsamkeit und Partnerschaft haben sich in der Heimerziehung der DDR als eine Grundtendenz erhalten. Bedenklichkeiten in der Anwendung der Makarenkoschen Gedanken sind im Zusammenhang mit der zunehmenden Vereinnahmung von Erziehung für dogmatisierte politische Absichten später hinzugetreten.

Die Komplexe 'Makarenko" und "Kollektiverziehung" sind für die Heimerziehung und Jugendhilfe der DDR so bedeutsam, daß sie einer speziellen Erörterung bedürfen. Deshalb sei auf nachfolgende Abschnitte dieser Schrift verwiesen.

Funktionsbestimmung der Jugendhilfe

Von der Funktionsbestimmung der Jugendhilfe im gesellschaftlichen, politischen und staatlichen Gefüge hängen Aufgabenstellung, Handlungsfelder, Kompetenzen und Arbeitsweise ab. Letztlich von dort her wird ihr Profil entworfen; und nur mit Bezug darauf kann es inhaltlich ausgestaltet werden. Vor allem konstituiert die Funktionsbestimmung die Existenz der Jugendhilfe und legitimiert sie als notwendigen Arbeitsbereich. Die Funktion wird von Entscheidungen bestimmt, die außerhalb der Jugendhilfe getroffen werden. Deren Regiebefugnis setzt erst innerhalb dieses Rahmens ein.

Solche Außenentscheidungen ließen in den Anfangsjahren des DDR-Staates (Gründung 1949) auf sich warten, wurden nur zögerlich "zu Stuhle" gebracht; zudem gab es Unsicherheit, Wechselfälle und zeitliche Disproportionen zwischen den Regelbereichen. Das ist insofern verständlich und erklärbar, als eine neue und andersartige Gesellschaftskonzeption zum Tragen kommen sollte. Für die Jugendhilfe wirkte sich dieser Umstand in besonderem Maße hemmend aus, weil sie sich im Schnittpunkt von Jugendpolitik, Schulpolitik, Familienpolitik, Sozialpolitik und Rechtspolitik bewegte. Das war ihrem überkommenen, tradierten Gegenstand geschuldet; und das blieb auch weiterhin so, unbeschadet der Zuordnung zur Volksbildung. Konzeptionelle Veränderungen in allen diesen Bereichen wirkten sich auf Jugendhilfe aus; und in den Anfangsjahren erfolgten diese merklich zeitverschoben.

Die Entscheidungsfreude hinsichtlich Bestimmung der Jugendhilfe-Funktion war auch dadurch eingeschränkt, daß in der Euphorie der Anfangsjahre die hoffnungsvolle Überzeugung vorherrschte, daß die neue Gesellschaftsordnung Problem- und Konfliktursachen im individuellen Bereich ausräumt oder auf ein Mindestmaß beschränkt; Jugendhilfe also nur eine "Maßnahme auf Zeit" wäre. Tatsächlich haben sich in den ersten Jahrzehnten die Problemfelder, die hier in Rede stehen, eingeengt, und die Konflikttiefe hat sich abgeflacht. Es gab beispielsweise keine Drogen-Szene, die Jugendkriminalität war minimal. Manches wurde allerdings auch tabuisiert und verdrängt. Die Jugendhilfe hat ihre Existenzvoraussetzungen nie verloren. Aber sie mußte sich angesichts der Nachwirkungen der anfänglichen Euphorie immer als eine Art "Schönheitsfehler" im Sozialismus betrachten und behandeln lassen. Innerhalb der Volksbildung hat diese Verdrängungshaltung zum Teil penetrante bis lächerliche Züge angenommen. Jugendhilfe wurde politisch und fachlich gewissermaßen nur mit Fingerspitzen angefaßt. In den Kreisen der Mitarbeiter der Jugendhilfe hatte diese Auffassung natürlich keinen Boden gefunden. Ihre Existenz im Umkreis der Jugendhilfe hat eher das Zusammengehörigkeitsgefühl und das trotzige Ethos des Berufstandes gefördert.

Aus den geannten Gründen erklärt sich die zeitlich lange Suchperiode hinsichtlich Funktionsbestimmung. Entscheidungen in partiellen Politikbereichen veränderten immer wieder die Sach- und Rechtslage, variierten den Suchvorgang und verzögerten die Profilbestimmung. Ihren endgültigen Platz hat die Jugendhilfe, was ihre Funktion betrifft, im Grunde genommen erst mit dem Familiengesetzbuch (FGB) 1965 und der Jugendhilfeverordnung 1966 gefunden.

Allerdings entwickelte die Jugendhilfe angesichts dieser Umstände, unbestritten in ihrer Existenz, schon relativ frühzeitig eine gewisse Resistenz gegenüber Entscheidungen von außen; und zwar als "hausgemachtes" Selbstverständnis. Sie beharrte auf Familienbezogenheit, hielt sie durch und konnte so eine interne Funktionsbestimmung vorweisen und ins Feld führen. Die Randstellung hatte also auch ihre Vorteile.

Das alles trifft so nicht auf die Heimerziehung zu. Ihre Funktion war schon in den Anfangsjahren bestimmt; erleichtert durch die Tatsache, daß es sich um einen relativ eigenständigen institutionellen Bereich handelt. Bewegung, Veränderung, Korrekturen allerdings gab es hinsichtlich der Funktionserfüllung. Darauf wird einzugehen sein.

Die erste und für den Entwicklungsweg konstituierende Außenentscheidung war die Auflösung der Jugendämter und die Schaffung der Organe für Jugendhilfe und Heimerziehung als Bestandteile der Volksbildung (1950). Sie ist im Zusammenhang mit jugendpolitischen Auffassungen und Festlegungen zu sehen. Der neue Staat baute auf die Jugend als einer durch die nazistische Vergangenheit ideologisch relativ unbelasteten und aus der individuellen Lebenslage heraus zukunftsorientierten Generation und verschrieb sich der Jugendförderung. Diese wurde als Aufgabe der gesamten Gesellschaft betrachtet, sollte nicht im Ressortdenken versacken und sich nicht auf Einzelmaßnahmen einschränken. Vor allem sollte Jugendpolitik von der Jugend selbst getragen werden und nicht "für die Jugend' gemacht werden. Deshalb wurde der "Freien Deutschen Jugend" (FDJ) eine bedeutsame Rolle zugeschrieben. Ihr war ein weitgehendes Mitspracherecht in Jugendangelegenheiten eingeräumt. Und sie war damals durchaus noch eine in hohem Maße eigenständige und selbständige Organisation.

Was Kinder und Jugendliche in Problemlagen anbelangt, wurde dieses Phänomen und die damit verbundene Aufgabe, wenn in ihrer "absterbenden Tendenz" überhaupt am Rande wahrgenommen, auch der gesamtgesellschaftlichen Verantwortung überantwortet.

Aus dieser Logik heraus wurden Jugendämter als eigenständige Verwaltungseinheiten oder Jugendarbeit als eigenständiger Erziehungsbereich neben Schule, Jugendorganisation und Familie als überflüssig bzw. hemmend berachtet.

Es wurden "Ämter für Jugendfragen" geschaffen (zentral, bezirklich, in den Kreisen), die als Stabsorgane gedacht waren. Sie unterstanden den Vorsitzenden der Räte (bzw. zentral dem Stellvertreter des Ministerpräsidenten), berieten die Entscheidungsinstanzen, standen zu Konsultationen zur Verfügung, führten Kontrollen der Verwirklichung der Jugendpolitik als Zuarbeit durch. Sie waren in ihren Leitungsfunktionen personell eng mit der FDJ verbunden und fungierten gewissermaßen als Interessenvertreter der Jugendorganisation im Staatsapparat.

Die Jugendhilfe wurde auf Jugendbetreuung im Sinne von Jugendfürsorge und Jugendschutz eingeschrumpft und der Volksbildung zugeordnet; wobei "Volksbildung" von diesem Zeitpunkt an auf Schulpolitik reduziert war. Für Berufsausbildung, Hochschulwesen, Kultur, Verlagswesen, die ursprünglich zur Verwaltung Volksbildung gehört hatten, waren eigenständige Organe geschaffen worden.

Wenig später wurde auch die Verantwortlichkeit für den Jugendschutz verändert. Eine neue Jugendschutzverordnung (1955) erklärte Jugendschutz zur gesamtgesellschaftlichen Aufgabe. Die Leitung der "Arbeitsgemeinschaften für

Jugendschutz" oblag zunächst der Jugendhilfe. Nach der Jugendschutzkonferenz 1958 ging sie in die Verantwortung der Ämter für Jugendfragen über.

Für die Jugendhilfeorgane als 'Restbehörde" blieben traditionelle Arbeitsgebiete, die ihre Berechtigung nicht verloren hatten: Waisenkinder, familiengelöste, erziehungsschwierige Kinder und Jugendliche, vormundschaftliche Vertretung, Rechtsschutz für Minderjährige. Damit war Jugendhilfe als Aktivität und als Institution auf Einzelfallbearbeitung festgelegt. Im Bereich der Jugendförderung (Jugendpflege) spielte sie keine Rolle mehr.

Ein Detail muß allerdings in diesem Zusammenhang erwähnt werden: Entsprechend der Jugendhilfeverordnung hatten die Jugendhilfeorgane das Recht und die Pflicht, aus ihrer Sachkenntnis heraus auf Mängel und Probleme bei der Wahrnehmung gesamtgesellschaftlicher Verantwortung für junge Menschen aufmerksam zu machen und Abhilfe zu verlangen. Obwohl in Übereinstimmung mit diesem Auftrag von Zeit zu Zeit "Jugendhilfe-berichte" in den örtlichen Räten vorgetragen und diskutiert wurden, sind wir damit niemals wirklich zum Zuge gekommen. Partielle Veränderungen wurden erreicht. Sie bezogen sich vor allem auf bessere Wirkungsbedingungen für die Jugendhilfearbeit. Wichtige Problemfelder aber, die gewissermaßen im Vorfeld der Problemsituationen lagen, wurden im stillschweigenden gegenseitigen Einvernehmen oft als Tabu-Themen verdrängt. Der Erörterung hätten bedurft z.B. Tendenzen der Doppelmoral in der Schulerziehung, Erstarrungen in der FDJ-Arbeit, Gewalt unter Jugendlichen, hohe Scheidungsziffern, Folgen von "Republikflucht" für Kinder usw. Diese Verdrängung war Haltung gegenüber der Jugendhilfeproblematik, aber auch Selbstzensur von Funktionsträgern der Jugendhilfe, zu denen ich mich zähle. Damit wurden Chancen verschenkt, Selbsttäuschung über gesellschaftliche Wirklichkeit aufzubrechen und Fehlentwicklungen im Erziehungsbereich zu thematisieren, wenn nicht gar zu verhindern.

Die Funktionsveränderung im Sinne von Einschrumpfung der Arbeitsfelder und Kompetenzen spiegelt sich in den Unterschieden der diesbezüglichen Aussagen auf der 1. und 2. Zentralen Jugendhilfe-Konferenz wider (1954, 1959).

Mit Blick auf die Jugendhilfeentwicklung haben wir die Konzeption der Jugendpolitik als eine Tendenz beschrieben, die zu einem gewissen Schattendasein der Jugendhilfe und zu einer Einengung ihres Wirkungsradius führte. Das ist aber nur die halbe Wahrheit. Jugendförderung als gesamtgesellschaftliches Anliegen und geamtstaatliche Aufgabe führte auch zu positiven Ergebnissen. Es gab in der DDR Kinderkrippenplätze; Kindergarten- und Hortbetreuung für alle Kinder, deren Eltern das wünschten; obligatorische 10jährige Oberschulbildung für alle Schüler; Abiturstufe; Berufsausbildung für alle Jugendlichen; Arbeitsplatzgarantie; ein vielgliedriges System außerunterrichtlicher und außerschulischer Angebote; kulturelle und sportliche Betätigungs- und Entfaltungsmöglichkeiten; Sonderschulbetreuung; Spezialeinrichtungen und -aktivitäten zur Förderung besonderer Begabungen und Talente. Das alles waren Bestandteile eines ausgebauten Regelsystems oder

Regelangebots. Wohlfahrt und Förderung der Jugend in diesem Sinne war Realität und integrales Anliegen aller Beteiligten. Wenn diese umfassende Jugendförderung in der Endphase der DDR an Wirkung und Akzeptanz verlor, dann lag das nicht an der inneren Logik der dem Gesellschaftsverständnis entsprechenden Jugendpolitik, sondern an dem allgemein aufkeimenden Widerspruch zwischen Politik und Wirklichkeit und an der zunehmenden Vereinnahmung der Jugendförderung für politische Machterhaltung als politisch-ideologische Indoktrination.

Zurück zur Jugendhilfe. Was sie wirklich tat (Erziehungshilfe, Vormundschaftswesen, Rechtsschutz), war de facto funktionsbezogen in Familienpolitik eingeordnet. Die Problemlagen waren aus gestörten Familienbeziehungen heraus verursacht, die Jugendhilfe leistete darauf bezogene Einzelfallarbeit.

Diese Tatsache tauchte in der offiziellen Orientierung paradoxerweise zunächst als Kritik-Punkt auf und bestätigte sie dadurch indirekt; obwohl gleichzeitig eingeräumt und davon ausgegangen wurde, daß der Kernbereich der Jugendhilfearbeit darin besteht, Familien zu betreuen, in denen die Erziehungssituation gestört ist. (vgl. II. Zentrale Konferenz 1959) Es wurde als Forderung die Fiktion aufrechterhalten, daß Jugendhilfe in diesem Sinne vorbeugend tätig sein könne, daß sie "nicht die Fälle auf sich zukommen lassen", nicht "von der Arbeitssituation der Kreisreferate, sondern von der Lage der Jugend im Territorium ausgehen" solle. Das war eine in sich widersprüchliche, von den Gegebenheiten abgehobene, ambivalente Orientierung, die von Unsicherheit hinsichtlich der Funktionsbestimmung geprägt wurde und ihrerseits zu Unsicherheit führte. Sie lief sich tot, änderte am wirklichen Jugendhilfegeschehen wenig oder nichts. Sie wurde im Zusammenhang mit der Diskussion zur Vorbereitung eines neuen Familiengesetzbuches (ab April 1965) aufgegeben. Spätestens mit dem FGB (1965) und der Jugendhilfeverordnung (1965 erste und 1966 zweite Fassung) wurde der genannte Kernbereich bestätigt und zur Grundlage inhaltlicher Ausgestaltung genommen. Familienbezogenheit und Einzelfallbearbeitung avancierten auch offiziell zur Funktionsbestimmung der Jugendhilfe. Aufgaben, Handlungsfelder und Kompetenzen leiteten sich aus § 50 FGB ab, der folgenden Wortlaut hat:

"Sind Erziehung und Entwicklung oder die Gesundheit des Kindes gefährdet und auch bei gesellschaftlicher Unterstützung der Eltern nicht gesichert, hat das Organ der Jugendhilfe nach besonderen gesetzlichen Bestimmungen Maßnahmen zu treffen. Das gilt auch dann, wenn wirtschaftliche Interessen des Kindes gefährdet sind. Das Organ der Jugendhilfe kann den Eltern oder dem Kind Pflichten auferlegen oder Maßnahmen zu seiner Erziehung treffen, die zeitweilig auch außerhalb des Elternhauses durchgeführt werden können. Das Organ der Jugendhilfe kann das Kind in einzelnen Angelegenheiten selbst vertreten oder zur Wahrnehmung dieser Angelegenheiten einen Pfleger bestellen." (FGB)

Mit dieser familienpolitischen Funktion war die Jugendhilfe der DDR in tangierende Bereiche eingeordnet.

Das betrifft die Strafrechtspoltik. Entsprechend der Strafprozeßordnung hatte die Jugendhilfe Jugendgerichtshilfe zu leisten, aus ihrer Kenntnis der sozialen und erzieherischen Umstände in der Familie heraus, verbunden mit ihrer aus der familienpolitischen Funktion hergeleiteten Vertretung von Minderjährigen.

Das betrifft die Kriminalitätsbekämpfung. Die Jugendhilfe hatte dabei keine eigenständigen Aufgaben oder Kompetenzen. Sie wurde gelegentlich gehört, wenn es sich um konzeptionelle Fragen handelte, zu deren Klärung sie aus der familienpolitischen Kompetenz heraus Vorschläge beisteuern konnte.

Das betrifft die Schulpolitik. Diese Berührungsflächen allerdings waren umfassend und bedeutend, weil die Jugendhilfe verwaltungsmäßig der Volksbildung zugehörte. Im Bildungsgesetz ist die Jugendhilfe erwähnt, auch in der Schulordnung. Die Aufgaben, die ihr abverlangt wurden oder zugeschrieben waren, entstammten ihrer familienpolitischen Funktion. Was die auf die Funktion der Jugendhilfe bezogene Orientierung im Verbund mit Schulpolitik anbelangt, war es immer wieder nötig, eine Einbindung oder Anbindung an die jeweils aktuelle Schulpolitik zu finden. Das führte zu manchen Verrenkungen. Schließlich war eine gewisse schulpolitische Überformung nicht zu vermeiden. Genaueres dazu an anderer Stelle.

Die Problemlagen, mit denen Jugendhilfe zu tun hat, nämlich gestörte Familienbeziehungen, wurden als Hemmnisse für die Persönlichkeitsentwicklung der Kinder und Jugendlichen gedeutet und verstanden. Niemals wurde angenommen oder behauptet, daß dadurch die Stabilität des gesellschaftlichen Bestandes oder der gesellschaftlichen Entwicklung gefährdet ist. Junge Menschen haben aber Anspruch auf Förderung ihrer Persönlichkeitsentwicklung. Aus diesen Gründen waren Aktivitäten und Maßnahmen der Jugendhilfe erforderlich. Sie wurden eingestuft als ein Beitrag zur allumfassenden Unterstützung der Persönlichkeitsentwicklung aller Kinder und Jugendlichen. Diese auf Verwirklichung der sozialistischen Lebensweise in der Gesellschaft gerichtete Funktionsbestimmung löste die anfänglich kurzzeitig vorhandene Orientierung der Jugendhilfe auf "Kampf gegen imperialistische Einflüsse" ab, wenn auch das ideologische Moment innerhalb der Jugendhilfetätigkeit weiterhin beschworen wurde.

Wenn heute im Rückblick zuweilen die Frage gestellt wird, ob die Jugendhilfe in der DDR eine ordnungspolitische Funktion erfüllt hat, sollte bei der Beantwortung davon ausgegangen werden, daß die Jugendhilfe in andere gesellschaftliche Bereiche unter Beachtung und Respektierung ihrer familienpolitischen Funktion einbezogen war. Nur in diesem indirekten Sinne hat sie zur Aufrechterhaltung von Ordnung und Stabilität beigetragen. Spezifische ordnungspolitische Aufgaben waren ihr nicht zugeordnet.

Das FGB bestätigte die familienpolitische Funktion der Jugendhilfe, brachte sie nicht als Neuschöpfung in die Entwicklung ein. Diese Gesetzgebung schuf aber endgültige Klärung hinsichtlich der Funktionsbestimmung der Jugendhilfe. Sie wurde durch die Jugendhilfeverordnung, die sich auf das FGB bezog, konkret ausgestaltet, was Kompetenzen, Rechtbestimmungen im Detail und Verfahrensvorschriften anbelangt.

Bestätigt wurde auch der pädagogische Charakter der Aufgabenstellung der Jugendhilfe, der sich als solcher bereits durchgesetzt hatte. Aus heutiger Sicht ist die Kennzeichnung der Aufgabe der Jugendhilfe als sozialpädagogische Aufgabe (1966 ff.) als Bemühen einzuschätzen, diese Aufgabenstellung festzuschreiben. "Im Zusammenhang mit der Entscheidungstätigkeit der Jugendhilfeorgane und der Arbeit in den Heimen sprechen wir nach der Verabschiedung der Jugendhilfeverordnung davon, die sozialpädagogische Aufgabenstellung der Jugendhilfe zu verwirklichen. Die Absicht dieser Formulierung besteht darin, den Zielaspekt, die Gerichtetheit des jugendfürsorgerischen Bemühens näher zu präzisieren. Wir wenden uns damit einer notwendigen theoretischen Vertiefung unserer Arbeit zu." (Mannschatz 1966,2)

In der Folgezeit wurde intensiv an der inhaltlich-theoretischen Ausgestaltung der sozialpädagogischen Aufgabe gearbeitet. Darüber wird noch zu reden sein. Es entstand auch das Buch "Einführung in die sozialistische Familienerziehung" (Mannschatz 1971); und es ist nicht als Zufall zu betrachten, daß der Autor aus dem Jugendhilfebereich kam.

In Verbindung mit der Profilsuche und der Funktionsbestimmung veränderten sich auch die Kompetenzen der Jugendhilfeorgane. Einschneidend dafür war die "Übertragung der Angelegenheiten der Freiwilligen Gerichtsbarkeit" von den Gerichten auf die Jugendhilfe im Jahre 1952. Dadurch wurden Entscheidungskompetenz und Verantwortlichkeit erhöht. Etwa zum gleichen Zeitpunkt (1953) übernahm die Jugendhilfe die Aufgabengebiete Amtsvormundschaft, Pflegschafts-, Beistands- sowie Adoptions- und Pflegekinderwesen von den Dienststellen "Mutter und Kind' aus dem Gesundheitswesen.

In diesem Zusammenhang soll das Verhältnis von Hilfeangebot und staatlicher Entscheidung mit dem Charakter von Eingriffen innerhalb der Jugendhilfetätigkeit erörtert werden. In der Jugendhilfeverordnung fällt das Übergewicht von Anordnungen seitens der Jugendhilfeorgane auf. Das entspricht der Auffassung von der allumfassenden staatlichen Verantwortung und tendiert in die Richtung dessen, was heute zuweilen als "vormundschaftlicher Staat" kritisiert wird. Das muß zunächst so stehen bleiben. Zur Erklärung sollte aber hinzugefügt werden, daß es sich bei Entscheidungen der Jugendhilfeorgane *der Form nach* in den meisten Fällen um die *Anordnung* von Maßnahmen handelte. Die Verfahrensbestimmungen legten fest, daß in der Regel und nach Möglichkeit Einverständnis mit den Betroffenen zu erzielen ist. Das wurde auch so gehandhabt; schon aus der Einsicht und Erfahrung heraus, daß Unterstützungsmaßnahmen nur als solche zur Wirkung gelangen, wenn sie nicht gegen, sondern mit den Erwachsenen und Kindern bzw. Jugendlichen konzipiert werden. Es gab auch einen langanhaltenden Streit darüber, ob beispielsweise bei Heimunterbringung die Anordnung der Maßnahme oder eine Erziehungsvereinbarung mit den Erziehungsberechtigten zu bevorzugen sei. Mit Letzterer hatten wir uns schwer getan. Ich gebe zu, daß es Außenstehenden nicht leicht fällt, sich in dieses Flair hineinzudenken. Ich zitiere eine Berichterstattung aus der Zeit nach der Wende, verfaßt von westdeutschen BeraterInnen, die im Land Brandenburg tätig sind.

Der Text ist erfreulich sachlich und sachkundig und spiegelt gerade deshalb wider, wie sorgsam man mit der unterschiedlichen Blickrichtung umgehen muß; und was in dieser Hinsicht noch zu leisten ist, um gegenseitiges Verständnis zu erreichen.

" ... daß die betreuten Familien die Verwaltung des Jugendamtes nicht als Kontrollinstanz erleben. Die Familien wenden sich oft an dieselben Mitarbeiter, von denen sie bereits vor der Wende betreut wurden. Eine Ablehnung der Hilfe erfolgt nicht. Vergleicht man dieses (scheinbar?) vertrauensvolle Verhältnis mit der immer noch vom Kontrollgedanken beherrschten Jugendamtssicht vieler BürgerInnen in den westdeutschen Bundesländern, so ist das positive Image in den neuen Ländern kaum erklärlich. Es gibt angeblich in den neuen Bundesländern nicht das Machtgefälle zwischen Amt und Leistungsberechtigten. Hilfe wird in ihrem Doppelcharakter auch als Einmischung in die Privatsphäre und als Kontrolle erlebt. Diese Widersprüche lassen sich derzeit nicht auflösen. Es entsteht der Eindruck, als seien die MitarbeiterInnen der Jugendhilfe in den neuen Bundesländern froh, noch nicht mit einer kritischen Infragestellung ihres Hilfeansatzes konfrontiert zu werden." (Jugendhilfe im Verbund 1992, 125)

Generell bleibt der Unterschied zwischen Rechtsanspruch auf Hilfeleistung/ Freiwilligkeit (BRD) und staatliche Verantwortung für Hilfeleistung (DDR) als Problem im Raum stehen. Es berührt grundsätzliche Aspekte des Rechts- und Staatsverständnisses und ist deshalb für die heutige politische Situation insofern geklärt. Es vergegenständlicht sich im Feld der Jugendhilfe so, daß in der alten BRD und jetzt im vereinigten Deutschland das Risiko für die Kinder und Jugendlichen in Kauf genommen wird, das dann entsteht, wenn Hilfeangebote nicht angenommen werden; in der DDR diese Risiko des Herausfallens aus gesellschaftlicher und staatlicher Fürsorge gering war; dafür aber mit dem "Vormundschafts-Anpruch" des Staates Eingriffe mit Verbindlichkeits-Charakter nicht ausgeschlossen werden können.

Anfang der 70er Jahre geriet nach jahrelanger Kontinuität die Funktionsbestimmung der Jugendhilfe wiederum auf die Tagesordnung. Das manifestierte sich in dem Versuch, Jugendhilfearbeit in den Komplex "Verhinderung und Überwindung des Zurückbleibens von Kindern und Jugendlichen in ihrer Persönlichkeitsentwicklung" einzubinden. (Mannschatz 1973a, 129 ff.)

Diese Wendung kann nur aus dem politischen und insbesondere schulpolitischen Umfeld erklärt werden. Der VII. Pädagogische Kongreß (1970) und der

VIII. Parteitag der SED (1971) hatten die Bildungsaufgaben in enge Verbindung mit dem Bemühen um Steigerung der Arbeitsproduktivität unter den Bedingungen der wissenschaftlich-technischen Revolution gebracht. In unserer Schule ist die Zukunft bereits Gegenwartsaufgabe, hieß es. Bildungsschulden von heute sind Planschulden von morgen. Das brachte eine Aufwertung der Schule mit sich, insbesondere ihrer Ausbildungsaufgabe. Der Unterricht wurde als das "Hauptfeld" der schulischen Arbeit bezeichnet. Die Schule gewann auch bei der ideologischen Erziehung der Jugend übergewichtige Bedeutung gegenüber Jugendorganisation und Familie.

Die Jugendhilfe sah sich mit ihrer familienpolitischen Funktion in einer neuen Lage. Sie versuchte sich zu legitimieren, indem sie ihre Aufgabe neu thematisierte, ohne ihre Substanz aufzugeben. Verhinderung und Überwindung des Zurückbleibens war als Formel und Aufgabe die Kehrseite des schulpolitischen Anspruchs, *allen* Kindern und Jugendlichen ein hohes Bildungsniveau zu vermitteln und "keinen zurückzulassen". Das wurde vor allem in seinem Bezug auf schulisches Leistungsverhalten verstanden. Die Autoren aus der Jugendhilfe erweiterten diesen Begriff auf alle Seiten der Persönlichkeit, Sozialverhalten einbegriffen. Für uns war "Zurückbleiben" begrifflich mit "Fehlentwicklung" austauschbar. (vgl. Hoffmann 1981, 128) Die Neuorientierung rüttelte zunächst nicht an der überkommenen familienpolitischen Funktion.

Rückblickend muß aber auf ein weiteres Moment hingewiesen werden. Ohne es uns einzugestehen, erschienen die Potenzen der Jugendhilfetätigkeit als Organisierung des gesellschaftlichen Einflusses erschöpft. Die ständige Wiederholung dieser Forderung verkam zu blassen Appellen. Über die Gründe wird im nächsten Abschnitt zu reden sein.

Die Anbindung an die "Verhinderung und Überwindung" erscheint aus dieser Sicht als eine Flucht nach vorn. Der schwarze Peter wurde gewissermaßen der Schule zugeschoben; zumal die Macher dieser Institution sich geradezu danach drängten. "Es ist auch nicht so – um es zuzuspitzen – daß Schule, Jugendorganisation, Betrieb und Familie uns (der Jugendhilfe) helfen, die Erziehungsschwierigkeiten bei den betreffenden Kindern zu überwinden, sondern wir helfen ihnen, mit diesem Problem fertig zu werden ... Spezifische Maßnahmen der Jugendhilfeorgane sind unter diesem Blickwinkel zu betrachten. Wir dürfen ihre Eigenständigkeit nicht überschätzen...Jugendhilfeentscheidungen sind also nicht der Beginn der verstärkten erzieherischen Einwirkung auf die Kinder und Eltern, sondern ihr Fortsetzung in einem Stadium, in dem ein hoher Grad der Verbindlichkeit und eine Koordinierung der Kräfte unbedingt erforderlich sind." (Mannschatz 1973b, 194)

Einen Rest von Realitätssinn wollen wir uns zubilligen. "Angesichts der Kompliziertheit der von der Jugendhilfe zu bewältigenden Situationen im Einzelfall beschäftigt die Jugendfürsorger und Jugendhelfer die Frage, ob wir mit unseren Forderungen hinsichtlich Organisierung des gesellschaftlichen Einflusses von den realen Möglichkeiten unserer sozialistischen Gesellschaft ausgehen oder den Gegebenheiten vorauseilen ... Es führt zu nichts, wenn wir uns ein 'allgemeines' Bild von der erzieherischen Kraft unserer Gesellschaft entwerfen, das sozusagen an Durchschnittswerten orientiert ist ... Wir dürfen weder voraussetzungslos überfordern, indem wir Aufgaben stellen, die dem bewußtseinsmäßigen Stand und den Möglichkeiten des betreffenden Kollektive nicht entsprechen, noch dürfen wir zu anspruchslose Forderungen erheben, die die Möglichkeiten der Kollektive unterschätzen und damit die Entwicklung ihrer Aktivität hemmen. Es geht vielmehr um ein konkretes und damit differenziertes Herangehen mit der Tendenz sich ständig erhöhender Anforderungen an die gesellschaftliche Verantwortung und die Aktivität der Kollektive bei gleichzeitiger Organisierung der Hilfe und Beratung." (Mannschatz 1973b, 197)

Der Zweck der verbalen Neuorientierung, nämlich Legitimierung der Jugendhilfe in ihrer Existenz und Substanz, wurde erreicht; allerdings zum Preis einer zunehmenden schulpolitischen Überformung. Die sozialpädagogische Aufgabenstellung wurde nur noch am Rande oder gar nicht mehr erwähnt. Die eigenständige Regiebefugnis war eingeschränkt. Die Jugendhilfe geriet in einen Zustand konzeptioneller Lähmung.

Die Jugendhilfepraxis dümpelte vor sich hin im Spannungsfeld von Anspruch auf die erzieherische Kraft der Gesellschaft und deren nachlassender Wirkung; um das etwas drastisch auszudrücken.

Das pädagogische Konzept der Jugendhilfe

Das inhaltliche Konzept der Jugendhilfe war von Anfang an ein *pädagogisches* Konzept. Im Kern ging es immer um die Erziehung von Kindern und Jugendlichen bzw. um die Beeinflussung ihrer Lebens- und Erziehungssituation. Diese Hinwendung war durch die Zugehörigkeit zur Volksbildung begünstigt worden. Das pädagogische Konzept hat allerdings erst im Verlaufe von Jahren Konturen angenommen. Nach der endgültigen Funktionsbestimmung durch FGB und Jugendhilfeverordnung gruppierte es sich um die *sozialpädagogische* Aufgabe. Die Funktionsbestimmung wurde damit in die Praxis und Theorie der 'Entscheidungstätigkeit" transformiert. Die festumrissene Aufgabe der Jugendhilfe bestand darin, unter bestimmten Voraussetzungen für den Einzelfall tätig zu werden und eine positive Entwicklung von Kindern und Jugendlichen zu sichern. Jugendhilfetätigkeit lief darauf hinaus, für bestimmte Minderjährige eine sinnvolle persönliche Perspektive zu entwerfen, die Erziehungsträger auf der Grundlage eines individuellen Erziehungsprogrammes zusammenzuführen und die Aufsicht über den weiteren Entwicklungsweg des Kindes oder Jugendlichen zu gewährleisten. Damit wurde die Vorbereitung, der Erlaß und die Durchführung pädagogischer Entscheidungen für den Einzelfall zur wichtigsten, umfangreichsten und für die jugendfürsorgerische Arbeit typische Aufgabe der Jugendhilfeorgane.

Zugleich wurde durch die sozialpädagogische Aufgabe die Spezifik der Jugendhilfetätigkeit als pädagogische Aufgabe skizziert und legitimiert. Das war von Bedeutung, weil die Jugendhilfe mit der schulpädagogischen Orientierung wenig anfangen konnte. In dieser ging es um Allgemeinbildung auf hohen Niveau. Die erzieherische Komponente war darin eingelagert. Über rationale Einsichten vor allem sollte ideologische und moralische Haltung erreicht werden. Es ist kein Zufall, daß Kritik an der Schulerziehung immer das emotionale, soziale und ästhetische Moment angemahnt hat. Die Jugendhilfe konnte ihre erzieherische Aufgabe nicht auf dieses schulpädagogische Konzept reduzieren; und sie hat es zu keinem Zeitpunkt getan.

Die Problemsituationen, in denen sich die Kinder und Jugendlichen befanden, waren nicht ursächlich durch mangelndes Wissen um die rationalen Grundlagen von Weltanschauung und Moral gekennzeichnet. Vielmehr waren die zwischenmenschlichen Beziehungen im unmittelbaren Lebensbereich gestört. Deshalb kam niemand auf den Gedanken, Lebenssicherung oder korrigierende Erziehung als "Umschulung" zu konzipieren oder zu praktizieren. Die Ausgangssituation als "Gefährdung der Persönlichkeitsentwicklung" haben wir – in Anlehnung an Makarenko – als "Defektivität der sozialen Beziehungen" aufgefaßt; die Sicherung des Kindeswohles (als erzieherische Aufgabe) als Normalisierung der sozialen Beziehungen. Es kam also ein Verständnis zum Tragen, welches Erziehung als Umgang mit den Sozialbeziehungen zum Zwecke der individuellen Persönlichkeitsförderung auffaßt. Ein solches Erziehungsverständnis ist in der Jugendhilfepraxis durchgehalten worden.

Dieser Unterschied im Zugang hat zu Reibungen geführt. Sie drückten sich in dem permanenten Vorwurf aus, daß im Bereich der Jugendhilfe und Heimerziehung die schulpolitische Orientierung zu wenig Beachtung findet.

Aus heutiger Sicht betrachte ich die explizite Formulierung der "sozialpädagogischen Aufgabe" der Jugendhilfe als eine Flucht nach vorn innerhalb dieses Spannungsfeldes. Ich behaupte nicht, daß das eine bewußte und beabsichtigte Opposition gegen dogmatische Schulerziehung war. Eher entsprang dieser Vorgang dem Bestreben, das bewährte erzieherische Gestaltungskonzept der Jugendhilfe zu erhalten und den Mitarbeitern darauf bezogene orientierungsmäßige Sicherheit zu geben.

Die sozialpädagogische Aufgabe bezeichnete zunächst einen moralischen oder berufsethischen Anspruch. Es ging darum, einen jungen Menschen, der der Hilfe bedarf, nie und in keiner Lage allein zu lassen. (vgl. Vogt 1966,39) Die Hilfeleistung ist darauf gerichtet, den Kindern die Geborgenheit des Elternhauses wiederzugeben, für den einzelnen Minderjährigen den spezifischen Anteil der Familienerziehung für die Persönlichkeitsentwicklung zu gewährleisten. Dieser spezifische Anteil wurde mit dem Begriff "soziale Verwurzelung" umrissen. (vgl. Mannschatz 1966, 3) Für die Unterstützung dieses Anteils soll die "erzieherische Kraft" des Mikromilieus einbezogen werden, das die Familie umgibt.

Zur erziehungstheoretischen Bestimmung dieses Bemühens wurde der *sozialpädagogische Denkansatz* entwickelt, auf den wir in einem nachfolgenden Kapitel eingehen.

Für die rückblickende Einschätzung ist von besonderem Interesse, wie der Zielpunkt der Verwirklichung der sozialpädagogischen Aufgabe angegeben und verstanden wurde.

Aus der Tradition des RJWG wurde der Begriff "Wohl des Kindes" übernommen. Die Interpretation ging davon aus, daß es sich dabei nicht um eine wertneutrale Kategorie handelt. Sie wurde als "klassenmäßig bedingt" betrachtet und in verschiedenen Veröffentlichungen mit unterschiedlicher Schärfe mit ideologischen und politischen Ansprüchen verbunden.

Auf die Praxis der Jugendhilfe hat *das* gewirkt, was in jugendhilfeinternen Verlautbarungen und Äußerungen angegeben wurde. Diese gruppieren sich vor allem um die Richtlinien Nr.1 und Nr.2 des Zentralen Jugendhilfeausschusses. (Richtlinie 1965, Richtlinie 1969) Mit ihren Orientierungen wollen wir uns also beschäftigen.

Soziale Verwurzelung (Sicherung des Anteils der Familienerziehung) war in dieser Auslegung gegeben, wenn die Familienbeziehungen "den gesellschaftlichen Anforderungen" entsprachen. Darunter sind "sozialistische Gemeinschaftsbeziehungen" in der Familie zu verstehen. Wenn das nicht der Fall war, wurde die Entwicklung der Kinder zu sozialistischen Persönlichkeiten erschwert oder gar verhindert. Der Charakter der Gemeinschaftsbeziehungen sollte durch die Jugendhilfe unter Einbeziehung der Gesichtspunkte

- politisch-erzieherische Grundhaltung der Eltern,
- Sozial- und Leistungsverhalten der Kinder und ihre Stellung in der Familie,
- Lebensordnung der Familie,
- Beziehungen der Familie zu anderen Kollektiven

eingeschätzt werden.

Wenn wir dem politisch-ideologischen Moment in der Entscheidungstätigkeit der Jugendhilfe nachspüren, ist besonders die Aufffassung von der politisch-erzieherischen Grundhaltung der Eltern von Interesse. "Die Eltern besitzen eine reiche Lebenserfahrung und beeinflussen maßgeblich das Familiengeschehen. Sie sind für die Erziehung der Kinder verantwortlich, umgeben die Kinder mit ihrer Fürsorge und gestalten den Lebensweg von Geburt an. Deshalb wird das Familiengeschehen vor allem durch die Haltung der Eltern repräsentiert. Die Hauptfunktion der sozialistischen Familie besteht in der Erziehung der Kinder. Somit treten *die* Auffassungen und Ansichten der Eltern in den Vordergrund, die sich auf diese Aufgabe beziehen. Wir sprechen deshalb von der politisch-erzieherischen Grundhaltung der Eltern. Sie ist der Angelpunkt für die persönlichkeitsformende Wirkung des Familiengeschehens. Von dorther vor allem wird sein erzieherischer Wert bestimmt. Sie durchdringt alle Verästelungen des familiären Lebens und entscheidet über deren erzieherische Wirksamkeit". (Mannschatz 1969, 271) Bei dem "Modellbild der politisch-erzieherischen Grundhaltung" stützten wir uns auf Makarenko, der in den "Vorträgen über Kindererziehung" Folgendes ausgeführt hat: "Die wichtigste Grundlage der elterlichen Autorität kann nur das Leben und die Arbeit der Eltern, ihr Gesicht als Staatsbürger, ihr Verhalten sein. Die Familie ist etwas Großes und Verantwortungsvolles, die Eltern leiten sie und sind für sie vor der Gesellschaft, vor ihrem eigenen Glück und vor dem Leben der Kinder verantwortlich. Erfüllen die Eltern ihre Aufgaben ehrlich und vernünftig, setzen sie sich bedeutende und schöne Ziele, legen sie sich selbst volle Rechenschaft ab über ihr Tun und Handeln, dann besitzen sie auch Autorität, und es ist nicht nötig, nach weiteren Begründungen zu suchen, und noch weniger nötig, sich mit Gewalt etwas auszudenken." (Mannschatz 1958, 382)

Makarenko geht von vier Merkmalen der politisch-erzieherischen Grundhaltung der Eltern aus:

- Die Haltung der Eltern als Staatsbürger
- Das Wissen um die Probleme der Kinder
- Die Hilfe für die Kinder
- Die Verantwortung für die Erziehung der Kinder

Die Haltung als Staatsbürger versteht er so, daß die Eltern den politischen Angelegenheiten gegenüber aufgeschlossen sind. Sie unterstützen das Neue und Fortschrittliche in der sozialistischen Gesellschaft. Sie begnügen sich nicht mit einer Zuschauerrolle, sondern arbeiten aktiv mit. Diese Einstellung drückt sich auch in ihrem Berufsleben aus. Sie arbeiten fleißig und gewissenhaft. Sie qualifizieren sich, um den Anforderungen ihrer beruflichen Stellung gerecht zu werden. Die Berufstätigkeit ist für sie nicht nur Broterwerb. Sie bestimmen mit in den betrieblichen Angelegenheiten, bringen gute Ideen und Vorschläge zur Erhöhung der Effektivität der Arbeit ein. Auch außerhalb des Betriebes sind sie bestrebt, ihrer staatsbürgerlichen Verantwortung gerecht zu werden. Sie nehmen an dem vielseitigen politischen und geistig-kulturellen Leben der Gesellschaft teil.

Dieses Verhalten ist Ausdruck ihrer tiefen Überzeugung und Bestandteil ihrer Persönlichkeit. Sie spielen das den Kindern nicht vor, aber sie haben es auch nicht nötig, fortwährend selbstgefällig auf ihre staatsbürgerliche Gesinnung hinzuweisen.

Die Eltern wissen um das Leben und die Probleme ihrer Kinder. Sie sind in dieser Beziehung aufmerksame Beobachter. Die Welt ihrer Kinder ist ihnen nicht verschlossen. Sie nehmen Anteil an ihren Erlebnissen und verfolgen aufmerksam, wie die Kinder mit den Problemen fertig werden. Sie durchleben mit ihnen Erfolge und Mißerfolge, Freude und Sorgen. Sie kennen die Freunde ihrer Kinder. Das Wissen um die Probleme der Kinder erwächst nicht aus zudringlicher Fragerei oder erzwungener Berichterstattung. Es ergibt sich aus der Atmosphäre des gemeinsamen Lebens, das von Vertrauen und dem Bedürfnis der gegenseitigen Mitteilung geprägt ist.

Aus dem Wissen um die Probleme der Kinder folgt die Hilfe und Unterstützung bei der Lösung der Probleme. Sie geschieht unaufdringlich, sozusagen selbstverständlich. Es ist eine feinfühlige Hilfe, die sich organisch in die vertrauensvolle Atmosphäre der Familie einordnet. Die Unterstützung darf dem Kind nicht aufgedrängt werden, darf die eigene Initiative des Kindes nicht verdrängen. Allerdings ist es nicht so, daß Hilfe nur dann vonnöten ist, wenn das Kind darum bittet. Die Eltern müssen selbst spüren, wann sie in Aktion treten müssen. Wenn Hilfe geleistet wird, dann muß sie wirksam sein. Allgemeine Ratschläge reichen nicht aus, schon gar nicht, wenn sie mit erhobenem Zeigefinger vorgetragen werden. Die Hilfe der Eltern muß in angepaßter Form geleistet werden und das Kind tatsächlich in eine neue Lage versetzen.

Die politisch-erzieherische Grundhaltung der Eltern schließt die Verantwortung für die Kindererziehung ein. Niemand kann ihnen diese Verantwortung abnehmen. Ihre Haltung den Kindern gegenüber muß von diesem Verantwortungsbewußtsein getragen sein. Nichts dürfen sie dem Selbstlauf überlassen. Aus dieser Position heraus sind sie nicht nur berechtigt, sondern verpflichtet, Forderungen an das Kind zu stellen. Sie müssen korrigierend eingreifen, wenn sich eine Fehlentwicklung andeutet. Die Kinder müssen spüren, daß die Eltern aus dieser Verantwortung heraus handeln. Die Autorität der Eltern gründet sich nicht zuletzt auf den gesellschaftlichen Auftrag, den sie mit der Erziehung der Kinder in der Familie erfüllen.

In dieser Weise etwa kann die politisch-erzieherische Grundhaltung der Eltern in der sozialistischen Familie beschrieben werden. Sie stellt einen Orientierungspunkt dar, den die Eltern anstreben sollten und der auch der gesellschaftlichen Hilfe für die Familienerziehung zugrunde gelegt werden muß. (vgl. Mannschatz 1969, 271)

Wir haben die Auslegung der pädagogischen Zielstellung so ausführlich vorgetragen, damit sich der Leser in den Denkhorizont einfühlen und sich selbst ein Bild davon machen kann, inwieweit das politisch-ideologische Moment in der Entscheidungstätigkeit der DDR-Jugendhilfe eine Rolle gespielt hat. Wir verweisen auch darauf, das in der jugendhilfeinternen Interpretation der *sozialistische* Charakter der Jugendhilfearbeit darin gesehen wurde, die ungünstigen Erziehungsbedingungen jeweils im Einzelfall *endgültig* zu überwinden und die Entwicklung des Kindes *vorausschauend* festzulegen. (Mannschatz 1969, 266) Die "neue" Qualität der Entscheidungstätigkeit in der Etappe des "umfassenden Aufbaus des Sozialismus" wurde nicht an strengere ideologische Maßstäbe gebunden.

Das maßvoll gehaltene ideologische Moment ("Die Familienbeziehungen sollen den gesellschaftlichen Anforderungen entsprechen") galt für die Entscheidungstätigkeit der Jugendhilfe, also für Fälle, in denen aus sozial verursachten Gründen Entwicklungsgefährdung von Kindern eintrat und Jugendhilfe erforderlich wurde.

Es war nicht der Anlaß für das Eingreifen der Jugendhilfe. Es wurde im Verbund mit anderen Gesichtspunkten anteilmäßig herangezogen unterhalb der Schwelle der dominierenden Absicht, die Kinder möglichst in der Familie zu belassen bzw. sie (nach Heimunterbringung) in die eigene Familie zurückzugeben. Für sich allein war das politisch-ideologische Moment kein Grund, diese Absicht zu unterlaufen. Schon gar nicht in den seltenen Fällen der Herausnahme der Kinder oder Jugendlichen auf Dauer aus der eigenen Familie kam dem politisch-ideologischen Moment der Stellenwert eines bestimmenden Kriteriums zu. Es galten vielmehr die Kriterien aus § 50 FGB; meist verschärft durch das Erfordernis des Nachweises schuldhaften Verhaltens (bei Erziehungsrechtsentzug).

Jugendhilfe-Entscheidungen greifen bekanntlich tief in Persönlichkeitsverhalten und Persönlichkeitsentwicklung ein und beeinflussen gravierend den individuellen Lebensweg. Von hoher Brisanz ist demnach die Frage, ob die allgemein für die spätere DDR-Entwicklung typische ideologische Indoktrination bis in die Entscheidungstätigkeit der Jugendhilfe vorgedrungen ist. Wir meinen, daß das nicht der Fall gewesen ist. Die Kriterien waren in den gesetzlichen Bestimmungen eindeutig festgelegt und wurden in den Kommentaren in der Weise, wie wir gezeigt haben, erläutert und ausgestaltet. Die Begriffe "Gefährdung der Persönlichkeitsentwicklung" und "Wohl des Kindes", in denen diese Kriterien kulminieren, betreffen die elementare Lebenssicherung unterhalb der Schwelle politischer und ideologischer Überhöhung.

Eine Aufarbeitung der Entscheidungspraxis der Jugendhilfeorgane wird das beweisen. Dieses Kapitel von Vergangenheitsbewältigung sollte mit Fairneß und Ehrlichkeit betrieben und von tendenziöser Diffamierung freigehalten werden.

Wir sehen uns zu dieser Bemerkung veranlaßt, weil die Jugendhilfe der DDR nach der Wende zeitweilig in die Schlagzeilen geraten war; nicht nur in der bunten Presse, sondern bis in quasi regierungsamtliche Verlautbarungen hinein. Das betraf die sog. "Zwangsadoptionen". Dieser Terminus wurde vor etwa einem Jahrzehnt in den Medien der damaligen BRD geprägt und meint Erziehungsrechtsentzug sowie Freigabe zur Adoption und Vollzug der Adoption gegen den Willen der leiblichen Eltern oder des alleinerziehenden Elternteiles aus politischen Gründen; vor allem im Zusammenhang mit "Republikflucht" oder Antrag auf Übersiedlung in die BRD.

Nach der Wende war von Zehntausenden von "Zwangsadoptionen" die Rede, dann von Tausenden, Hunderten, Dutzenden. Clearing-Stellen wurden eingerichtet, in den Jugendämtern alle Akten durchgesehen, möglicherweise betroffene Bürger aufgefordert, sich zu melden. Im Februar 1993 legte der Berliner Jugendsenator Thomas Krüger, dessen Behörde seit Mai 1991 die Adoptionsfälle der ehemaligen DDR überprüft hatte, einen Abschlußbericht vor. In der "Berliner Zeitung" vom 24.2.93 heißt es: "In der ehemaligen DDR hat es weniger politische Zwangsadoptionen gegeben, als ursprünglich angenommen. In sieben Fällen wurden Kinder ihren Eltern weggenommen, weil diese ausreisen wollten oder politisch unliebsam waren." Gegen drei ehemalige Mitarbeiter der Jugendhilfe laufen derzeit Ermittlungsverfahren wegen des Verdachtes der Rechtsbeugung.

Es ist mehr als bedauerlich, daß durch den öffentlich erhobenen Vorwurf von massenhaften "Zwangsadoptionen" die Tätigkeit und Integrität eines ganzen Berufsstandes im Sinne von Vorverurteilung zeitweise und wohl nachwirkend diskreditiert wurden. Wenn sich die genannten Fälle von Rechtsbeugung bestätigen, dann ist das allerdings weit mehr bedauerlich und muß als schwerwiegender Fehler und Willkür verurteilt werden.

Wenn ich von der politischen Tendenz der überhöhten Diskussion über "Zwangsadoptionen" absehe, bleibt in unserem Zusammenhang folgendes Problem grundsätzlich und speziell auf Adoption bezogen zu erörtern: Da Jugendhilfe mit unwiederholbaren Einzelfällen zu tun hat, sind ihre Entscheidungen in hohem Maße Ermessensentscheidungen innerhalb eines weiten Spielraumes. Gesetzliche Bestimmungen und theoretische Orientierungen können nur einen Rahmen abstecken. Außerdem konstituieren die Entscheidungen Bedingungen, denen im Hinblick auf Wirkungen nur Wahrscheinlichkeitscharakter zukommt. Das sollte bedacht werden, wenn solche Entscheidungen von Außenstehenden nachträglich, nämlich in Kenntnis der tatsächlichen Folgen, eingeschätzt werden. Der Anspruch an die Verantwortung derjenigen, die Entscheidungen zu treffen haben, ist hoch anzusetzen; zumal sie durch ihre Festlegungen tief in die persönlichen Verhältnisse der Betroffenen eingreifen. Kompetenz sollte erwartet und gefordert, aber auch respektiert werden. Das trifft auch auf Adoptionen zu. Der spezielle Fall von Adoption *ohne Zustimmung* der leiblichen Eltern birgt eine besondere Brisanz. Wenn man diese Konstellation zwischen Kindeswohl und Elternrecht als Zwangsadoption bezeichnen will, dann hatten Jugendhilfe und Gerichte der alten BRD, der DDR und haben sie jetzt im vereinigten Deutschland gleichermaßen mit dieser Problematik zu tun, und man sollte und könnte sie ohne politische Emotionen diskutieren. Wenn bei einer solchen schwerwiegenden Entscheidung in einer bestimmten Periode der DDR-Entwicklung der Umstand eine Rolle gespielt hat, daß die Eltern die DDR verlassen hatten, dann gehörte er zum Umfeld der Entscheidung. Das Umfeld sah so aus, das Kinder zurückgelassen wurden, bei Verwandten, Bekannten, im Heim. Es kam vor, daß Kinder unbeaufsichtigt in Wohnungen blieben oder bei einem illegalen Grenzübertritt in lebensgefährdende Situationen gebracht wurden. Die Jugendhilfe hat sich um sie gekümmert. Der Aufenthalt bei anderen Personen wurde zur Kenntnis genommen, bestätigt, legitimiert. Bei Veränderung der Bedingungen (Bekannte z.B. fühlten sich auf Dauer überfordert) wurden andere Lösungen gesucht und Entscheidungen getroffen. In den Fällen, in denen der Aufenthalt der Eltern in Westdeutschland nicht bekannt war, wurde über Amtshilfe mit Jugendämtern in der BRD der neue Wohnsitz ermittelt. Wenn es aus der bisherigen Kenntnis der Familie, weil sie unter der Betreuung der Jugendhilfe stand, erforderlich erschien, bat man um Stellungnahme des Jugendamtes zur jetzigen Lebens- und Erziehungssituation der Betreffenden. In einer Vielzahl von Fällen wurde die

Ausreise der Kinder oder Jugendlichen bei den Organen für Inneres beantragt, bewirkt, und die Minderjährigen wurden den Eltern zugeführt.

Für Adoptionsentscheidungen (ohne Zustimmung der leiblichen Eltern), die unter diesen Umständen getroffen wurden, wäre die jeweilige Gesamt-Konstellation vorurteilsfrei zu prüfen und zu beurteilen. Wenn das Verlassen der DDR übergewichtig oder als einziger Grund herangezogen worden ist, war die Entscheidung falsch.

Arbeitsweise

Die Arbeitsweise der Jugendhilfeorgane war gekennzeichnet durch "Organisierung der gesellschaftlichen Einflußnahme". Darunter wurde verstanden, mit Blick auf die Problemsituation einzelner Kinder oder Jugendlicher sowie ihrer Familien diejenigen gesellschaftlichen Kräfte, Insitutionen und Personen an ihre Verantwortung zu gemahnen, in ihre Pflichten einzusetzen, zu beraten und zu kontrollieren, die nach dem Gesellschaftsverständnis für Jugendförderung und Jugendschutz und damit auch für hilfebedürftige junge Menschen zuständig waren. Lehrer, Kindergärtnerinnen, Betriebe, gesellschaftliche Organisationen, Behörden sollten aus dieser Verantwortung nicht entlassen, sondern mit Nachdruck und bei flankierender Beratung durch die Jugendhilfe in diese Verantwortung eingesetzt werden. Es sollte nicht zugelassen werden, daß sie die Verantwortung in außergewöhnlichen und schwierigen Situationen "abschieben".

Diese Art Aktivierung des gesellschaftlichen Einflusses wurde jugendhilfeintern ergänzt durch Betreuung seitens der Jugendhelfer, gelegentlich auch Erziehungshelfer, Vormünder, Pfleger als unmittelbare Kontaktpersonen mit spezifischer Hilfeleistung. Dieses Konzept für die Arbeitsweise war die logische Konsequenz aus dem gesellschafts-politischen Verständnis und der Aufforderung, Jugendhilfe als gesamtgesellschaftliche Aufgabe zu betrachten und zu handhaben.

Die Ergebnisse, die mit solchem Vorgehen erzielt wurden, bezogen sich zunächst darauf, das Mikromilieu als Rahmenbedingung für Persönlichkeitsentwicklung günstig zu strukturieren. Ausbildungs- und Wohnverhältnisse wurden geklärt, Verantwortlichkeiten geregelt, Betreuung gesichert, Widersprüchlichkeiten in der erzieherischen Einflußnahme nach Möglichkeit ausgeräumt oder abgemildert, eine Perspektive für den jungen Menschen entworfen.

Die Ergebnisse beschränkten sich aber nicht auf diese Neuordnung der äußeren Lebensumstände. Wenn man die Wirkungen der Arbeitsmethode für den Einzelfall beurteilen will, muß man den personalen Kontakt in die Betrachtung einbeziehen, der durch sie konstituiert wurde. Dafür, *daß* er zustande kam, war die Bezugnahme auf die moralische Verpflichtung aus der gesamtgesellschaftlichen Aufgabe eine gewisse Garantie und günstige Voraussetzung. *Wie* er wirkte und sich für die Kinder, Jugendlichen und Eltern auszahlte, hing von den beteiligten Personen ab. Einzig und allein über deren Engagement, ihr pädagogisches Geschick, ihre Liebe und Zuwendung zu den Kindern, ihre Ausdauer, ihre Konfliktfähigkeit, ihren aufopferungsvollen Einsatz wurde die Organisierung des gesellschaftlichen Einflusses als echte Lebenshilfe vermittelt. Dieses nicht-professionelle personale Kontaktverhältnis war die *spezifische erzieherisch-soziale Potenz*, die Jugendhilfe einbrachte und von der ihre Wirkungen abhingen. Daraus erhellt, daß das "System der ehrenamtlichen Mitarbeit" keinesfalls eine arbeitstechnische Angelegenheit war; ein Ersatz gewissermaßen für fehlende hauptamtliche Kräfte. Die ehrenamtliche Mitarbeit verkörperte vielmehr das unverzichtbare Wirkungspotential, mit der Jugendhilfe in der DDR als "Subsidiarität" umging.

Jugendhelfer und andere ehrenamtlichen Mitarbeiter waren durchweg freiwillig und unentgeltlich tätig, wie bereits erwähnt. Es waren Bürger, die helfen wollten; weil es ihrem Naturell entsprach, weil sie selbst in ähnlicher Lage Hilfe erfahren hatten, weil sie es nicht fertig brachten, Notsituationen zu übersehen, sich aus ihnen herauszuhalten, weil sie ihren Beruf als Pädagoge oder Mitarbeiter im medizinischen Bereich ernst nahmen und nicht nur auf bezahlte Berufstätigkeit einschränkten. Ehrenamtliche Mitarbeit auf dem Gebiet der Jugendhilfe war in der DDR ein basisdemokratisches Moment besonderer Art. Sie war auf definierte Sachaufgaben bezogen, einem zutiefst humanistischen Anliegen verpflichtet, unauffällig und bescheiden in ihrem Verlauf, wurde freiwillig übernommen und im Interesse von jungen Menschen ausgeübt, die in schwierige Situationen geraten waren.

Um so mehr ist es unverständlich und blamabel, das die letzte DDR-Regierung unter Lothar de Maizière auf Antrag der Jugendministerin Cordula Schubert mit einem Federstrich alle Jugendhilfekommissionen aufgelöst hat. Als Begründung dafür wurde allen Ernstes angeführt, daß das System der ehrenamtlichen Mitarbeit von der Staatssicherheit zur Bespitzelung von Bürgern benutzt worden wäre. "Regierungsamtlicher Mißbrauch" wurde unterstellt. Das stimmt selbstverständlich nicht. Ich kann aus meiner Kenntnis heraus versichern, daß es durch die zentralen Organe der Jugendhilfe zu keiner Zeit und nicht mit einem einzigen Mitarbeiter der Staatssicherheit Gespräche oder gar Vereinbarungen über Jugendhelfertätigkeit gegeben hat.

Die Jugendhelfer waren engagierte Bürger, die sich uneigennützig für Menschen in Problemlagen eingesetzt haben. Sie verdienen Respekt und hohe Anerkennung.

Die Jugendhilfe der DDR war bemüht, ihre spezifische Potenz als nicht-professionelles hilfebezogenes personelles Kontaktverhältnis mit mehr *Fachlichkeit* anzureichern.

Als "Kettenglied" dafür wurde die Aufgabe gestellt, für jeden Einzelfall ein *individuelles Erziehungsprogramm* auszuarbeiten. (Richtlinie 1969) Es genügte nicht mehr, so war die Auffassung, im allgemeinen Sinne die Bereitschaft der gesellschaftlichen Kräfte zu wecken, sich um bestimmte Familien zu kümmern. "Es reicht nicht aus, von den gesellschaftlichen Kräften zu verlangen, schlechthin eine

Harmonie der Beziehungen innerhalb der betreffenden Familie anzustreben. Auch ist es nicht richtig, unmittelbar auf der Grundlage der Analyse der Erziehungssituation gewissermaßen als "Abhilfe-Strategie" den Komplex von Maßnahmen festzulegen, der die Einzelheiten des Vorgehens regelt. Notwendig ist eine längerfristige pädagogische Zielstellung, die den Grundtenor für den Maßnahmekomplex darstellt.

Das individuelle Erziehungsprogramm steht nicht neben der Entscheidungstätigkeit, sondern dient ihr als Hauptsteuerungs-Instrument. Es umfaßt die pädagogische Zielstellung für den Einzelfall und den Komplex von Festlegungen und staatlichen Maßnahmen zu ihrer Verwirklichung. Es ist kollektiv zu erarbeiten, entsprechend den sich verändernden Bedingungen fortzuscheiben, in seiner Durchführung zu verfolgen und zu kontrollieren." (Mannschatz 1969, 269)

In der Fachliteratur, in Seminaren, Weiterbildungs- veranstaltungen und Konferenzen wurden Themen behandelt, die auf Ausprägung von Fachlichkeit als sozialpädagogisch modifizierte Erziehungsgestaltung hinausliefen. Sie umfaßten Aussagen zur Analyse der pädagogischen Ausgangssituation, zur Charakterisierung sozialer Verwurzelung als eines spezifischen Komplexes zwischenmenschlicher Beziehungen, zum Sozialgefüge und zur Einflußnahme auf die Rollenkonstellation innerhalb der Familie, zur Überwindung von Erziehungsfehlern. (Mannschatz 1963, 1970a, 1970b, 1979) Jugendhilfe gewann Profil als *spezifische pädagogische Aktivität*.

Ihre Zuständigkeit war durch das Gefährdungskriterium bestimmt, wobei der Zusatz, daß Jugendhilfe dann gefordert ist, wenn Gefährdung trotz gesellschaftlicher Unterstützung nicht überwunden werden kann, einen "Grenzbereich" hervorbringt, der durch starre Zuständigkeitsmerkmale nicht umrissen werden kann. Es geht vielmehr um das effektive Ineinandergreifen von Anstrengungen und Aktivitäten der gesellschaftlichen Kräfte und der Jugendhilfe. Vorbeugung und unmittelbares Handlungsfeld der Jugendhilfe gehen ineinander über. Jugendhilfe ist gehalten, jedem Hinweis oder Antrag nachzugehen. Sie wird sich "fallbezogen" engagieren, Verantwortung anderer anmahnen, Ratschläge als sachkundige Unterstützung geben, selbst Entscheidungen treffen und Maßnahmen einleiten. Das ist ohne spezifische pädagogische Aktivität, also ohne Fachlichkeit nicht zu machen. Diejenigen, die sich kümmern sollen, wollen nicht nur ermahnt und aufgefordert werden, sondern benötigen sachkundige Unterstützung.

Was die Arbeitsweise als eine Abfolge von Arbeitsschritten anbelangt, ist die Jugendhilfe bemüht, die operativ-beratenden, analytischen, beschließenden und koordinierenden Elemente jeweils fallbezogen so miteinander zu verknüpfen, daß ein höchstmöglicher Effekt bei der Veränderung der Erziehungsbedingungen und bei der direkten Hilfeleistung für die Kinder erzielt wird; bei angemessenem Verhältnie von Aufwand und Nutzen. (vgl. Mannschatz/Weiß 1983)

Arbeitsweise in dieser Charakteristik bestimmte die Jugendhilfepraxis in der DDR über lange Zeit. Sie war das sozialpädagogische Alltagsgeschehen, auf das sich die Jugendfürsorger und Jugendhelfer eingerichtet hatten, das sie beherrschten, erfahrungsgestützt anreicherten und perfektionierten, mit dem sie Ergebnisse erzielten. Die Arbeitsweise entsprach den gesellschaftlichen Gegebenheiten, nutzte sie, brachte sie jugendhilfespezifisch zur Wirkung im Interesse der betreuten Kinder und Familien. In dieser Anlage schöpfte die Arbeitsweise aus, was das gesellschaftliche Umfeld als Erziehungpotenz zu bieten hatte.

Ergebniserfassung ist in der DDR ungenügend betrieben worden. Es stehen Diplomarbeiten zur Verfügung. Für eine begründete Verallgemeinerung reichen sie jedoch nicht aus. Es bleiben also nur erfahrungsgestützte Vermutungen, was die Frage betrifft, was aus Jugendhilfeaktivitäten herausgekommen ist; wohl wissend, daß Unkenntnis von Fakten, Verdrängung von Befindlichkeiten, Wunschdenken dabei nicht ausgeschlossen sind. Vielleicht sehen wir als Akteure Ergebnisse, in denen sich Absichten und tatsächliche Wirkungen vermischen. Eher hätten sich Betroffene zu äußern. Wir wollen uns deshalb einer pauschalen Wertung enthalten; zumal wir um die Kompliziertheit von "Ergebnisforschung" in der sozialen Arbeit wissen. Auf die Lebensentwicklung von Menschen wirkt ein Bündel von Faktoren in verworrener und individuell ausgeprägter Verflechtung. Geradezu abenteuerlich ist der Versuch, aus diesem Komplex von Wirkungen die definierten Jugendhilfeaktivitäten auszusondern und sie exakt zu bewerten. Die darauf bezogenen Methoden sind deshalb zu recht umstritten und erweisen sich zum Teil als untauglich.

In dem Eingebundensein der Arbeitsmethode der Jugendhilfe in die Gesellschaftskonzeption lag aber auch der Keim dafür, daß sich die Arbeitsweise der Jugendhilfe in ihrer Wirkung als spezifische pädagogische Aktivität zunehmend erschöpfte. Es kam das Gefühl auf, daß ihr spezifisches Arsenal unzureichend ist. Dauerhafte Ergebnisse blieben aus, langzeitliche Betreuung bestimmter Familien und Kinder wurde zur Regel. Die arbeitsmäßige Isolierung der Jugendhilfe nahm zu. Sie wurde immer mehr auf sich selbst zurückgeworfen.

Die Jugendhilfe war mit ihrer Arbeitsweise an Grenzen gestoßen, die wir heute im Rückblick schärfer sehen als damals; oder die wir uns damals nicht eingestehen wollten.

Die Arbeitsweise war konzeptionell im Grunde genommen darauf gerichtet, die betreuten Kinder und Jugendlichen auf den "Normalweg" zu bringen; sie also in die erzieherischen Regelsysteme zurückzuführen, aus denen sie ja gerade "herausgefallen" waren. Sie hing also in ihrer Wirkung vom Zustand eben dieser Regelsysteme ab. Das Problem baute sich nunmehr dadurch auf, daß die erzieherische Kraft der Normalwege in der DDR in erschreckender Weise nachzulassen begann; und angesichts diesen Defizits zu Tage trat, daß das spezifisch-eigenständige sozialpädagogische Arsenal der Jugendhilfe unterentwickelt war.

Wir wollen das skizzenhaft erläutern:

Erziehung hatte in der DDR einen hohen Stellenwert; innerhalb der politischen Orientierung und auch in der Realität des Alltags. Sie sollte die Menschen motivieren und mobilisieren für den Aufbau einer anderen Gesellschaft; sollte beitragen zur Stabilisierung der neuen gesellschaftlichen Verhältnisse. und es ist nicht zu übersehen, daß sie diese Funktionen innerhalb bestimmter Zeitabschnitte in beträchtlichem Ausmaß und mit bemerkenswertem Tiefgang erfüllt hat. Ihr ist eine Aktie zuzuschreiben zu dem, was man DDR-Identität nannte und nennt. In dem Maße aber, in dem sich die Politik von ihrem ursprünglichen Anspruch entfernte, dieser Anspruch selbst im Zusammenhang mit dem Stalinismus ins Zwielicht geriet, Politik zur Machterhaltung einer "politischen Klasse" verkümmerte, die auf einen stümperhaft verkürzten und verfälschten Gesellschaftsentwurf und borniete Methoden eingeschworen war, Ideologie für dieses Vorhaben zunehmend instrumentalisiert wurde; in dem Maße änderte sich das, was der Erziehung als Funktion zugeschrieben wurde und zugedacht war. Es ging um Verfügbarkeit über Menschen im Interesse dieser "Sache", nicht um ihre Mobilisierung zur Verwirklichung ihrer eigenen Interessen. Erziehung wurde für diesen Zweck in den Dienst genommen und verformt. Sie erstarrte in weiten Strecken zu Indoktrination und Disziplinierung. An dieser Funktionsveränderung und den Methoden und Folgen setzt berechtigt die Kritik an.

Das ist aber bekanntlich nur die halbe Wahrheit. Beachtung verdient auch die Tatsache, daß Erziehungskonzeption und Erziehungsbemühungen in deren Sinne und mit der Absicht, Verfügbarkeit über die Bürger zu erlangen, *gescheitert* sind, Der selbstgestellte Anspruch konnte nicht eingelöst werden. (Fischer/Schmidt 1991, 27)

Von dieser Widersprüchlichkeit wurde auch die Lage in den "Regelsystemen', also in Schule, Jugendorganisation und Berufsausbildung geprägt.

Die *Schule* hatte sich mit Ausschließlichkeit zu einer Lernstätte entwickelt. Alles war übergewichtig und einseitig auf Wissensvermittlung ausgerichtet. Der Lehrplan galt als Gesetz, entartete zu einer detaillierten Vorgabe, die abzuarbeiten war. Selbstverständlich haben sich nicht wenige Lehrer Gestaltungsfreiräume erhalten und einen interessanten und von den Schülern akzeptierten Unterricht erteilt. Auch wissenschaftliche Vertreter der Methodiken haben sich bemüht, eine gewisse Flexibilität aufrecht zu erhalten oder wieder einzuführen. Das alles lockerte das Unterrichtsgeschehen auf, durchbrach aber nicht den Lehrplanfetischismus und die Gewohnheit, sich an formale Stufen der Wissensvermittlung zu halten.

Die außerunterrichtliche Tätigkeit unterlag zunehmend einer "Verschulung". Es handelte sich quasi um eine Fortführung des Unterrichts in anderen Formen, auf freiwilliger Basis, von der Akzeptanz der Teilnehmer getragen. Für bestimmte Arbeitsgemeinschaften wurden republikweit gültige "Rahmenprogramme" entwickelt. Alle diese Formen haben zur Erhöhung des Bildungsniveaus beitragen. Erzieherische Wirkungen im engeren Sinne verflachten. Sie wurden den rationalen Erkenntnissen zugeschrieben, erzielt über die mit diesen Tätigkeiten verbundene Wissensaneignung. Die Schulgemeinschaft fungierte nur eingeschränkt als Lebensraum und sozialer Organismus. Zwar war von "Kollekiverziehung" an der Schule die Rede, aber die schon genannten kanalisierenden Rahmenbedingungen waren an der Schule übermächtig und schränkten die Wirkung ein bzw. verzerrten Kollektiverziehung zur Disziplinierung.

Die ideologische Erziehung an der Schule war "aufgesetzt", immer weniger organisch verbunden mit der Erörterung von Sachgegenständen oder mit dem Sinngehalt der gemeinsamen Tätigkeit.

Das alles führte zu Schulunlust insbesondere bei den älteren Schülerjahrgängen; und zu einer Doppelmoral, welche die Identifizierung der Schüler mit der Schule unterspülte.

Die *FDJ* war in den letzten Jahren der DDR so gut wie vollständig aus dem Erziehungsfeld ausgeschieden, In den Anfangsjahren war sie ein eigenständiger Lebensraum gewesen, von den Jugendlichen akzeptiert; und sie spielte in der Gesellschaft eine vorwärtstreibende und identifikations-fördernde Rolle. Das war später nicht mehr der Fall.

Rückblickend kann man diesen allmählichen Umschwung am Verlust konkreter Sinngebung der Jugendarbeit an der Basis festmachen. In der Hoch-Zeit der FDJ in den Anfangsjahren suchten sich die Gruppen selbst Aufgaben oder griffen zentrale Anregungen durch eigene Entscheidung auf. Es gab viel zu tun in dieser Aufbauzeit. Die Aufgaben waren praktischer Natur, stellten echte Herausforderungen dar, stießen als verändernde Aktivität zuweilen auf Schwierigkeiten, gelangten auch zu Erfolgserlebnissen. Die Überzeugung von der Richtigkeit des gesellschaftlichen Weges wurde vermittelt über das Überzeugtsein vom Sinn der konkreten Tätigkeit. Das alles bewegte sich weitgehend außerhalb zentraler Reglementierung. Die Grundeinheiten der FDJ waren territorial als Wohngebietsgruppen organisiert, in denen Schüler, Studenten, Lehrlinge und junge Arbeiter gemeinsam tätig waren.

Das änderte sich. Die Wohngebietsgruppen verloren an Bedeutung bzw. wurden aufgelöst. Organisationsbasis wurden die Betriebe, Schulen und Hochschuleinrichtungen. Die eigenständige Aufgabenfindung war eingeschränkt. Die Sinngebung verschob sich in Richtung auf disziplinierte Teilnahme an den Prozessen, die von der jeweiligen Institution bestimmt wurden (Schulausbildung, Lehrausbildung, Studium, Produktion). Die ideologische Erziehung als eigenständige Aufgabe trat in den Vordergrund. Die FDJ-Arbeit büßte ihre relative Autonomie und ihre Entscheidungsfreiheit ein und verlor weitgehend ihren Charakter als praktisches Jugendleben. Zustimmung zur Politik wurde abverlangt, nicht vermittelt über konkrete und selbstbestimmte Teilnahme an der Lösung von Sachaufgaben, sondern als Abnicken abstrakter Vorgaben. Sie verkümmerte zur Pflichtübung. Gleichgültigkeit, Distanz, opportunistische Anpassung und Doppelmoral machten sich breit. Viele Jugendliche übten sich im Taktieren. Nichts ging mehr unter die Haut. Rituale waren an die Stelle lebendiger Aktivität getreten. Inszenierte "Höhepunkte" als Jubelveranstaltungen konnten über diesen Sinnverlust nicht hinwegtäuschen; waren eher ein Ausdruck von jämmerlicher Hohlheit; wurden in der Bevölkerung auch so empfunden.

Einen Lebenshalt für Jugendliche aus Problemlagen bot am ehesten noch die *Berufsausbildung*. Hier war am meisten offensichtlich, daß Start-Voraussetzungen für den Lebensweg eröffnet wurden. Eine Facharbeiterausbildung galt als erstrebenswert.

Insgesamt hatten die "Normalwege" an Anziehungskraft und lebensordnender Funktion eingebüßt. Damit geriet der Zielpunkt für die Organisierung des gesellschaftlichen Einflusses ins Trudeln. Rückführung auf den Normalweg als Jugendhilfeabsicht stellte sich selbst in Frage. Damit entleerte sich die Arbeitsweise der Jugendhilfe ihres Sinngehaltes. Die Redewendung ging um, daß die Jugendhilfe eigentlich nichts anderes tut, als junge Menschen und ihre Familien organisatorisch und einflußmäßig "zu umzingeln".

"In Diskussionen ist immer wieder festzustellen, daß der Ausgangspunkt für Überlegungen zur niveauvolleren pädagogischen Arbeit in der Erziehungshilfe nicht die Stellung der Betreffenden im Erziehungsprozeß ist. Zumeist beginnt und endet die Diskussion bei Überlegungen zur Optimierung von Leitungsstrukturen. So notwendig dies auch ist, so dürfen sich doch Leitungsprozesse niemals verselbständigen. Im Bereich der Erziehungshilfe ist die Leitungstätigkeit immer auf den pädagogischen Prozeß gerichtet, und sie erhält von dort her auch ihren Inhalt und ihre Funktion. Es geht also nicht darum, daß die Betroffenen sozusagen leitungsmäßig "umzingelt' werden; vielmehr ist es unbedingt erforderlich, den pädagogischen und psychologischen Zugang zum eigentlichen Problem zu finden." (Schütze 1976, 85) Was bei einer solchen "Büropädagogik" dennoch übrig blieb als erzieherischer Wirkungsfaktor, war das von Fachlichkeit angereicherte personale Kontaktverhältnis, das weiter oben beschrieben worden ist. Das soll nicht übersehen werden. Aber das war angesichts der abnehmenden Sogkraft der Regelsysteme zu wenig. Es fehlten psychologische Therapie, Selbsthilfegruppen, alternative Gesellungsformen zur Heimerziehung usw. Ein sozialpädagogisches Netz oder eine Palette von Angeboten waren nicht vorhanden. Vereinzelte Versuche, z.B. Jugendclubs in den sozialpädagogischen Dienst einzubeziehen, kamen nicht zum Zuge. Die Jugendhilfe war flügellahm geworden.

Rahmenbedingungen für die Heimerziehung

Als Heime wurden 1945 Gebäude übernommen, die nur in wenigen Fällen früher schon als solche Einrichtungen gedient hatten, in der Mehrzahl aber für diesen Zweck umfunktioniert wurden. Daraus ergab sich eine große Streubreite, was die Größe der Einrichtung, ihre innere raummäßige Struktur und territoriale Lage anbelangt. Die Kinderpopulation kam mehr oder weniger zufällig zustande, den örtlichen Bedürfnissen entsprechend. Mit dieser Vielfalt (alle Altersstufen vom Vorschulkind bis Jugendlichen; Hilfsschüler und Normalschüler; familiengelöste, sozial-schwierige Kinder, Jugendliche mit "krimineller" Erfahrung) waren die Erzieher überfordert, zumal es sich in der Regel um Neuanfänger handelte.

Die Länder (vor der Verwaltungsreform) versuchten sich in organisatorischer Kategorisierung, um den "Wildwuchs" zu überwinden, wodurch zusätzliche Unruhe entstand. Deshalb wurde 1952 ein einheitliches System von Heimarten eingeführt, das im Wesentlichen über Jahrzehnte so erhalten blieb (Normalheime, Spezialheime).

Als problematisch erwies sich die Differenzierung *innerhalb* der Heimart Normalheime. Ausgehend von dem Bestreben, die schulische Entwicklung der Heimkinder zu fördern, war eine Differenzierung der Normalheime nach Klassenstufen empfohlen worden. Das geriet sehr bald zum Streitpunkt. Einerseits zeigten sich Erzieher damit zufrieden und strebten nach noch mehr "Sortenreinheit", so daß vom Ministerium daran erinnert wurde, daß es sich um eine "Kann-Bestimmung" handelt (Ministerium für Volksbildung 1954, 19); andererseits kam massive Kritik auf, weil durch diese Differenzierung Heimverlegungen bewirkt wurden. (vgl. Limbach 1956, 190; Frauenberger 1956, 339) Im Jahre 1959 wurde vom Ministerium vorgeschlagen, die klassenstufenbezogene Differenzierung innerhalb der Heimart aufzugeben, "um in Zukunft Verlegungen von Heimkindern weitestgehend zu vermeiden ... Es muß sogar versucht werden, auch den Übergang vom Vorschulalter zum Schulalter und vom Schulalter in das Berufsleben für das Heimkind nicht in jedem Falle mit einem Heimwechsel zu verbinden ... Aus diesem Grunde sind wir der Auffassung, daß in jedem Heim überprüft werden sollte, inwieweit die Einrichtung von Vorschulgruppen möglich ist bzw. Schüler, die im gleichen Ort eine Lehre aufnehmen, im Heim verbleiben können." (Ministerium für Volksbildung 1959, 2)

Diese Orientierung hat sich in Abhängigkeit von den gebäudemäßigen Gegebenheiten und von der Initiative und pädagogischen Einsicht der Heimleiter unterschiedlich schnell durchgesetzt; in der Tendenz schleppend.

Ein Diskussionsthema war immer wieder der Umstand, daß in den Normalkinderheimen milieugeschädigte Kinder und dauerhaft familiengelöste Kinder ohne Milieuschädigung *gemeinsam* untergebracht waren. Für die zweite Kategorie wurden von den Jugendhilfeorganen der Verbleib bei Verwandten oder in Pflegefamilien oder die Adoption angestrebt. Das war aber nicht in jedem Falle möglich, so daß es solche Kinder mit Daueraufenthalt im Heim gab.

Es wurde der Versuch unternommen, sie in einem "Vormundschaftsheim" unterzubringen (Güstrow). Dort wurden entsprechend günstige materielle, pädagogische und personelle Voraussetzungen geschaffen. Das konnte aber nicht durchgehalten werden, weil der Status der Kinder als "Dauerkinder" (mit Ausnahme der "klassischen" Waisenkinder, die aber nur in geringer Anzahl vorhanden waren) sich oft erst nach einem längeren Entwicklungsprozeß, in dem die Option offengehalten wurde, sie doch wieder ihren Eltern zurückzugeben, abzeichnete. Sie befanden sich während dieser Zeit in einem Normalheim; und hätten dann in das "Vormundschaftsheim" gebracht werden müssen, was mit einer Heimverlegung verbunden war, die ja gerade vermieden werden sollte. Als Kompromißlösung wurde empfohlen, in jedem Bezirk ein Heim vorwiegend für solche Kinder vorzusehen, für die ein Daueraufenthalt abzusehen war.

Die Heimerziehung der DDR "zehrte" über Jahrzehnte vom alten Gebäude-Bestand. Einige Neubauten wurden erst im Zusammenhang mit dem "Wohnbauprogramm" der DDR ab Mitte der 70er Jahre errichtet. Ein zentral erstelltes Bauprojekt konnte nicht verwirklicht werden. Wir wurden aus Kostengründen auf "Wiederverwendungs-Projekte" festgelegt (Lehrlingsinternate; Altersheime), die nur geringfügig für den Jugendhilfezweck modifiziert werden konnten. In Berlin führte das zur Errichtung von Kinderheimen für 200 bis 250 Kinder und Jugendliche in Neubaugebieten.

Die Heime waren institutionell eigenständige Jugendhilfe-Einrichtungen. Diese fundamentale Rahmenbedingung wurde zeitweilig in Zweifel gezogen, hat sich aber erhalten.
Der schulischen und beruflichen Ausbildung der Kinder und Jugendlichen wurde große Aufmerksamkeit geschenkt; der allgemeinen schulpolitischen Orientierung folgend und im speziellen Fall der Heimerziehung mit Blick auf möglichst gute Startbedingungen für die Lebensperspektive der Heimkinder. Das war richtig und hat sich ausgezahlt. Es gab in diesem Zusammenhang allerdings auch Überlegungen und Vorschläge, die Heime als Einrichtungen der Jugendhilfe aufzugeben und sie den Trägern der schulischen bzw. beruflichen Ausbildung zuzuordnen oder einzuverleiben.
In den Jahren 1959–1961 wurden einige Experimente der Vereinigung von Schule und Heim durchgeführt. (vgl. Mannschatz 1959) Der schulpolitische Hintergrund bestand darin, daß zu dieser Zeit (mit Seitenblick auf das damalige sowjetische Projekt der Internatsschule als Regelschule) in der DDR über die Schaffung von Tagesheimschulen nachgedacht wurde und entsprechende Maßnahmen eingeleitet worden waren. Die Normalkinderheime sollten diesem Trend folgen, indem sie als Internate den jeweiligen Schulen zugeordnet werden sollten. Ein Schultyp wäre entstanden, der als Tagesheimschule mit Teilinternat hätte bezeichnet werden können. Die praktischen Experimente, die eingeleitet wurden, ließen aber Zweifel an der Zweckmäßigkeit und Machbarkeit aufkommen. Es zeigte sich, daß die Belange der Heimkinder zu kurz kamen. Internate können die sozialpädagogische Funktion des Heimes als Jugendhilfeeinrichtung nicht übernehmen. Deshalb wurde zur "schulpolitischen Perspektive der Kinderheime" auf eine enge Zusammenarbeit mit der Schule orientiert; ein leitungsmäßiger Verbund aber nur zugelassen, wenn es sich um eine vom Ministerium bestätigte Tagesheimschule handelt. Das war ein Rückzieher; denn das DDR-Projekt "Tagesheimschule" wurde zu diesem Zeitpunkt stillschweigend aufgegeben. (vgl. Graupner/Mannschatz 1961)

Zu den Rahmenbedingungen für Heimerziehung als Gemeinschaftsgeschehen müssen auch die Auffassungen und Bestimmungen für die *Planung* der Arbeit gerechnet werden. In ähnlicher Weise wie bei der Differenzierung der Heime wurden 1952 Bestimmungen über Planung als ein Mittel eingeschätzt und eingesetzt, von der Stufe ausschließlicher Betreuung und Versorgung zu Erziehung überzugehen und durch einheitlich Planung Unsicherheit und Unruhe zu überwinden, die durch örtlich unterschiedliche Festlegungen erzeugt worden waren.

Insofern Planung als Tätigkeitsplanung gedacht war und praktiziert wurde, ging es um die gemeinsame Konzipierung von kurz-, mittel- und langfristigen Unternehmungen, Vorhaben und Veranstaltungen der Heimgemeinschaft und um die Vorbereitung von thematischen "Beschäftigungen". Erziehungsplanung sollte die Entwicklung der Heimgemeinschaft als soziales Beziehungefüge vordenken.

Anfänglich überzogene Vorgaben führten zu Formalismus, Einengung des Bewegungsspielraumes, Überforderung der Erzieher, unnötigem Schriftkram. Als Rückkopplung aus solchem Planfetischismus setzte eine Tendenz der "Entkrampfung" ein, die schließlich 1957 auf den Punkt gebracht wurde: Die Planung beschränkte sich von diesem Zeitpunkt an auf einen Jahresarbeitsplan des Heimes. Er enthielt nicht Maßnahmen, Termine und Verantwortlichkeiten, sondern sollte eine formlose Niederschrift sein der Überlegungen, die der Pädagogische Rat (alle Erzieher) hinsichtlich der pädagogischen Arbeit im kommenden Schuljahr angestellt hat. Jahrestrittelpläne fallen weg. Erziehungspläne für die Gruppen gibt es nicht. Allerdings ist jeder Erzieher verpflichtet, ein pädagogisches Tagebuch zu führen. Im Anhang an den Jahresarbeitsplan können grobe Hinweise auf Vorhaben usw. (Stoffplanung) gegeben werden. Die Beschäftigungen in den Gruppen werden thematisch für den Monat und zeitlich für die Woche geplant. Schriftliche Vorbereitung der Gruppenbeschäftigungen sind nicht vorgeschrieben. (vgl. Mannschatz 1957)

In der "Heimordnung" (1969) wurden ein Jahresplan des Heimes, Jahrespläne der Gruppen und Zeitpläne für den Wochen- und Tagesablauf verlangt. (Heimordnung 1969)

Diese "Heimordnung" faßt im übrigen die Rahmenbedingungen für die Heimerziehung anordnungsmäßig zusammen. Sie enthält Bestimmungen über Aufgaben und Grundsätze für die Bildungs- und Erziehungsarbeit in den Heimen; die Planung; die Leitung; die Stellung der Kinder und Jugendlichen im Heim; die Zusammenarbeit mit Jugendhilfe, Eltern, Schulen, Jugendorganisation, gesellschaftlichen Kräften; die Versorgung und Betreuung der Minderjährigen. Sie ist kein "Erziehungsprogramm". Das ist insofern bemerkenswert, als im Volksbildungswesen der DDR für die Schule (Lehrplanwerk) und für den Kindergarten (Erziehungsplan) detaillierte inhaltliche Vorgaben ausgearbeitet worden waren.

Über die personelle Besetzung der Heime ist bereits gesprochen worden. Zur realistischen Einschätzung als Rahmenbedingung ist hinzuzufügen, daß Heimerziehung eine relativ hohe personelle Fluktuationsrate aufwies. Jüngere Erzieher wechselten zuweilen in Hort oder Schule (Unterstufe), wenn sie sich verheirateten, Familienzuwachs erhielten, im Zusammenhang damit den Wohnort wechselten. Sie schieden auch aus der Heimerzieher-Tätigkeit aus, wenn sie in ihren Vorstellungen von diesem Beruf enttäuscht wurden und ihre Motivation nachließ. Es muß auch die ungute Tendenz erwähnt werden, Lehrer in Heime "abzuschieben", die mit dem Lehrerberuf nicht zurecht kamen; oder Jugendfunktionäre, die zu alt geworden waren für diese Tätigkeit.

Die Heime unterlagen dem leitungsmäßigen Einfluß örtlicher Schulfunktionäre. Das Gespür für die sozialpädagogische Aufgabenstellung war bei einigen Schulräten und Schulinspektoren nicht vorhanden. Sie maßen mit der Elle der Beurteilung schulischen Geschehens; wobei dieser Maßstab zudem immer mehr abglitt in "Planziffern" hinsichtlich Schülerleistungen, Anteil der Sitzenbleiber, Anzahl der Arbeitsgemeinschaften, Teilnehmer an der Schülerspeisung usw. und damit schon gar nicht für Heimerziehung taugte.

Wir wollen versuchen, die Lebenslage der Heimkinder in der DDR innerhalb der Rahmenbedingungen, die wir skizziert haben, zu schildern.

Den Kindern und Jugendlichen in den Heimen gebrach es nicht an Lebensqualität. Das muß selbstverständlich in Relation zu den damaligen DDR-Verhältnissen gesehen werden. Der materielle Standart in den Heimen lag nicht unter dem Durchschnitt der Herkunfts-Familien, eher darüber. Die Heimerziehung war der finanziell aufwendigste Bestandteil der Volksbildung, mit Ausnahme vielleicht der Lehrerbildung.

Positiv wirkte sich die Zuordnung der Heimerziehung zur Volksbildung insofern aus, als es den Kindern und Jugendlichen nicht an schulischer und beruflicher Förderung fehlte. Sie besuchten die zehnklassigen Oberschulen bzw. die Sonderschulen in den Territorien, gemeinsam mit Schülern aus den Familien. Für die wenigen Heimschulen (in den Spezialheimen) galten die allgemeinen Lehrpläne bei verminderter Klassenstärke. Das trifft sinngemäß auch auf die Berufsausbildung zu.

Aspekte der Familienerziehung innerhalb der Heimerziehung spielten insofern eine Rolle, als allumfassende Fürsorge, individuelle Zuwendung und Geborgenheit für die Kinder angestrebt wurden. Koedukation war vorherrschend, Wohn- und Lebensbereiche für die Gruppen wurden geschaffen anstelle von Schlafsälen; die kurzzeitig geltende strenge altersmäßige Differenzierung der Heime wurde zugunsten altersmäßiger Durchmischung aufgegeben, um Verlegungen zu vermeiden und die gemeinsame Unterbringung von Geschwistern zu ermöglichen. Familienähnliche Formen der Heim*organisation* hielten sich in Grenzen. Diese Zurückhaltung ergab sich aus der Favorisierung des Makarenko-Modells, aus baulichen und im Zusammenhang damit ökonomischen Gründen, aus personellen Gegebenheiten und nicht zuletzt aus dem (aus heutiger Sicht unverständlichen) Betreben, eine "einheitliche, gesamtstaatliche" Lösung zu finden und beizubehalten. Damit wurde verpaßt, daß sich ein sozialpädagogisches Netz als Palette vielfältiger Angebote entwickelte.

Nicht fehlte es den Kindern und Jugendlichen an persönlicher Zuwendung durch die Erzieher, Jugendfürsorger in den Heimen und das Hauspersonal, soweit dieser zutiefst individuell-menschliche Bereich einer pauschalen Einschätzung zugänglich ist. Die Erwachsenen in den Heimen waren in der Regel hoch motiviert, sie waren gut ausgebildet (auf dem Niveau von Unterstufenlehrern, die Heimleiter als Diplompädagogen), wurden entsprechend besoldet und erfreuten sich einer angemessenen gesellschaftlichen Anerkennung. Der Zusammenhalt innerhalb dieser Berufsgruppe war erfreulich, das berufsständische Ethos ausgeprägt. Die Fürsorge für die jungen Menschen war allumfassend, für "westliche" Begriffe vielleicht sogar aufdringlich. Niemand wurde allein gelassen oder geriet ins betreuungslose Abseits. Wir verschweigen dabei nicht die gegenstandsspezifischen Schwierigkeiten und die damit verbundene Hilflosigkeit in Einzelfällen. Es kam vor, daß Kinder und Jugendliche verlegt wurden im Sinne von "Abschieben", weil ein erziehungswirksames Vetrauensverhältnis in dem gegebenen personalen Kontext nicht aufgebaut werden konnte.

Abschließend einige Bemerkungen zu Heimformen besonderer Charakteristik.
Jugendwerkhöfe waren Heime für schwererziehbare Jugendliche im Alter von 14–18 Jahren. Es handelte sich um offene Jugendhilfe-Einrichtungen; nicht etwa um Jugendgefängnisse. Jugendstrafanstalten als "Jugendhäuser" gab es in der DDR. Sie unterstanden dem Ministerium für Inneres als Strafvollzugsbehörde.

In Jugendwerkhöfe wurden Jugendliche ausschließlich auf Anordnung der Jugendhilfe aufgenommen. Die strukturellen Rahmenbedingungen der Jugendwerkhöfe haben im Verlaufe der Jahre Veränderungen erfahren, dem Bemühen und der Tendenz folgend, den Jugendlichen eine berufliche Ausbildung zu vermitteln, mit der sie nach ihrer Entlassung aus dem Heim als Startbedingung für ihren weiteren Lebensweg etwas anfangen konnten. Anfänglich gab es heimeigene Werkstätten (Landwirtschaft, Gärtnerei, Tischlerei, Schlosserei usw). Die Jugendlichen waren produktiv tätig und erhielten eine handwerkliche Ausbildung, die ihnen bei der Entlassung bescheinigt wurde. Der Nachteil bestand darin, daß diese von Betrieben oft nicht anerkannt wurde, und außerdem solche beruflichen Tätigkeiten in den Orten, in die die Jugendlichen zurückkehrten, nicht ausgeübt werden konnten (z.B. Landwirtschaft in städtischen Ballungsgebieten). Deshalb gingen wir dazu über, die Jugendlichen der Jugendwerkhöfe in benachbarten Betrieben einzusetzen und sie dort in offizielle Formen der Berufsausbildung zu integrieren. Sie erlernten Teilberufe (Abgänger der 8.Klasse und darunter); oder sie begannen eine Etappe der Facharbeiterausbildung. Die Jugendwerkhöfe nahmen also den Charakter von Lehrlingsheimen besonderer Prägung an. In einigen Jugendwerkhöfen bestanden weiterhin zusätzlich heimeigene Werkstätten; einige unterhielten "Außenstellen" mit Jugendwohnheim-Charakter. In wenigstens zwei Jugendwerkhöfen wurde den Jugendlichen die Möglichkeit gegeben, den Abschluß der 8. Klasse nachzuholen.

Dieser Typ des Jugendwerkhofes hat sich durchgesetzt und erhalten.

Andere Varianten waren nur kurzzeitig existent bzw. blieben als Vorhaben auf dem Papier. Das betraf Jugendwerkhöfe an Großbaustellen. Es zeigte sich, daß diese Betriebe lediglich an Arbeitskräften interessiert waren und eine berufliche Ausbildung nicht gewährleisteten. Sie wurden aufgegeben. Eine Anordnung von 1965 bestimmte einen Jugendwerkhof-Typ für kurzzeitigen Aufenthalt (insbesondere für Jugendliche, die bald volljährig wurden) ohne berufliche Ausbildung. Dieser Typ kam nicht zum Tragen.

1965 wurde ein *geschlossener Jugendwerkhof* geschaffen (Torgau). Es war die einzige Einrichtung dieser Art in der DDR. Sie war gedacht als Disziplinar-Einrichtung. Aufgenommen wurden Jugendliche, die in den Jugendwerkhöfen die Heimordnung "vorsätzlich schwerwiegend und wiederholt verletzen". (Anordnung 1965) Der Aufenthalt durfte 6 Monate nicht überschreiten. Der Jugendwerkhof hatte eine Kapazität von 60 Plätzen. Im Rückblick ist festzustellen, daß die Errichtung des geschlossenen Jugendwerkhofes Ausdruck der Hilflosigkeit gegenüber extremen sozialpädagogischen Problemlagen war. Diese Form bringt keine Lösung; wie sich auch in anderen Ländern zeigt. (vgl. Gintzel 1993, 11)

In einigen Bezirken gab es *Durchgangsheime*. In sie wurden Kinder und Jugendliche aufgenommen, die von der Polizei unter ungeklärten Umständen aufgegriffen worden waren bzw. wegen Gefahr-im-Verzuge sofort aus dem Haushalt der Eltern herausgenommen werden mußten. Sie wurden innerhalb weniger Tage in andere Heime gebracht oder ins Elternhaus zurückgeführt. Die Durchgangsheime wurden 1987 und 1988 aufgelöst (mit Ausnahme des Durchgangsheimes in Berlin); einerseits wegen mangelhafter Auslastung (chronische Unterbelegung), andererseits deshalb, weil ein Mißbrauch in Einzelfällen als Disziplinar-Einrichtung nicht ausgeschlossen werden konnte.

Bewährt haben sich die Heime für stark *verhaltensgestörte* Kinder und Jugendliche. Sie nahmen Minderjährige auf, die aus familienrechtlichen Gründen in Heime der Jugendhilfe eingewiesen worden waren. Das erste Heim dieser Art entstand Ende der 50er Jahre in Werftpfuhl bei Berlin. Später kamen andere Einrichtungen dazu (insgesamt 4 Heime und eine Aufnahmeabteilung in Berlin). Sie gewährleisteten die Möglichkeit der Beobachtung und Begutachtung, aber auch eines längeren Aufenthaltes mit eingelagerten psychologisch-therapeutischen Elementen. (vgl. Werner 1867; 1978)

Das pädagogische Konzept der Heimerziehung

Was die Heimerziehung in der DDR anbelangt, muß zunächst die gängige Vermutung von einer durchkonstruierten Einheitlichkeit ausgeräumt werden. Die institutionsspezifische Ausprägung des pädagogischen Konzeptes umfaßte einen breit gefächerten Spielraum; in Abhängigkeit zunächst von Heimart, Heimgröße, territorialer Lage, Population; aber auch von Auffassungen, persönlichen Intentionen insbesondere der Heimleiter; gewachsenen Traditionen in der jeweiligen Einrichtung. Diese relative Vielfalt und Unterschiedenheit kam deutlich im Zusammenhang mit der "Heimgeschichtsforschung" zu Tage, die ab 1981 intensiv betrieben wurde. (Kellotat 1982)

Dennoch kann und muß von einer einheitlichen Grundanlage gesprochen werden. Es handelt sich um die Kollektiverziehung; ein pädagogisches Konzept, hergeleitet von Makarenko, das für die Heimerziehung der DDR im Verlaufe der Jahre eine sozialpädagogische und institutionsspezifische Ausprägung erfahren hat.

Orientierende Bedeutung gewann es in den Jahren 1951/52. Auf der Suche nach "neuen" Wegen war man in vielen Heimen auf ein "Erziehungs-Stufen-System" verfallen. Es äußerte sich in Verfahren der "Punktbewertung" des Verhaltens der Kinder und Jugendlichen; zum Teil verknüpft mit Staffelung im Hinblick auf Taschengeld, Ausgangsgewährung, Leben in einer "Selbstverwaltungsgruppe" mit besserer materieller Ausstattung und Freizügigkeit. Die heimerziehungs-interne Diskussion bewegte sich um "Ausreißer", das "Bettnässer-Problem" und andere, durchaus praktisch gewichtige, aber eher randständige Probleme. Dafür erwartete man Rezepte und Lösungsvorgaben.

Gegen solche Art "Praktizismus" wurde das pädagogische Konzept der Kollektiverziehung ins Feld geführt. "Es gilt jetzt, das Problem herauszufinden, welches das Hauptkettenglied darstellt und dem Fadenende gleicht, das man anpacken muß, um das ganze Wollknäuel aufzurollen. Dieses Hauptkettenglied ist die Methodik der Kollektiverziehung. Viele Fragen und Schwierigkeiten, die heute unüberwindlich erscheinen, können gelöst werden, wenn es gelingt, in den Heimen feste und wertvolle Kollektive zu entwickeln." (Mannschatz 1951,3)

Entsprechend dem damaligen Erkenntnisstand wurden allerdings vorwiegend *organisatorische* Lösungen angeboten. Sie bezogen sich auf die Struktur der Heimgemeinschaft (Grundkollektive als »ursprüngliche" Kollektive; zeitweilige Vereinigungen für die Lösung bestimmter Sachfragen; Mitverwaltungs-Strukturen). Das wirkte sich insbesondere hinsichtlich der Mitwirkung der Kinder und Jugendlichen ungünstig aus und blieb streckenweise im Formalen stecken. Das war aber nicht nur dem organisatorischen Zugang geschuldet. Vielmehr kulminierte in dem Problemkreis "Mitwirkung" der Kerngedanke der Kollektiverziehung im Sinne Makarenkos, mit dessen Verständnis wir uns anfangs schwer taten; nämlich das Verhältnis von "pädagogischer Führung und Selbstbestimmung des Kollektivs" sowie die Rolle des Gemeinschaftslebens für die perspektivbezogene Lösung von Sachaufgaben als Grundlage des Voranschreitens und der "Sogkraft" des Kollektivs.

Es wurden Versuche unternommen, dieses basisdemokratische Moment im Auffassungs- und Praxissystem Makarenkos in den Heimen der DDR zu verwirklichen. Sie scheiterten aber letztlich an der politischen Vereinnahmung von Erziehung, an Indoktrination und Verkrustung.

Zunächst waren die Ansätze erfolgversprechend. Das Heimleben war vielerorts pulsierendes Gemeinschaftsleben; als kulturelle, sportliche, touristische Aktivitäten, als Teilnahme der Heimgemeinschaft an Projekten des Neuaufbaus. Die Heime traten aus der Isolierung heraus, spielten im gesellschaftlichen Leben der Territorien eine Rolle. Kritisiert wurde die Existenz von ausgeklügelten "Systemen der Mitverwaltung" als Selbstzweck oder gar mit Präfekten-Funktion. Es wurde empfohlen, nicht von "Mitverwaltung", sondern von "Mitverantwortung" zu sprechen, um dem Gedanken echter Entscheidungsnotwendigkeit und Konsensbildung zu Sachfragen näher zu kommen. (Hackethal 1953) Das "Wesen der Kollektiverziehung" wurde beschworen, als Inkarnation einer Gemeinschaft, "die nicht durch äußeren Zwang oder durch die 'amtliche' Autorität der Erzieher zusammengehalten wird, sondern durch gemeinsame Aufgaben... und durch gemeinsame Interessen hinsichtlich der Gestaltung ihres gemeinsamen Lebens", in der sich die Jugendlichen nicht als "Erziehungsobjekte, sondern als gleichberechtigte Mitglieder der Gemeinschaft" fühlen. (Mannschatz 1957b,554)

Die Basis für pulsierendes Gemeinschaftsleben wurde aber zunehmend schmaler; vor allem durch die übergewichtige Orientierung auf Unterstützung und Förderung des schulischen Lernens der Heimkinder. Ein Versuch in umgekehrter Richtung wurde noch einmal unternommen im Zusammenhang mit dem Übergang zur polytechnischen Bildung und Erziehung in der DDR-Schule. "Wir schlagen vor, daß jedes Heim eine enge Verbindung zu einem Betrieb aufnimmt. Das soll nicht auf der Basis der üblichen Patenschaftsverträge geschehen, sondern das Ziel besteht darin, die Teilnahme der Kinder am sozialistischen Aufbau in einem Betrieb zu organisieren, die Kinder ihren Kräften und Eigenarten nach Anteil nehmen zu lassen am politischen, wirtschaftlichen, kulturellen und sportlichen Geschehen im Betrieb. Alles, was im Betrieb geschieht, muß sich im Heimleben widerspiegeln. Die Kinder und Erwachsenen müssen vom Betrieb als von *ihrem* Betrieb sprechen." Außerdem sollte die Arbeit der Kinder in einer kleinen heimeigenen Produktionsstätte erprobt werden (vgl. Mannschatz 1959), deren finanzieller Gewinn der Heimgemeinschaft zufällt. Mit der zunehmenden Verschulung der polytechnischen Bildung ging auch diese Möglichkeit verloren, eine Basis für die innere sachbezogene Dynamik der Heime zu installieren. Das war eine Ursache für Verkrustungen, auf die wir noch zu sprechen kommen.

Mitte der 50er Jahre belebte sich eine Tendenz zur sozialpädagogischen Modifizierung der Kollektiverziehung. Sie wurde eingeleitet durch eine Diskussion über "Kollektiverziehung oder Familienerziehung im Heim"; nicht zuletzt übrigens angeregt durch Kontakte mit westdeutschen Heimen, so z.B. mit dem "Städtischen Waisenhaus" des Andreas Mehringer in München (vgl. Hackethal 1956, 301), sowie mit der Heimerziehungs-Tradition von Pestalozzi, Fröbel, Wynecken, Lietz.

Die Autoren, die sich an der Aussprache beteiligten, waren sich darin einig, daß "Familienhaftigkeit im Heim" und "Kollektiverziehung" keine Gegensätze seien. Es geht vielmehr darum, echte, unseren Verhältnissen angepaßte Kollektiverziehung zu praktizieren, was eine familienhafte Atmosphäre in der Gruppe nicht ausschließt, sondern vielmehr verlangt. "Diese Aufgabe ist schwierig und kompliziert. Wir werden sie nicht von heute auf morgen lösen. Wir müssen aber alle

Kräfte darauf konzentrieren. Die Lösung dieser Aufgabe wird uns nicht nur unserem Ziel, sozialistische Persönlichkeiten zu erziehen, näher bringen, sie wird auch die Erfüllung der Forderungen gewährleisten, die in unserer Diskussion aufgestellt wurden: Eine Atmosphäre der Geborgenheit, des Heimischseins und der familiären Wärme in unseren Heimen." (Mannschatz/Wicht 1957, 275)

Zeitlich gleichlaufend wurde gegen eine zeitliche Überlastung der Kinder in den Heimen durch geplante Beschäftigungen polemisiert und die Forderung erhoben, Freizeit methodisch so zu gestalten, daß sie von den Kindern als solche empfunden und erlebt wird. Es gilt zu erreichen, "daß sich die Kinder im Heim wohl fühlen, daß sie nichts von dem entbehren, was das Leben für ein Kind lebenswert macht, daß wir *richtige* Formen und Methoden für eine zielgerichtete sozialistische Erziehung in den Heimen finden." (Mannschatz 1957c, 375)

Mit diesen Bemühungen nahm das pädagogische Konzept der Heimerziehung die Form einer sozialpädagogisch modifizierten Kollektiverziehung an; gekennzeichnet durch Zuwendung zu den Kindern, Freiräume für deren individuelle Entwicklung, Atmosphäre der Geborgenheit und Familienhaftigkeit.

Orientierung ist die eine Sache; eine andere, wie die Kinder die Gemeinschaftsbeziehungen erlebt haben. Die Rahmenbedingungen, die wir im vorangegangenen Abschnitt vorgestellt haben, sind für das Wohlbefinden der Kinder nicht zu unterschätzen, treffen aber noch nicht den Kern. Dieser liegt in dem Erlebnis und der Wirkung des Gemeinschaftslebens, der Gemeinschaftsbeziehungen; der Atmosphäre, des sozialen Klimas, wenn man so sagen will. Darauf müssen sich die bohrenden Fragen im Zusammenhang mit der Beurteilung der Heimerziehung in der DDR vor allem beziehen. Heimerziehung ist aus der Natur der Sache heraus Gemeinschaftserziehung; und zwar unabhängig vom jeweiligen politischen System, dem sie zugehört. Das betrifft alle Variationen dieser Institution mit Ausnahme von Formen mit Kleinstgruppencharakter, die im Wortsinne eigentlich nicht mehr Heimerziehung sind. Heimerziehung steht zur Debatte und zur Handhabung als ein institutioneller, sozialer und erzieherischer Ausnahmefall als langzeitliche und – zum gegebenen Zeitpunkt – sozusagen letztinstanzliche Situation; der Tatsache geschuldet, daß die jungen Menschen nicht in ihrer Familie aufwachsen. Heimerziehung als Gemeinschaftserziehung steht also außerhalb der Wahlmöglichkeit, wenn Heimerziehung als erforderlich und existent unterstellt wird. In den Blickpunkt rücken demnach der Ckarakter und die Handhabung der Gemeinschaftserziehung. In dieser Hinsicht ist ein Spielraum von förderlichem sozialen Boden für Persönlichkeitsentwicklung über Beeinträchtigung individueller Entwicklung bis Gruppendruck als Vergewaltigung freier Entfaltung denkbar und praktisch wohl auch existent.

Wo war die Heimerziehung der DDR innerhalb dieses Spektrums angesiedelt?

Unter Berücksichtigung der beschriebenen Unterschiedlichkeit ist zu vermuten, daß alle Abstufungen vorgekommen sind. Die Erfahrungsaufarbeitung wird das m.E. bestätigen.

Eine partielle Draufsicht wollen wir beisteuern aus dem Ergebnis einer relativ repräsentativen empirischen Untersuchung zum "Sinn des Heimaufenthaltes", die über mehrere Jahre durch aufeinanderfolgende Matrikel unserer Studenten durchgeführt wurde. Als Hauptergebnis kann genannt werden, daß die meisten Kinder und Jugendlichen den Heimaufenthalt bewußt als günstige und förderliche Bedingung für ihre Entwicklung erleben. Sie empfinden ihn in ihrer Situation als notwendig, als die beste Lösung unter den gegebenen Umständen — so schmerzlich ihnen auch zum Teil die Trennung von Familie und Freunden erscheint. Zugleich zeigt sich, daß die Kinder und Jugendlichen der Gestaltung des Heimlebens keinesfalls kritiklos gegenüberstehen. Es zeichnen sich Erlebnisbereiche ab, von denen ihr Wohlbefinden im Heim in besonderer Weise abhängt. Dazu zählen die Erstbegegnung bei der Heimeinweisung; das Verhältnis zu den anderen Kindern; die Beziehungen zu den Erziehern; die Anwendung von Lob und Tadel; Erfolgsmöglichkeiten hinsichtlich schulischer und beruflicher Ausbildung; ihr "Gefragtsein" bei der Freizeitgestaltung; die Beratung und Unterstützung, die sie hinsichtlich ihres weiteren Lebensweges nach dem Heimaufenthalt erhalten; die materielle Versorgung und Betreuung. Darauf bezogen sich zufriedene Äußerungen, vor allem aber Kritik. (vgl. Mannschatz/Spohr 1983)

Der Versuch einer verallgemeinerten Wertung der Wirkung der Gemeinschaftsbeziehungen auf die Kinder muß der Frage nachgehen, wohin die Tendenz gelaufen ist. Man sollte sich diesbezüglich nicht vorschnell und vorverurteilend festlegen. Die Betroffenen und Beteiligten werden sich zu äußern haben.

Im Sinne von Vergangenheitsbewältigung mit Schlußfolgerungen für Künftiges ist die Frage zu beantworten, wie sich politische und pädagogische Orientierungen ausgewirkt haben oder ausgewirkt haben könnten.

Der Bruch mit faschistischer Pädagogik war nach 1945 total. Die Wiederaufnahme reformpädagogischer Auffassungen und Praktiken hielt sich in Grenzen. In dieser Situation waren — wie schon erwähnt — die Schilderungen Makarenkos in seinem Buch "Weg ins Leben" von großer Bedeutung und wurden als Orientierung genutzt.

Konstituierend wirkte die Position, daß Erziehung eingebettet ist in ein vielseitiges, interessantes, auf Perspektiven ("Freude auf den morgigen Tag") gerichtetes Gemeinschaftsleben, innerhalb dessen ein partnerschaftliches Verhältnis besteht und den Kindern und Jugendlichen Verantwortung abverlangt und übertragen wird; und daß der Umgang mit jugendlichen Rechtsverletzern und Schwererziehbaren nicht Sondermaßnahmen, sondern gerade eine "normale" Erziehung erfordert. Damit war orientierungsmäßig, und in der übergroßen Mehrzahl der Heime wohl auch praktisch, eine Alternative zu den unguten Praktiken und Traditionen der Erziehung in "Fürsorge-Anstalten" gegeben. Das Gemeinschaftsleben bezog sich auf kulturelle und sportliche Betätigung, auf handwerkliche und technische Tätigkeiten in Arbeitsgemeinschaften und Zirkeln, bei Jugendlichen auf Arbeitseinsätze im Aufbaugeschehen und später auf produktive Arbeit. Es erreichte, den Zeitumständen angemessen, ein relativ hohes Niveau. Wir erinnern an die Thüringer "Kultur- und Sportolympiaden" der Heime, die davon Zeugnis ablegten.

Freiräume für kreatives, sozialpädagogisch orientiertes und damit von den Beteiligten akzeptiertes pädagogisches Handeln waren dort dann und insofern gegeben, als

(1) ein erzieherisches Ethos im Spiel war, das sich an Makarenko orientierte; insbesondere an seinem Beispiel und Vorbild bezüglich humanistisch motivierter und dem gesellschaftlichen Fortschritt verpflichteter uneigennütziger Zuwendung zu den jungen Menschen und dem erzieherischen Grundverhältnis, das von hohen Anforderungen an die Persönlichkeit bei gleichzeitig hoher Achtung vor ihr geprägt war. Die Mehrheit der Erzieher ließ sich von solchem Ethos leiten. Die Pädagogen gingen davon aus, daß sie sich dabei in Übereinstimmung mit den sozialistischen Idealen befinden. Objektiv war das so motivierte pädagogische Handeln ein Gegengewicht gegen die politische Absicht der Verfügbarkeit über Menschen.

(2) angestrebt wurde und es gelang, Sinnhaftigkeit der konkreten Tätigkeit der Gemeinschaft als sachgebundene Aufgabenstellung und Aufgabenlösung zu erreichen bzw. zu erhalten. Damit wurde objektiv eine Gegentendenz zum Abnicken vorgegebener Dogmen installiert. Überzeugtsein von Ideologie wurde in diesen Fällen befördert durch Überzeugtsein vom Sinn der jeweils konkreten Tätigkeit. Überzeugung wurde nicht lehrbuchhaft auf- oder abgenommen, sondern erarbeitet; in dem Maße und mit der Modifikation bis zweifelnden Einschränkung, als Übereinstimmung von konkreter Sinnhaftigkeit mit politisch propagierter Sinngebung erlebt wurde. Mit zunehmender Realitätsferne von Politik war das immer weniger der Fall. Konkrete Sinnhaftigkeit geriet in Widerspruch zur Politik, beförderte dadurch Zweifel an Politik, Distanz bzw. Streben nach reformerischer Veränderung. Dieser Vorgang war *nicht* subversive Absicht, sondern Ausdruck des realen Widerspruches zwischen Politik und Leben.

(3) der Spielraum für individuelle Interessenverwirklichung und Persönlichkeitsentfaltung unterhalb der Schwelle von Gemeinsamkeit nicht eingeschränkt, sondern erhalten und erweitert wurde. Ein solches Bestreben setzte sich der Tendenz entgegen, Gemeinsamkeit zu hypertrophieren mit der Absicht, zu gängeln, verfügbar zu machen, bis ins Detail zu reglementieren; z.B. den Haarschnitt zu einer "ideologischen" Angelegenheit zu erklären. Damit wurde Gemeinsamkeit instrumentalisiert und entwertet; unter die Schwelle dessen gedrückt, wofür sie existentielle Bedeutung besitzt, nämlich konsensgestützte Regelung des notwendig Gemeinschaftlichen zu sein, Rahmen und Bedingung für Geborgenheit, für Schutz und Beförderung individueller Entwicklung.

Die zuletzt genannte Bedingung war wohl der "Knackpunkt"' für das sozialpädagogisch modifizierte Konzept der Kollektiverziehung. Es kann davon ausgegangen werden, daß sie sich in den Heimen als eine Tendenz durchgesetzt und erhalten hat; schon aus dem Auftragsbewußtsein der Heimerzieher heraus, auch aus der "Normalität" des Alltagslebens im Heim, die nicht vordergründig auf ständige

Disziplinierung gerichtet ist, sondern gewohnheitsmäßige Abläufe einschließt. Es kann angenommen werden, daß das Klima von Heim zu Heim sich gerade von dieser Bedingung her unterschied.

Damit soll nicht in Abrede gestellt werden, daß als gegenläufige Tendenz Verkrustungen und Erstarrung von Strukturen auftraten, sogar an Wirkung zunahmen und partiell zu Deformationen der Kollektiverziehung in den Heimen führten. Sie waren es, die die oben genannte Vermutung begründen, daß Kollektiverziehung auch als Gruppendruck und Beeinträchtigung individueller Entfaltung in Erscheinung trat.

Dieses "Verkrustungssyndrom" hatte zunächst "hausgemachte" Gründe. Heimerziehung als sozialer Lebensbereich und pädagogischer Handlungsraum neigt zu Erstarrung und Verkrustung, weil die große Zahl der Kinder (im Vergleich zur Familie) und die damit verbundene Notwendigkeit geregelter Abläufe dauerhaft funktionierende Regelungen bis ins Detail wünschenswert erscheinen lassen. Die Komplexität und Kompliziertheit der Aufgaben und Probleme lenkt und kanalisiert die Aufmerksamkeit und Aktivität der Erzieher mehr auf Ausnahmeerscheinungen (als Abweichungen vom "funktionierenden" Gemeinschaftsleben) denn auf die Gestaltung des Gemeinschaftslebens als dynamisches Geschehen selbst. Institutionsbezogene Gegebenheiten (Gebäude, Räume, Ausstattung, Versorgung, Finanzierung, Unterstellung) können den Blick auf die Heimgemeinschaft als lebendigen Organismus verdrängen. Die Hinwendung zum einzelnen Kind ist durch das Vorhandensein zahlreicher Vermittlungen, Zwischenglieder und Abhängigkeiten erschwert. Von einer bestimmten Größe an – insbesondere dann, wenn eine eigene Heimschule vorhanden ist – kann ein Heim in sich selbst ruhen, gewissermaßen als "totale Institution", und sich von der Umwelt abkapseln.

Die Rolle der Erwachsenen als Lohn-Erzieher (mit Privatsphäre außerhalb des Heimes) erschwert die allgegenwärtige Partnerschaft. Das alles kann ungewollt die Verkrustung von Lebensformen bewirken oder begünstigen.

In der DDR sind Faktoren aus dem politischen Raum hinzugekommen. Wir meinen die Absicht nach Verfügbarkeit über Menschen als ideologische Indoktrination. Die Übereinstimmung von gesellschaftlichen Interessen, Kollektivinteressen und individuellen Interessen (die im wirklichen Leben zunehmend auseinanderklafften) wurde schlicht und einfach postuliert. Unter dieser fiktiven Voraussetzung fungierten die Kollektivinteressen als die den individuellen Interessen "naturgemäß" übergeordneten Interessen. Die Freiräume für individuelle Interessen unterhalb der Schwelle notwendiger und berechtigter Gemeinsamkeit wurden eingeengt und immer weiter beschnitten; die basisdemokratische Konsensbildung unter dem Vorwand der Übereinstimmung der Kollektivinteressen mit den gesellschaftlichen Interessen zur Mitwirkungsfarce abqualifiziert. Kollektiverziehung degenerierte zuweilen zur Disziplinierung unter der Absicht der Verfügbarkeit.

Unter diesen Bedingungen konnte Kollektiverziehung in einigen Heimen ihres eigentlichen Sinnes entleert werden und zu Erstarrungen führen. Dem Grundgedanken wurde damit ein schlechter Dienst erwiesen.

Letztlich hing das damit zusammen, daß durch die politische Entwicklung in der DDR die Möglichkeiten für sachbezogene Dynamik der Heimgemeinschaften immer mehr eingeschränkt wurden und erstarben. Alles funktionierte in vorgegebenen und ritualisierten Strukturen. Neuanfänge als offene Situationen waren kaum mehr möglich; zumal alternative Formen institutioneller Fremdunterbringung, auf die man hätte ausweichen können, nicht vorhanden waren.

Der sozialpädagogische Denkansatz

Es gab in der DDR wissenschaftlich-theoretische Reflexionen der Jugendhilfepraxis im Sinne eines sozialpädagogischen Denkansatzes. Allerdings war die akademische personelle und institutionelle Basis für solche wissenschaftliche Tätigkeit denkbar bescheiden. Bezeichnenderweise gab es an der Akademie der Pädagogischen Wissenschaften zu keiner Zeit ein Institut oder wenigstens eine Arbeitsstelle für Sozialpädagogik. So beschränkte sich die Basis im Grunde genommen auf den Wissenschaftsbereich Sozialpädagogik an der Humboldt-Universität, der personell nie mehr als fünf Mitarbeiter umfaßte. Als Forschungspotential standen die Studenten zur Verfügung, die Diplomarbeiten angefertigt haben; sowie wenige Doktoranden, die vom Wissenschaftsbereich betreut wurden. Außerdem existierten zeitweilige Arbeitsgruppen, in die Praktiker einbezogen waren. Eine Zusammenarbeit mit den Instituten für Heimerzieherausbildung und mit dem Institut für Jugendhilfe in Ludwigsfelde und später in Falkensee (Aus- und Weiterbildung von Jugendfürsorgern) wurde angestrebt und praktiziert. Allerdings stand die unterschiedliche administrative Zuordnung (Ministerium für Hoch- und Fachschulwesen und Ministerium für Volksbildung) erschwerend im Wege.

Die Publikationsmöglichkeiten beschränkten sich auf die Fachzeitschrift, auf Broschüren im Eigenverlag Falkensee sowie wenige Bücher beim Verlag Volk und Wissen.

Die unikate institutionelle und personelle Organisation der wissenschaftlichen Arbeit führte zu einer Art von Monopolstellung sowie zur Favorisierung bestimmter wissenschaftlicher Ansätze. Vereinzelte anderweitige Zugänge (z.B. von Psychologen) wurden wenig bekannt und kamen nur partiell zum Zuge, so daß von Pluralismus nicht gesprochen werden kann. Wenn in dieser Schrift der sozialpädagogische Denkansatz vorgestellt wird, dann handelt es sich um die Lehrmeinung des Wissenschaftsbereiches an der Humboldt-Universität. Mit dieser Einschränkung sollte der Leser die Ausführungen zur Kenntnis nehmen.

Der sozialpädagogische Denkansatz formierte sich als praxisbegleitendes Orientierungsbemühen. Daraus erklärt sich der Vorrang praxisrelevanter-methodischer Fragestellungen und Lösungsversuche; und auch die Tatsache, daß – in Abhängigkeit von Veränderungen der Funktionsbestimmung der Jugendhilfe – in bestimmten Zeitabschnitten bestimmte Akzente vorrangig eine Rolle spielten und eine in sich relativ geschlossene Fassung erst spät vorgelegt wurde. (Mannschatz 1987)

Eine Vorbemerkung zunächst *zur Terminologie*: Der Fachausdruck "Erziehungsschwierigkeiten", den wir verwendet haben, ist vieldeutig auslegbar. In zurückhaltender Neutralität vermittelt er nicht mehr an Bedeutungsinhalt, als daß die Erziehung des betreffenden Kindes "schwieriger" ist als im Normalfall. Er verdeutlicht genau genommen nicht die grundlegende Position, daß es sich um Schwierigkeiten handelt, welche die Kinder haben; und nicht etwa die Erzieher mit den Kindern. Er legt sich nicht fest hinsichtlich des Problemfeldes oder des Wesens der Erscheinungen. Verständlich ist deshalb, daß auch in der DDR über die Zweckmäßigkeit dieses Terminus diskutiert wurde.

Tangierende Ausdrücke wie Fehlentwicklung, Entwicklungsschwierigkeiten, pädagogische Vernachlässigung, Zurückbleiben in der Persönlichkeitsentwicklung usw. treffen aber auch nicht genau den Sachverhalt, der hier gemeint ist. Deshalb hatten wir uns entschlossen, die Bezeichnung Erziehungsschwierigkeiten beizubehalten, zumal sie in der Praxis nicht ungebräuchlich war. Wir legten uns aber die Verpflichtung auf, sie in ganz bestimmter Weise zu interpretieren und sie nur in dieser Fassung zu verwenden. Diese terminologische Inkonsequenz ist aus heutiger Sicht bedauerlich. Sie gibt Raum für nachträgliche Fehlinterpretation dessen, was von uns beabsichtigt war. Und was noch schwerer wiegt, sie schloß während der DDR-Zeit Elemente einer falschen Blickrichtung nicht aus, nämlich auf die Kinder als Objekte im pädagogischen Prozeß, auf Verhaltensauffälligkeiten als Ausdruck persönlicher Unzulänglichkeit, auf Fehlverhalten als Schwierigkeiten, welche die Kinder den Erwachsenen bereiten. Damit war unser sozialpädagogischer Denkansatz ungenügend resistent gegen Dogmatisierung aus dem Feld von Schulpolitik und Pädagogik.

Ich kann allerdings in der internationalen sozialpädagogischen Literatur keinen Fachausdruck entdecken, der den zu untersuchenden Tatbestand genügend treffend bezeichnet. Deshalb bleiben wir im Folgenden bei "Erziehungsschwierigkeiten"; vor allem allerdings deshalb, weil wir im rückblickenden Zusammenhang unseren Denkansatz nicht nachträglich "umfrisieren" wollen.

Im Interesse solcher Ehrlichkeit und Objektivität halten wir uns bei der folgenden Darstellung des sozialpädagogischen Denkansatzes an die Ausarbeitung, die 1987 veröffentlicht wurde.(Mannschatz 1987) Wir erlauben uns geringfügige Kürzungen und Auslassungen, halten uns aber ansonsten an den Text. Auf kritische Wertungen aus heutiger Sicht gehen wir weiter unten ein.

Das *Erscheinungsbild* von Erziehungsschwierigkeiten zeigt sich als ein vielgliedriger Komplex von psychischen Besonderheiten und Auffälligkeiten im Verhalten von Kindern. Sie reagieren unerwartet und unangepaßt. Sie haben Kontaktschwierigkeiten, werden von den Kameraden nicht akzeptiert und akzeptieren ihrerseits nicht die Gemeinschaft. Sie spielen sich in den Vordergrund oder sondern sich ab und suchen anderweitig Verbindungen. Manche sind agil und aktiv, andere unlustig, träge und willensschwach. Ihr moralisches und kulturell-geistiges Niveau ist oft niedrig, ihre Lernbereitschaft eingeschränkt. Manche zeigen ein egoistisches Durchsetzungsstreben, andere sind labil und leicht beeinflußbar.

Diese Aufzählung erhebt nicht den Anspruch auf Vollständigkeit.

Den Erwachsenen treten im Alltag auch Verhaltensauffälligkeiten bei einzelnen Kindern entgegen, die nicht dem skizzierten Merkmalskomplex entsprechen und deshalb nicht als Erziehungsschwierigkeiten bezeichnet werden können. Es handelt sich beispielsweise um Lernschwierigkeiten, geminderte Intelligenzleistung im Sinne von Debilität, Seh-, Hör- und Sprachstörungen, Verhaltensschädigungen, Schwererziehbarkeit, strafbare Handlungen u.ä.m.

Eine Bemerkung soll folgen zur "Schwererziehbarkeit" und zu dem damit verbundenen Terminus der "Umerziehung". Über die Zweckmäßigkeit und Treffsicherheit dieser sprachlichen Ausdrücke kann man streiten. Dabei wäre zu berücksichtigen, was wir darunter verstanden haben.

Die Übergänge von Erziehungsschwierigkeiten zu Schwererziehbarkeit als einer Ausdrucksform von Fehlentwicklung bewegen sich auf der einheitlichen pädagogisch-wissenschaftlichen Betrachtungsebene und beziehen sich zunächst auf die unterschiedlichen Ausprägungs- oder Verfestigungsgrade der Schwierigkeiten. Sie sind demzufolge fließend; und nichts wäre gewonnen, wollte man um jeden Preis ein exaktes Unterscheidungskriterium finden.

Als Orientierung gilt der Umstand, daß sich im Falle von Schwererziehbarkeit als Ausdruck gestörter zwischenmenschlicher Beziehungen eine individualistische Gerichtetheit als Grundhaltung der Persönlichkeit herausgebildet hat. Die herausragende Motivation für das Verhalten ist das Streben nach Bestätigung in einer Position in der Gemeinschaft, die durch eine falsche Selbsteinschätzung gekennzeichnet ist, also nicht den wirklichen, gewissermaßen personadäquaten Leistungen und Haltungen zu den Gemeinschaftsinteressen entspricht und auf Dauer ins persönliche Abseits führt.

Diese individualistische Gerichtetheit tritt selbstverständlich bei den einzelnen Kindern und Jugendlichen vielfach modifiziert auf, bestimmt aber so grundlegend ihr Verhalten, daß es zur Überwindung der Schwierigkeiten, die das Kind hat, der Umstrukturierung der Motivation bedarf. Das ist ein Vorgang, der auf Veränderung einer Grundqualität zielt, gewissermaßen ein "revolutionärer" Umbruch ist, der von evolutionären Vorgängen vorbereitet und flankiert wird. Makarenko spricht metaphorisch von einer "Explosion" der gestörten Beziehungen. (Wir kommen noch darauf zu sprechen.) Das darauf gerichtete pädagogische Bemühen bezeichneten wir als Umerziehung. Die relative Unterscheidung zu den Erziehungsschwierigkeiten bezieht sich auch auf die Reichweite der erforderlichen Maßnahmen. Das mutet pragmatisch an, ist aber aus pädagogischer Sicht vertretbar und nötig. Erziehung erfolgt durch bestimmte Personen, in bestimmten Gemeinschaften. Das Kind wird in seiner Umgebung schwererziehbar; und es wird nicht allgemein und abstrakt von der Gesellschaft umerzogen, sondern wiederum von bestimmten Personen, in bestimmten Kollektiven. Die Verantwortung für die Erziehung und

Umerziehung ist konkret personen- und kollektivbezogen. Die gesellschaftlichen Möglichkeiten zur Umerziehung realisieren sich über konkrete Gemeinschaften. Im Falle der Schwererziehbarkeit muß die Kraft der gegebenen Erziehungsumgebung für die Umstrukturierung der Gerichtetheit in Frage gestellt werden. Es sind außerordentliche Maßnahmen erforderlich zur gesellschaftlichen Unterstützung der Erziehenden im Hinblick auf die Verwirklichung ihrer Verantwortung zur Gewährleistung einer positiven Persönlichkeitsentwicklung der Kinder. Sie nehmen in der Regel die Form von Erziehungshilfe durch die Jugendhilfe an, im gegebenen Falle einschließlich der Unterbringung in einem Heim.

Auffälliges Verhalten mit dem Stellenwert von Erziehungschwierigkeiten ist nicht angeboren und latent in der Persönlichkeitsentwicklung angelegt. Es trägt nicht schicksalhaften Charakter. Es bildet sich in der Ontogenese heraus, ist auf Ursachen zurückzuführen, *nimmt einen bestimmten Verlauf*. Nur aus diesem "Gewordensein" ist es verständlich und erklärbar. Die Gründe und auslösenden Faktoren für das Auftreten von Erziehungsschwierigkeiten sind außerordentlich mannigfaltig. Vernachlässigung von Kindern spielt eine Rolle, ungünstige Lebensumstände, überholte Lebensgewohnheiten, eine zufällige Abfolge von Mißerfolgserlebnissen, ungerechtfertigte Exponierung, Nichtbewältigung von Konfliktsituationen, falsche Reaktion von Erwachsenen auf das Verhalten von Kindern, Verständnislosigkeit für ihre Probleme, Überforderung oder Unterforderung, Gängelei, schrankenlose Freizügigkeit, ungewollter Vertrauensbruch, mangelnde emotionale Zuwendung. Solche und weitere Gründe und Faktoren beziehen sich auf das Elternhaus, die Schule, den Freizeitbereich. Es ist offensichtlich, daß es keine allgemeingültige Ursache und keinen in den Einzelheiten sich wiederholenden Entstehungsverlauf von Erziehungsschwierigkeiten gibt. Vielmehr handelt es sich immer um einen Komplex von Bedingungen und Faktoren, der als einmaliges Zusammentreffen der Umstände in der unverwechselbaren Biographie aufgeklärt werden muß. Darauf haben wir uns einzustellen. Schablonenhafte Vorstellungen taugen nicht und sind wenig hilfreich.

Und dennoch suchen wir berechtigt nach bestimmten Wirkungszusammenhängen, um zu einer brauchbaren allgemeingültigen Erklärungsgrundlage für die Vielfalt der Verursachung vorzudringen, vor allem aber, um eine Orientierung für die Überwindung von Erziehungsschwierigkeiten zu gewinnen.

In Konturen zeichnen sich dank wissenschaftlicher Bemühungen solche Erklärungsgrundlagen ab, manches bleibt aber noch im Dunkeln. Das Werden der Persönlichkeit ist ein komplexer und komplizierter Vorgang, der vielseitig bedingt und im individuellen Verlauf einmalig ausgeprägt ist. Nicht alle entwicklungsfördernden und entwicklungshemmenden Impulse können im Nachhinein aufgeklärt werden.

Bei der Verursachung von Erziehungsschwierigkeiten spielen ohne Zweifel die *Lebensumstände* der Kinder eine Rolle. Sie können die Fehlentwicklung begünstigen, auslösen oder ihren Verlauf beeinflussen. Deshalb sind sie unter diagnostisch-analytischer Sicht von Interesse. Aber sie sind nicht das alleinige Moment der Verursachung, schon gar nicht ist bestimmten Lebensumständen die Fehlentwicklung schicksalhaft zuzuordnen. Völlig unberechtigt ist zum Beispiel die Annahme, daß in einer kinderreichen Familie mit Notwendigkeit Erziehungsschwierigkeiten auftreten müssen. Das betrifft auch den Bezug auf bestimmte Altersstufen, auf den sozialen Status der Familie, das Bildungsniveau der Eltern, territoriale Gegebenheiten oder auf solche Umstände wie Ehescheidung, Erstverheiratung oder Wiederverheiratung des alleinstehenden Elternteiles. Ein direkter Zusammenhang zwischen solcherart Lebens- und Entwicklungsbedingungen und Erziehungsschwierigkeiten ist nicht gegeben. Faktorenanalysen, die diese lineare Kausalität stillschweigend unterstellen, sind nicht geeignet, das Problem der Verursachung von Erziehungsschwierigkeiten aufzuhellen.

Sollten in der Population erziehungsschwieriger Kinder bestimmte Lebensumstände häufiger auftreten als in der Gesamtpopulation, dann werden nicht Ursachen bloßgelegt, sondern — wenn es sich nicht einfach um Zufälligkeiten handelt — Hinweise darauf vermittelt, daß sie diesen Umständen adäquate Erziehung erschweren, also als begünstigende Bedingung für die Fehlentwicklung Bedeutung erlangen können.

Der Beachtung bedarf neben den Lebensumständen die *psychische Entwicklung* des betreffenden Kindes. Wissenschaftliche Einsichten und praktische Erfahrungen erlauben es, dabei besonders den Umstand hervorzuheben, daß das Verhalten der Kinder und ihre Persönlichkeitsentwicklung sehr stark abhängen und wesentlich beeinflußt werden von ihrer und durch ihre reale Situation in den Gemeinschaften, die für sie bedeutsam sind, also von ihrer Stellung in diesen Kollektiven. Diese Stellung ist ihr "individuelles Sein", das eine Art Prisma darstellt, einen Filter, ein Vermittlungsglied, durch welches die Einflüsse und Einwirkungen der Umwelt in ihrer Wirkung auf das Kind gebrochen werden. Die mannigfaltigen und verschiedenen Umwelteinwirkungen sind hinsichtlich ihres Einflusses auf die Persönlichkeitsentwicklung "nicht einander gleichzusetzen. Sie stellen ein gewisses System dar, wobei im Zentrum dieses Systems jene Einwirkungen stehen, die mit der Stellung des Kindes unter den Mitmenschen zusammenhängen, insbesondere unter den Menschen, von denen sein emotionales Befinden unmittelbar abhängt". (Boshowitsch 1970, 125)

Wenn das so ist, dann müssen Umwelt- und Erziehungseinflüsse daran gemessen und danach beurteilt werden, wie sie sich auf die Stellung des Kindes im System der Sozialbeziehungen auswirken. Die Kriterien für ihre "Richtigkeit" oder "Falschheit" liegen nicht in ihnen selbst, sondern in ihrer Wirkung auf die Situation des Kindes in der Gemeinschaft, denn über diese Brechung erst beeinflussen sie das Verhalten des Kindes.

Wir interpretieren empirische Erfahrungen in der Richtung, daß die Situation des Kindes in der Gemeinschaft dann als günstig und förderlich für seine Persönlichkeitsentwicklung bezeichnet werden kann, wenn es die Erfahrung macht und die Gewißheit hat, daß seine Wünsche und Bestrebungen im Kollektiv Verständnis finden und im Rahmen der Kollektivinteressen befriedigt werden; daß es gebraucht wird und nicht nur eine "Gastrolle" spielt bzw. ausschließlich Objekt der Fürsorge ist; daß es als Kollektivmitglied ernst genommen und an Entscheidungen beteiligt wird; und daß es von den Erwachsenen und Kameraden mit Freundschaft und Liebe umgeben wird und sich in jeder Situation auf sie verlassen kann.

Abweichungen von diesen Merkmalen stellen Störungen im Verhältnis von Kind und Kollektiv dar, können den Stellenwert eines Integrationsdefizites annehmen. Dieses wiederum beeinflußt und bringt in einem komplizierten Wechselspiel eine bestimmte Struktur der Bedürfnisse und Bestrebungen hinsichtlich der Stellung im Kollektiv hervor.

Sie zeigt sich dem Erzieher als eine bestimmte Eigenart der Ansprüche des Kindes, insbesondere an Beauftragung, Zuwendung und Beurteilung. Diese Ansprüche weisen Eigenarten auf, und zwar in der Richtung, daß sie mit den tatsächlichen Leistungen des Kindes und seiner Haltung in der Gemeinschaft nicht übereinstimmen. Das Kind sieht und erlebt sich nicht richtig in seinem Verhältnis zu den Kameraden. Es offenbart sich eine falsche Selbsteinschätzung, die in ungerechtfertigten Ansprüchen an die Stellung im Kollektiv zum Ausdruck kommt.

Die ungerechtfertigten Ansprüche kollidieren früher oder später mit den Forderungen und der öffentlichen Meinung des Kollektivs, denn das Kollektiv beauftragt und beurteilt das Kind nach seinen tatsächlichen Leistungen und seinem Verhalten, nach seinem Beitrag zur Verwirklichung der kollektiven Interessen. Dieser Widerspruch kennzeichnet das Verhalten schwieriger Kinder. Boshowitsch beschreibt ihn als spezifische und komplizierte Verstrickung individueller Besonderheiten des Kindes (seiner Ansprüche und Potenzen) mit den Forderungen des Kollektivs und als "Zusammenprall" dieser zwei unterschiedlichen Tendenzen. (Boshowitsch/Slawina 1978, 45)

Wir nehmen an, daß sich die ungerechtfertigten Ansprüche konkret gemeinschaftsbezogen und auch generalisiert zeigen können. Die falsche Selbsteinschätzung wird durch die ungünstige Stellung des Kindes in einer bestimmten Gemeinschaft gefördert oder verursacht und bezieht sich vorerst auf diesen personalsozialen Bereich. Mit berechtigten Forderungen und mit zutreffender Beurteilung kommt das Kind in einem anderen Kollektiv in Berührung und zeigt deshalb dort Auffälligkeiten. Für den oberflächlichen Betrachter ergibt sich ein scheinbarer Widerspruch: In der Familie zum Beispiel fühlt sich das Kind wohl, und niemand beklagt sich über sein Verhalten; im Klassenkollektiv aber hat es Schwierigkeiten. Die Ursachen liegen aber gerade in der Familie, weil dort nämlich ungerechtfertigte Ansprüche geduldet oder gar gefördert werden.

In der Mehrzahl der Fälle — so macht es wenigstens die Praxis der Jugendhilfe sichtbar — treten die Schwierigkeiten aber generalisiert auf, zeigen sich in allen Gemeinschaften, denen das Kind angehört; und es ist oft schwirig festzustellen, wo die Probleme ihren Anfang genommen haben.

In dieser von dem genannten Widerspruch gekennzeichneten Situation (ungerechtfertigte Ansprüche des Kindes einerseits und Forderungen des Kollektivs oder eines anderen Kollektivs andererseits kollidieren miteinander) haben wir die Ausgangslage für Erziehungsschwierigkeiten vor uns. Ihre eigentliche Schwierigkeit besteht darin, daß den widerstreitenden Ansprüchen und Forderungen die Tendenz innewohnt, sich gegenseitig zu steigern, sich "hochzuschaukeln".

Für eine bestimmte Zeit kann diese Tendenz unterdrückt und in einem labilen Zustand gehalten werden; nämlich dann, wenn den ungerechtfertigten Anspüchen des Kindes in seiner Erziehungsumgebung kein Widerstand entgegengesetzt wird. Man duldet oder fördert sogar die Bestrebungen des Kindes, spielt gewissermaßen mit. Das Kind erwartet beispielsweise bevorzugte Aufmerksamkeit, zeigt sich empfindlich gegen jede Art von Kritik, weicht jeglichen Anforderungen aus. Eltern und andere Erwachsene stellen sich darauf ein, lassen das Kind gewähren oder unterstützen es in seinen Bestrebungen. Das Kind wird in seinen ungerechtfertigten Ansprüchen bestätigt, gewöhnt sich an diese "geschützte Lage" und kann sich in seinem auffälligen Verhalten "ausleben".

Die Tendenz der Vertiefung des Widerspruchs wird auch verzögert, wenn das Kind zwischen seinen Ansprüchen und den Forderungen der Gemeinschaft geschickt laviert und die Erzieher darauf eingehen.

In beiden Fällen wird dem ersten Fehler (Umwelt- und Erziehungseinflüsse, welche eine ungünstige Stellung im Kollektiv hervorbringen oder begünstigen) ein zweiter hinzugefügt: Die Erzieher reagieren nicht richtig auf die herangereifte widerspruchsvolle Situation. Positiv ausgedrückt: Die Chance positiver Entwicklung ist nicht unwiederbringlich verloren, wenn irgendwann Erziehungsfehler begangen worden sind, die natürlich nicht rückgängig gemacht werden können. Sie besteht darin, richtig zu reagieren in einer Situation, in der Verhaltensauffälligkeiten unsere Aufmerksamkeit erregen. Geschieht das nicht, verschärft sich die Interessenkollision und weitet sich unter Umständen zum Konflikt aus. Da das Leben auf ungerechtfertigte Ansprüche einzelner Kinder auf die Dauer keine Rücksicht nimmt, sieht sich das Kind einer Situation gegenüber, daß ein bestimmtes Verhalten, an das es sich gewöhnt hat, das bisher geduldet und gefördert wurde, auf Kritik und Widerstand stößt. Das geschieht meist dann, wenn das Kind mit einer neuen Gemeinschaft in Berührung kommt, beispielsweise beim Schuleintritt, der beginnenden Mitarbeit in einem Zirkel oder einer Arbeitsgemeinschaft, aber auch bei personalen Veränderungen im familiären Bereich oder den seltenen Fällen der grundsätzlichen Änderung der Anforderungssituation und des Erziehungsstils in der Familie.

Wenn die nunmehr einsetzende erzieherische Reaktion auf ungerechtfertigte Ansprüche des Kindes den Widerspruch nicht löst, dem Kind nicht geholfen wird, seine Bedürfnisse und Ansprüche neu zu strukturieren, ist der Konflikt unausbleiblich. Das Kind setzt den erzieherischen Einflüssen Widerstand entgegen, entfernt sich vom Kollektiv, kapselt sich ab oder weicht aus in eine Gemeinschaft, in der es nicht kritisiert und gefordert wird.

Es bilden sich psychische Besonderheiten heraus, die als typisch für schwierige Kinder betrachtet werden können. Boshowitsch spricht von "Gerichtetheit des

Kindes auf sich selbst, auf seine Fähigkeiten und seine Selbsteinschätzung. Das Hauptmotiv einer jeden Handlung des affektiv reagierenden Kindes ist das Motiv der Selbstbestätigung". (Boshowitsch/Slawina 1978, 52)

Die ständige Fixierung auf sich selbst, auf seine Erlebnisse und Erfolge beeinträchtigen den Kontakt des Kindes mit anderen Kindern und das echte Interesse für die Angelegenheiten des Kollektivs.

Da die individualistische Gerichtetheit des Kindes immer wieder in eine Situation der Konfrontation mit dem Kollektiv führt, entwickeln die Kinder *Verhaltensweisen*, durch die sie die Konfrontation abzumildern versuchen und scheinbar überspielen.

Dazu gehören zum Beispiel Argumente zur Rechtfertigung ihres Verhaltens und ihrer Position, eine eigenartige "Lebensphilisophie", mit der sie ihre Handlungsweise und ihre Ansprüche vor sich selbst und gegenüber anderen zu begründen suchen.

Diese logisch und moralisch anfechtbaren Argumente erscheinen manchem als Ursache für das Fehlverhalten, sie entspringen aber in Wirklichkeit Kompensationsbemühungen. Ebenso verhält es sich mit bestimmten Verhaltenstechniken, beispielsweise der Gewohnheit, auf Anforderungen oder Kritik aggressiv zu reagieren, sich widersetzlich zu zeigen oder aber sich unberührt zu geben, sich herauszureden oder wegzulaufen. Diese "Frechheit" ist offensichtlich auch Schutzverhalten, um der Konfrontation auszuweichen.

Bei der vorstehenden Beschreibung der Vorgänge, die zu einem Integrationsdefizit, zur Störung der Beziehungen im unmittelbaren zwischenmenschlichen Bereich führen, haben wir undifferenziert Umwelteinflüsse und Erziehungseinflüsse erwähnt. Es erscheint wünschenswert, *den Anteil unzulänglicher Erziehung* genauer zu kennzeichnen. Daraus können Hinweise für die Verhinderung von Erziehungsschwierigkeiten gewonnen werden.

Das ist aber so einfach nicht. Wir sollten dabei eine Überschätzung der Möglichkeiten von Erziehung ebenso vermeiden wie die Tendenz, ihre Potenzen herunterzuspielen. Nicht alles, was mit Persönlichkeitsentwicklung zusammenhängt, ist auf Erziehung zurückzuführen; aber andererseits kann durch Erziehung manches, was mit Persönlichkeitsentwicklung zusammenhängt, im fördernden wie auch hemmenden Sinne beeinflußt werden. Mit dieser Einschränkung ist die Feststellung berechtigt, daß bei der Verursachung von Erziehungsschwierigkeiten Erziehungsfehler eine Rolle spielen. Mit anderen Worten: Aufmerksamkeit und Anstrengungen verdient die Vermeidung von Erziehungsfehlern. Dadurch können Erziehungsschwierigkeiten verhindert werden. Einen Perfektionismus allerdings dichten wir diesen Bemühungen nicht an. Aber es handelt sich um den Zugriff für die Verhinderung von Erziehungsschwierigkeiten, der am ehesten absichtsvoll gehandhabt und mit Erfolg praktiziert werden kann.

Um zu einer *Wesensbestimmung* von Erziehungsschwierigkeiten vorzudringen, müssen wir versuchen, die gegenseitige Bedingtheit der psychischen Erscheinungen festzustellen, Haupt- und Nebenerscheinungen zu unterscheiden, ihren Stellenwert im System der psychischen Besonderheiten herauszufinden.

Die pädagogische Erfahrung verweist in diesem Zusammenhang auf Folgendes: Wenn auch viele Kinder und Jugendliche mit Erziehungsschwierigkeiten nicht gut und nicht gern lernen, ihre geistigen Interessen wenig entwickelt sind, politische und moralische Auffassungen eine eigenartige Ausprägung erfahren haben, so kennzeichnen solche Besonderheiten offensichtlich nicht das Wesen des Fehlverhaltens. Die Kinder wissen im Prinzip, wie sie sich verhalten sollen, aber sie weichen im praktischen Handeln davon ab. Es besteht eine Diskrepanz zwischen Wort und Tat. Ihre Handlungen, die im Widerspruch zu ihrem moralischen Bewußtsein stehen, befinden sich im Einklang mit den Zielen und Normen einer für das Kind bedeutsamen Gemeinschaft bzw. mit dem Bestreben, auf welche Weise auch immer, innerhalb einer bedeutsamen Gemeinschaft eine bestimmte Rolle zu spielen, eine beachtete und geachtete Stellung einzunehmen. Der zentrale Konflikt ist also in den zwischenmenschlichen Beziehungen angesiedelt. Beeinträchtigt ist die Fähigkeit des Kindes, sich in den sozialen Beziehungen zu orientieren. Es sieht sich falsch in seinem Verhältnis zu anderen Menschen. Seine Bedürfnisstruktur im Hinblick auf seine Stellung in der Gemeinschaft weist Besonderheiten auf, seine Situation im Kollektiv ist widersprüchlich und unter Umständen konfliktbelastet. Das Kind harmoniert nicht mit dem Kollektiv und das Kollektiv nicht mit ihm. Die Beziehungen zur unmittelbaren bedeutsamen personalen Umwelt sind gestört.

Makarenko kennzeichnet aus dieser Einsicht heraus das Wesen psychischen Fehlverhaltens und Fehlentwicklung als *Defektivität sozialer Beziehungen*. Für ihn gibt es keine geborenen schwierigen Charaktere, keine schicksalhaft mit einem moralischen Defekt behafteten Kinder, also keine sittliche Defektivität der Persönlichkeit. Auch Krupskaja wendet sich gegen den "schändlichen Ausdruck", moralisch defekte Kinder. "Es gibt gehetzte, verbitterte, gequälte und kranke Kinder, aber keine moralisch defekten". (Krupskaja 1955, 111)

Die Ursachen für Fehlentwicklung liegen nicht schicksalhaft "im Kind". Es handelt sich vielmehr um junge Menschen, die in komplizierte Situationen geraten sind, in höchstem Maße ungesunde sozial-sittliche Erfahrungen gesammelt haben. (Makarenko 1976, 403) Das ist eine zutiefst humanistische Auffassung, die keinen Zweckoptimismus darstellt, sondern in der erzieherischen Erfahrung begründet ist. Wir müssen uns allerdings dagegen wenden, daß dieser Ansatz milieutheoretisch interpretiert wird. Man unterstellt zuweilen Makarenko die Meinung, daß es für korrigierende Erziehung oder Umerziehung solcher Kinder ausreiche, die Umgebungsbedingungen zu verändern oder die Umgebung zu wechseln. Das stimmt nicht. Es handelt sich nicht um eine Defektivität der Umwelt, sondern um eine Störung der sozialen Beziehungen, um ein widersprüchliches Verhältnis zwischen Persönlichkeit und Gemeinschaft. Die Defektivität ist gewissermaßen zweipolig, drückt sich im Verhalten der Gemeinschaft und des Kindes aus. Der Konflikt spiegelt sich allerdings im Erleben des Kindes wider, ist Element der inneren

Bedingungen geworden, offenbart sich als ein Komplex psychischer Besonderheiten.

Umerziehung kann demnach nicht reduziert werden auf Veränderung der Umgebungsbedingungen, sondern erfordert eine Umorientierung der inneren Welt des Kindes, wobei diese ihrerseits im einheitlichen Prozeß der Kollektiv- und Persönlichkeitsentwicklung vollzogen wird.

Das Wesen von Erziehungsschwierigkeiten besteht also in der Defektivität der sozialen Beziehungen, die sich in ungerechtfertigten Ansprüchen und Erwartungen an Beauftragung, Zuwendung und Beurteilung äußert, auf Umwelt- und Erziehungseinflüsse zurückzuführen ist und sich in Aktion und Reaktion gegenseitig beeinflussend vertieft. Mangelnde Integration der Kinder in die Gemeinschaft macht das Wesen des Fehlverhaltens aus, welche Umstände auch immer dazu geführt haben.

Diese begriffliche Bestimmung liegt auf einer hohen Abstraktionsebene. Sie erklärt nicht den Einzelfall; aber sie stellt eine Orientierung dar, die es ermöglicht, die Erklärung des Einzelfalles in Angriff zu nehmen. Darin liegt ihre gewichtige Bedeutung. Die Erklärung des Einzelfalles verlangt analytische Tätigkeit, denn er kann nur, wie weiter oben erwähnt, als ein einmaliges Zusammentreffen der Umstände in der unverwechselbaren Biographie verstanden werden. Dabei genügt die Wesensbestimmung nicht, aber sie weist den Weg, das Erscheinungsbild, den Verlauf und den Ausprägungsgrad der Fehlentwicklung im Einzelfall aufzuhellen.

Auffälligkeiten im Verhalten sind dem Wesen nach ein Spannungszustand zwischen Kind und Gemeinschaft und den Erwachsenen als Repräsentanten des Kollektive, dem die Tendenz innewohnt, zum Konflikt auszuarten. Die Verhinderung von Erziehungsschwierigkeiten muß einen solchen Spannungszustand vermeiden, ihre Überwindung ihn beseitigen. Daraus verbietet sich, die *Überwindung von Erziehungsschwierigkeiten* dergestalt zu "individualisieren", daß sie vom Prozeß der Kollektiventwicklung abgetrennt wird. Die Lösung der Aufgabe verlangt gerade die Kraft des Kollektivs oder der Kollektive, in denen die Kinder lernen, leben und arbeiten. Stichprobenartige Untersuchungen zeigen, daß die Kameraden sehr wohl Problemlage und Ursachen für Schwierigkeiten bei einzelnen Kindern darstellen und einschätzen können und in der Regel ein erstaunliches Verständnis dafür aufbringen. Sie verweisen teilweise auf Widersprüche, die nicht immer von den Erwachsenen gesehen werden. Und sie sind bereit, bei ihrer Überwindung mitzuwirken.

Der Erzieher unterstützt das, indem er feinfühlig darauf Einfluß nimmt, daß sich die Kameraden um das betreffende Kind kümmern, ihm Hilfe angedeihen lassen, unter Umständen Vorurteile überwinden. Besondere Bedeutung erlangen deshalb aus der Sicht der Überwindung von Erziehungsschwierigkeiten der Stil der Arbeit der Erzieher mit den Kindern und das Verhältnis zwischen Erwachsenen und Kindern. Die Mobilisierung der Kraft des Kollektivs wird dem Erzieher nur dann möglich sein, wenn er das Vertrauen der Kinder besitzt. Dieses Vertrauensverhältnis hat eine spezifische Färbung, was die Beziehungen zwischen den jeweils beiden Personen betrifft, es wurzelt aber in der aufgabenbezogenen Gemeinsamkeit. Auch die Unterschiede hinsichtlich des Lebensalters und der Funktion und Stellung der Erzieher und Kinder im Bildungs- und Erziehungsprozeß sind unterlegt durch die Tatsache, daß Erzieher und Kinder Mitglieder eines Kollektivs sind. Dieses zwischenmenschliche Beziehungsgefüge ist durchdrungen von der Verantwortung aller Beteiligten für die kollektiven Angelegenheiten und wird von ihr bestimmt. Es ist das Miteinander von "Hausherren" oder "Kampfgefährten" (Makarenko), wobei jedem von ihnen im grundsätzlichen Sinne die gleichen Pflichten und Rechte als Kollektivmitglied zukommen.

Über ein Verhältnis dieser Charakteristik realisiert sich die führende Rolle der Erzieher auf wirksame Art. Sie ist dem beschriebenen Beziehungsgefüge nicht aufgepfropft, wirkt nicht von außen hinein, sondern wird aus ihm heraus verwirklicht. Der führende Einfluß erwächst dem Erzieher aus der Zugehörigkeit des Erwachsenen zur Gemeinschaft, aus seiner persönlichen Ausstrahlung als Kollektivmitglied, aus der vorbildlichen Wahrnehmung seiner arbeitsteiligen Funktionen.

Daraus ergibt sich der Stil der pädagogischen Führung. Er ist dadurch gekennzeichnet, daß die Erzieher *mitmachend die Aktivität der Kinder fördern und lenken*.

In dieser qualitativen Ausprägung des erzieherischen Verhältnisses wurzelt nach unserer Überzeugung die Wirksamkeit von Erziehung und damit auch die Erfolgsgewißheit bei der Überwindung von Erziehungsschwierigkeiten. Gewiß hängt vieles davon ab, wie der Erzieher dem betreffenden Kind gegenübertritt, wie er mit ihm umgeht, welche Aufgaben er ihm überträgt, welche Unterstützung er ihm gewährt. Aber die Wirksamkeit dieser Begegnungsimpulse wurzelt in dem Grundverhältnis, das in der Gemeinschaft und damit auch zwischen Erziehern und Kindern besteht. In der genannten Ausprägung ist es kein störanfälliges Verhältnis zwischen Privatpersonen auf Vereinbarungsbasis. Das Verhalten wird nicht nur durch Sympathie oder Antipathie beeinflußt. Nicht stehen sich entgegengesetzte Absichten gegenüber, die mühsam auf eine Formel gebracht werden müssen. Es muß nicht ausgehandelt werden, daß sich das Kind dem Erzieher "zuliebe" anständig verhalten soll. Das Grundverhältnis ist seinem Wesen nach aufgabenbezogene Interessen- und Standpunktübereinstimmung. Die Absichten der Beteiligten treffen sich auf einer einheitlichen Ebene, die einheitlichen Motive erwachsen aus Sacherfordernissen, über die man sich im Grundsätzlichen einig ist. Diese Gemeinsamkeit ist die Grundlage des Miteinanders. Sie wird durch die öffentliche Meinung auf wirksame Weise immer aufs neue bekräftigt. Das individuelle Verhalten wird nicht an sich, sondern in seinem Bezug auf die gemeinsame Sache beurteilt und gewertet. Die Zugehörigkeit zum Kollektiv verbindet Erzieher und Kinder. Sie ist eine dauerhafte und sichere Basis dafür, sich gegenseitig zu akzeptieren. Unter diesen Umständen kann es sich der Erzieher leisten, "auch einmal ein Auge zuzudrücken", ebenso wie die Kinder dem Erzieher einen gelegentlichen Mißgriff nachsehen. Die aufgabenbezogene Interessen- und Standpunktübereinstimmung verträgt auch zeitweilige Störungen und Belastungen.

Ein Grundverhältnis dieser Qualität ist eine Kostbarkeit, die gehegt und gepflegt werden muß und auch nicht kurzfristig zu erreichen ist. Es ist der Nährboden für erfolgreiche Überwindung von Erziehungsschwierigkeiten.

Eine solche Gemeinsamkeit bildet sich im Prozeß der gemeinsamen Tätigkeit heraus.

Diese muß einen hohen Grad an Attraktivität besitzen.

Das Gemeinschaftsleben soll alle Tätigkeitsbereiche einschließen. Seine in diesem Sinne verstandene Reichweite darf nicht eingeschränkt werden. Die Erfahrung berechtigt zu dem Hinweis, daß dem mit der gemeinschaftlichen Tätigkeit verbundenen Veränderungseffekt Aufmerksamkeit geschenkt werden muß.

Das Gemeinschaftsleben muß von der Verantwortung der Kinder getragen sein. Nicht für sie wird es von den Erziehern gestaltet, sondern von ihnen unter Mitwirkung der Erwachsenen. Deshalb übernehmen auch die Kinder Verantwortung für das gemeinschaftliche Tun. Alle sind daran beteiligt, manche mit besonderen Vollmachten als Beauftragte für bestimmte Arbeitsbereiche.

Diese Wahrnehmung von Verantwortung durch die Kinder selbst ist ein Dreh- und Angelpunkt unserer Erziehungskonzeption. Sie darf nicht als Zugeständnis seitens der Erwachsenen betrachtet werden. Kinder als Beauftragte sind nicht "Hilfserzieher" oder Präfekten, die den Erziehern helfen, die Ordnung aufrechtzuerhalten.

Ein Gemeinschaftsleben von dieser prallen Lebendigkeit ist ein günstiger Nährboden für die Überwindung von Erziehungsschwierigkeiten. Dies verlangt erfahrungsgemäß, das betreffende Kind, anknüpfend an seine Interessen und Fähigkeiten, in das Gemeinschaftsleben einzubeziehen, ihm Gelegenheit zu geben, sich aktiv zu betätigen, zu zeigen, was es zu leisten vermag, Verantwortung zu übernehmen. Damit werden Situationen herbeigeführt, in denen es sich bewähren, Rechenschaft ablegen, der Kritik stellen kann und muß und es hautnah mit der öffentlichen Meinung im Kollektiv in Berührung kommt. Das Kind erlebt, daß es gebraucht wird, seine Meinung gefragt ist, daß es als Kollektivmitglied ernst genommen wird.

Ein solches Vorgehen kann nur erfolgreich praktiziert werden, wenn im Kollektiv ein interessantes, abwechselungsreiches, vielfältiges, niveauvolles Gemeinschaftsleben existent ist. Wenn das nicht der Fall ist, bleibt für den Einfluß auf das schwierige Kind nur die moralisierende Rede, durchsetzt mit Vorhaltungen und Belehrungen; eine Methode also, die bekanntlich wenig Erfolg verspricht.

Kehren wir gedanklich zu dem Stil des Umganges mit jedem einzelnen Kind und zu dem entwicklungsfördernden Vertrauensverhältnis zurück, welche die wichtigsten Grundlagen und Voraussetzungen für die Überwindung von Erziehungsschwierigkeiten sind.

Das geschilderte kollektive Beziehungsgefüge verstehen wir als Komplex günstiger Rahmenbedingungen für die Überwindung von Erziehungsschwierigkeiten. Die Chancen für die Lösung der Aufgabe erhöhen sich, wenn solche Voraussetzungen gegeben sind. Die Aufgabe selbst ist damit aber noch nicht gelöst. Die Erzieher sollen es nicht dem Zufall überlassen, ob das einzelne Kind, das mit Schwierigkeiten kämpft, der Sogkraft der Kollektiventwicklung teilhaftig wird, sich in der Wahrnehmung von Verantwortung bewähren darf oder muß, in Aufgabenlösung einbezogen, durch die öffentliche Meinung zur Anerkennung und Einhaltung der kollektivspezifischen Lebensgewohnheiten veranlaßt wird. Vielmehr sind *individuell gerichtete pädaqogische Aktivitäten* zur Überwindung von Erziehungsschwierigkeiten erforderlich.

Wenn wir die vorliegenden Erfahrungen hinsichtlich der individuell bezogenen pädagogischen Führung analysieren, dann wird deutlich, daß die Erzieher diese Aufgabe vor allem dadurch bewältigen, daß sie die Kinder so in das Gemeinschaftsleben einbeziehen, daß sie an die persönlichen Interessen und Fähigkeiten der Kinder anknüpfen und ihnen Aufgaben übertragen, deren Erfüllung sie an das Kollektiv heranbringt, sie in die Gemeinschaft integriert. Sie führen Situationen herbei, in denen sich das Kind in der Verantwortung für die Gemeinschaft bewähren muß. Sie achten darauf, daß das Kollektiv das betreffende Kind freundschaftlich aufnimmt, gerecht beurteilt, seine Leistungen anerkennt, aber auch Kritik übt, wenn sein Verhalten die Interessen der Gemeinschaft verletzt. Sie helfen dem Kind, Kontakt zu finden und eine richtige Haltung zu den Belangen des Kollektive zu entwickeln. Es fühlt sich dann zugehörig und in der Gemeinschaft geborgen, findet Rückhalt in den zwischenmenschlichen Beziehungen. Aus dieser Stellung heraus leistet es einen aktiven persönlichen Beitrag zur Wahrung der Interessen des Kollektive, und es vertiefen sich Wohlbefinden und Selbstbestätigung.

Das gilt selbstverständlich für erzieherische Beeinflussung überhaupt, gewinnt aber für die Überwindung von Erziehungsschwierigkeiten einen zusätzlichen Akzent. Zum einen besteht er darin, daß gerade die Kinder, denen der Umgang mit anderen schwerfällt, die Geborgenheit in der Gemeinschaft brauchen. Ihr Verhalten scheint manchmal diese Behauptung Lügen zu strafen. Sie geben sich gleichgültig, unberührt oder ablehnend. Doch der Schein trügt. In Wirklichkeit reagieren sie außerordentlich sensibel auf alles, was die Atmosphäre trübt. Sie haben ein feines Empfinden für Gerechtigkeit und Ungerechtigkeit, für Bevorzugung oder Ablehnung.

Die Überwindung von Erziehungsschwierigkeiten bedeutet nicht einfach, anstelle bisher falscher Erziehung nunmehr richtige Erziehung zu setzen. In diesem Falle wird übersehen, daß sich die konflikthafte Situation herausgebildet hat, sie ein Ergebnis eines Entstehungsprozesses ist, Motive, Haltungen, Gewohnheiten "geworden" sind. Überwindung von Erziehungsschwierigkeiten ist dem Wesen nach richtige Reaktion auf falsches Verhalten. Der Teufelskreis der konflikthaften Verfestigung muß durchbrochen werden. Dafür reichen äußere Disziplinierung oder liebevolle Zuwendung nicht aus. Sie können im Gegenteil den Widerspruch vertiefen. Die Gerichtetheit der Persönlichkeit muß verändert werden. Es kommt darauf an, die Abwartehaltung des Kindes zu überwinden, seine Abseitsstellung, seine ausgeprägte Ich-Bezogenheit, die gerade die tiefere Ursache für die Fehlentwicklung gewesen ist, zu überwinden. Das Ziel der individuell gerichteten pädagogischen Aktivitäten kulminiert in der Aufgabe, dem Kind zu helfen, den Platz im Kollektiv zu finden, der seiner Leistung und Haltung zu den Gemeinschaftsinteressen entspricht und der seiner weiteren Persönlichkeitsentwicklung förderlich ist. Es geht um den individuellen Zuschnitt der pädagogischen Führung.

Erfahrene Erzieher vermeiden es, sich immer auf dieselben Kinder zu stützen, wenn es um die Wahrnehmung von Verantwortung geht. Sie nutzen vielmehr solche Aufträge und Verpflichtungen als differenzierte Entwicklungsimpulse für alle Kinder. Sie gehen in differenzierter Weise auf Fragen und Meinungsäußerungen der Kinder ein, wissen die Motive zu berücksichtigen, die ihnen zu Grunde liegen. Sie handhaben souverän Lob und Tadel. Auf der prinzipiellen Grundlage der Gerechtigkeit der Beurteilung gehen sie individuell angemessen vor, berücksichtigen die Tragweite des positiven oder negativen Verhaltens und die situative Wirkung auf die Persönlichkeit. Sie beachten, daß das Kollektiv eine Form der Gemeinsamkeit der Aufgaben, Aktivitäten, Interessen und Standpunkte ist, daß diese Gemeinsamkeit aber nicht mißverstanden werden darf als Gleichförmigkeit oder allumfassende Interessenübereinstimmung. Offensichtlich gibt es Abstufungen hinsichtlich der Bedeutsamkeit des individuellen Verhaltens für die Kollektivinteressen. Manches von dem, was der einzelne tut, steht in einem unmittelbaren Bezug zu den grundlegenden Belangen der Gemeinschaft, manches berührt sie über Vermittlungen, und manches steht nur bedingt mit ihnen in Verbindung.

Wir müssen demnach nicht danach streben, alles mit gleicher Bedeutsamkeit auf die Kollektivinteressen zu beziehen. Wir kämen in die Lage, die individuellen Entwicklungsmöglichkeiten einzuschränken und die mögliche und unbedingt nötige Toleranzbreite einzuengen. Eine solche differenzierte Betrachtungsweise wird den individuellen Interessen der Kinder gerecht, räumt schablonenhafte Beurteilungsmaßstäbe aus und fördert die optimale Entwicklung jedes Kindes. In der Praxis setzt sich ein feinfühliger und behutsamer Umgang mit jedem einzelnen durch. Die Erzieher versetzen sich in die Lage des Kindes, beachten seine Motive, kennen die Beweggründe und Umstände seines Verhaltens, seine Interessen, Absichten und Wünsche. Ihnen ist die Stellung des Kindes in der Gemeinschaft bekannt, das Verhältnis zu den Kameraden, deren Haltung und Einstellung zu ihm. Dementsprechend variieren sie ihren Umgang. Sie wissen, wann ein vertrauensvolles Gespräch hilfreich ist, sie stellen angemessene Forderungen, vermeiden schablonenhaftes Vorgehen.

In dieser Differenziertheit des Umganges mit jedem einzelnen kommt zum Ausdruck, daß in das Grundverhältnis zwischen Erwachsenen und Kindern in einem Kollektiv Erzieher-Kind-Beziehungen eingelagert sind, die in ausgeprägter Weise an die unverwechselbare Persönlichkeit des betreffenden Erziehers und betreffenden Kindes gebunden sind. Sie stehen dem Grundverhältnis nicht entgegen, sondern modifizieren und bereichern es. Gerade sie sind in ihrer Ergänzung zum Grundverhältnis eine Voraussetzung und Bedingung für die erfolgreiche Überwindung von Erziehungsschwierigkeiten.

Da die Beziehungen solcher Kinder zur Gemeinschaft Störungen unterliegen, brauchen sie dieses personenbezogene Vertrauensverhältnis. Der Erzieher ist auch gut beraten, wenn er es vermeidet, die persönlichen Schwierigkeiten des Kindes zum alleinigen Bezugspunkt dieses persönlichen Vertrauensverhältnisses zu machen. Die Zuwendung bezieht sich auf die Persönlichkeitsentwicklung des Kindes im umfassenden Sinne. Hinsichtlich der persönlichen Schwierigkeiten ist eine Art verschworenen Einverständnisses angebracht. Damit ist gemeint, daß dem Kind bewußt ist, daß der Erzieher um seine Schwierigkeiten weiß, aber Stillschweigen darüber nach außen wahrt. Es handelt sich gewissermaßen um eine Angelegenheit zwischen ihnen.

Die individuell bezogene pädagogische Tätigkeit ist für die Überwindung von Erziehungsschwierigkeiten von herausragender Bedeutung. Sie nimmt in diesem Falle im wahrsten Sinne des Wortes den Charakter individueller Fürsorge an; handelt es sich doch um Kinder, die in Problem- oder Konfliktsituationen geraten sind, mit Schwierigkeiten nicht fertig werden und deshalb in prononcierter Weise entwicklungsfördernder Zuwendung bedürfen.

Wir haben gezeigt, daß diese individuelle Fürsorge der Nutzung der Kraft des Kollektivs nicht entgegensteht, sondern gerade eine Modifizierung der pädagogischen Führung ist, gerichtet darauf, dem Kind Geborgenheit in der Gemeinschaft und damit optimale Voraussetzungen für seine Persönlichkeitsentwicklung zu sichern.

Mit dieser Passage haben wir versucht, einen *Überblick* über den von uns entwickelten sozialpädagogischen Denkansatz zu vermitteln.

Es fällt schwer zu beurteilen, in welchem Maße der sozialpädagogische Denkansatz als Lehrmeinung der Sozialpädagogen der Humboldt-Universität gedankliches Allgemeingut der Heimerzieher und Jugendfürsorger in der DDR war. Man sollte die Theorie-Besessenheit der Praktiker nicht überschätzen, auch nicht die von uns erwünschte Akteptanz des Ansatzes. Anderseits ist nicht zu übersehen, daß er eine Rolle gespielt hat, nicht nur als Verlautbarung weniger Wissenschaftler im internen akademischen Bereich, sondern mit Orientierungsfunktion für die Praxis. Wir sind uns der ambivalenten Wirkung theoretischer Absichtserklärungen überhaupt bewußt. Die lebendige Praxis ist vielfältig determiniert, keinesfalls nur linearer Nachvollzug von theoretischen Vorgaben. Sie wird von Bedingungen aus dem Umfeld beeinflußt und nimmt die Befindlichkeit der Praktiker auf, die von zuweilen randständigen Gegebenheiten geprägt wird. Dazu zählen materielle Voraussetzungen, strukturelle Zwänge, Ausbildungsniveau, Arbeitsbedingungen, Berufsethos, politische Einstellungen, Leitungspraktiken und anderes. Durch solche Umstände wird die Verwirklichung theoretischer Orientierungen modifiziert; im förderlichen, eher aber im hemmenden Sinne, zuweilen sogar als Verfälschung. Das war nicht nur in der DDR so, erlangte hier aber im Zusammenhang mit schulpolitischer Überformung, Indoktrination und einem hohen Grad von Leitungseinfluß einen besonderen Stellenwert.

Innerhalb eines Ensembles von Wirkfaktoren hat der sozialpädagogische Denkansatz Einfluß genommen auf die Praxis der Heimerziehung und Jugendhilfe in der DDR; und er hat seinerseits Momente dieser Praxis aufgenommen. Wir gehen davon aus, daß er eine Tendenz beförderte und verarbeitete, welche sich hilfreich auszahlte für Kinder und Jugendliche in Problemsituationen und deren Lebensweg positiv beeinflußte. Wir halten ihn deshalb für lebensfähig, zumindest bedenkenswert im Verbund pluralistischer sozialpädagogischer Ansätze.

Ihm kommt der Bonus zu, nicht nur ein bloßes Konstrukt zu sein und sich als solches in die Diskussion einzubringen. Er ist über den Prüfstand einer relativ massenhaften Praxis gegangen. Dabei hat er Federn gelassen, sich aber auch bewährt; die theoretische Substanz und den praktischen Orientierungswert betreffend sowie die praktische Realisierungsmöglichkeit. Darin sehen wir, so paradox das klingt, einen Vorzug. Seine kritische Hinterfragung kann eine Erfahrungsbasis verarbeiten; und sie ist förderlicher Sensibilität ausgesetzt durch ihr Eingebundensein in politische Vergangenheitsbewältigung.

Zusammenfassende Wertung

An eine zusammenfassende rückblickende Wertung gehe ich zögerlich heran, weil eine pauschale Einschätzung der komplexen und widersprüchlichen Wirklichkeit der DDR-Jugendhilfe nur näherungsweise gerecht werden kann. Ohne die vorausgegangenen Ausführungen, die eine Erörterung von Fakten, Umständen, Absichten und Verläufen versuchen, wäre sie schlicht untauglich und wenig seriös. Aber auch unter diesen Voraussetzungen muß eingeräumt werden, daß die zusammenfassende Wertung aus subjektiver Sicht erfolgt. Es ist mein Standpunkt, der zum Ausdruck gebracht wird. Diese Draufsicht ist naturgemäß beeinflußt durch meine Stellung in der DDR-Jugendhilfe und mein Verhältnis zu ihr. Sie ist *ein* Zugang zur Beurteilung; und nur im Zusammenklang mit anderen und im Widerstreit zu anderen werden wir uns dem Anspruch nähern, die historische Wahrheit abzubilden.

Unter dieser Einschränkung versuche ich eine zusammenfassende rückblickende Wertung der DDR-Jugendhilfe:

(1) Die Jugendhilfe der DDR hat sich der gegenstandseigenen Problematik gestellt. Von überwiegend hoch motivierten und engagierten Jugendfürsorgern, Jugendhelfern, Heimerziehern und auch Funktionsträgern ist echte Hilfe für die Lebensbewältigung seitens der Kinder, Jugendlichen und Erwachsenen geleistet worden. Niemand ist in das betreuungslose Abseits geraten. Wer Schwierigkeiten hatte, dem ist geholfen worden.

Für viele Kinder hat sich das entwicklungsfördernd ausgezahlt; für manche blieb Betreuung nicht mehr als elementare Versorgung; nicht auszuschließen ist, daß für einige der Lebensweg durch Jugendhilfeaktivitäten ungewollt zusätzlich negativ belastet worden ist. Niemand wird Prozentangaben verlangen; sie sind nicht zu ermitteln. Durchgängige Erfolge im Sinne von Perfektion wurden ganz sicher nicht erreicht; können auch nicht erwartet werden angesichts der Sachlage, daß Jugendhilfe sich in der Grenzzone gesellschaftlicher Lösungsmöglichkeiten bewegt.

(2) Begünstigt wurde die nahezu flächendeckende Aufmerksamkeit und Fürsorge für Kinder und Jugendliche in Problemlagen durch jugendpolitische, schulpolitische und sozialpolitische Gegebenheiten in der DDR, die dem Gesellschaftsverständnis entsprachen. Es existierte ein Betreuungsnetz, eher zu engmaschig als lückenhaft. Das kann man als staatliche Bevormundung kritisieren; vielleicht nicht zu unrecht. Man sollte aber auch bedenken, daß diese selbstübernommene Verpflichtung des Staates und der gesellschaftlichen Organisationen nicht nur als bedrückend empfunden, sondern von Teilen der Bevölkerung – aus welchen Gründen auch immer – angenommen wurde als Recht, das ihnen zusteht. Im Bereich der Jugendhilfe wirkte sich das so aus, daß mit Selbstverständlichkeit Unterstützung erwartet wurde, daß viele von sich aus an die Jugendfürsorger herantraten, im extremen Falle Bürger glaubten, die Verantwortung für die Kindererziehung an den Staat abtreten zu können.

(3) Dem jugendpolitischen, schulpolitischen und sozialpolitischen Verständnis entsprach die "Hauptmethode" der Jugendhilfe; nämlich die Organisierung des gesellschaftlichen Einflusses.

Damit wurden Ergebnisse im Interesse der Kinder erzielt; Rahmenbedingungen betreffend vor allem (Wohnung, Arbeit, Lehrstelle, Schulausbildung usw.). Die "Zuständigen" in den Staatsorganen und gesellschaftlichen Bereichen wurden in die Pflicht genommen. Zu den positiven Ergebnissen der "Hauptmethode" zählt auch die Tatsache, daß eine Vielzahl von Einzelbetreuern gewonnen und dadurch eine spezifische erzieherisch-soziale Potenz installiert werden konnte, die zunehmend durch Fachlichkeit angereichert wurde.

Die Hauptmethode hat sich in ihrer Wirkung zunehmend abgeschwächt. Ihr gesellschaftspolitischer Ausgangspunkt (mit dem Aufbau des Sozialismus werden Ursachen für Fehlentwicklung von selbst verschwinden bzw. ausgeräumt) erwies sich als Illusion. Die darauf bezogene trotzige Selbsttäuschung (Jugendhilfe als "Schönheitsfehler" des Sozialismus) wurde von Verantwortungsträgern mitunter genutzt, sich aus der Pflicht zu ziehen. Die Regelsysteme, in die die Kinder und Jugendlichen über Organisierung des gesellschaftlichen Einflusses zurückgeführt werden sollten, verloren an erzieherischer Kraft. Die Jugendhilfe selbst hatte keine eigenständigen Betreuungsformen entwickelt, die in Anspruch genommen werden konnten. Organisierung des gesellschaftlichen Einflusses als politisches Konzept der Jugendhilfe traf von einem bestimmten Zeitpunkt an nicht mehr die wirklichen Gegebenheiten und ist ebenso gescheitert wie das Konzept des realen Sozialismus, aus dem es hervorgegangen ist.

(4) Der Umgang mit der gegenstandseigenen Problemlage der Jugendhilfe folgte dem Konzept der "sozialpädagogischen Aufgabe", hergeleitet aus der Kollektiverziehung. Defektivität der Beziehungen sollte durch Normalisierung der Beziehungen überwunden werden. Es wurde angestrebt, dafür Rahmenbedingungen zu konstituieren und innerhalb derer Gemeinschaftserziehung als förderlichen Boden für Persönlichkeitsentwicklung zu praktizieren; gekennzeichnet als Bewegung, als in sich widersprüchlicher Prozeß der Herstellung von Interessenübereinstimmung über Konsensbildung zu Sachfragen; wobei Motive, Kompetenz und bewegende Kraft vom Kollektiv selbst ausgehen. Diese Orientierung und die damit verbundenen praktischen Bemühungen haben das Klima im ambulanten Betreuungsbereich und in den Heimen als *eine* Tendenz bestimmt.

Das wesenseigene Verkrustungssyndrom innerhalb von Heimerziehung als Gemeinschaftserziehung wurde dadurch nicht aufgehoben, vielleicht abgeschwächt in konkreten Verwirklichungsfeldern. Im negativen Sinne begünstigt wurde es durch DDR-spezifische Faktoren wie ideologische Indoktrination, dogmatische schulpolitische Überformung, Abwesenheit von Vielfalt, Favorisierung eines Lösungsversuches.

Alle Abstufungen im Spielraum von Dynamik des Gemeinschaftslebens bis Erstarrung von Strukturen sind in der Praxis vorgekommen.

Das insgesamt widersprüchliche Lösungsmodell gegenüber der gegenstandseigenen Problematik und der Fremderziehung kann nicht als Ideallösung angeboten werden, hat aber auch nicht durchgängig in die Sackgasse geführt.

Diese pauschale Einschätzung schließt bohrende Kritik an der Praxis in einzelnen Heimen hinsichtlich der Wirkung von Gemeinschaftserziehung auf die Kinder nicht aus.

(5) Die DDR-Jugendhilfe war in politische Rahmenbedingungen eingebettet, wurde von ihnen beeinflußt. Es gab aber eine relative Eigenständigkeit der Jugendhilfe-Entwicklung; bestimmt durch die gegenstandsspezifische Orientierung (sozialpädagogische Aufgabe) und – scheinbar paradox – durch die Randstellung der Jugendhilfe im politischen System. Sie hat Freiräume gegenüber durchgängiger ideologischer und pädagogischer Indoktrination eröffnet und erhalten, die von vielen Mitarbeitern im Interesse der Betreuungsbedürftigen ausgefüllt wurden. Diese Motivation entsprang in der Regel nicht einer politischen Distanzhaltung oder Opposition, sondern war aufgaben- und funktionsbedingt. Wem es wirklich um die Menschen ging, der hatte auch in der DDR Gelegenheit, in seinem unmittelbaren Wirkungsbereich seine humanistische Identität zu bewahren. Das "Nischen-Dasein" der Jugendhilfe hat dazu eine zusätzliche Möglichkeit eröffnet.

4 Situative Bedingungen für Nachlaß-Verwertung

Der Nachlaß soll nicht registriert und museal oder archivmäßig verwaltet, sondern verwertet werden; zumindest geht unsere Hoffnung in diese Richtung. Die Situation, in der das geschehen könnte, ist für uns, die wir diesen Nachlaß einbringen, zunächst dadurch gekennzeichnet, daß wir die Jugendhilfe, wie sie sich in den alten Bundesländern entwickelt hat, näher und genauer kennenlernen, als das bisher unter den Bedingungen unserer Abschottung der Fall war. Dabei ist sie für uns nicht nur Gegenstand neugieriger Betrachtung, sondern Lernziel. Schließlich sind wir in der Marktwirtschaft angelangt; und das, was dort Jugendhilfe war und ist, umgibt uns nunmehr als Rahmenbedingung, innerhalb derer wir uns bewegen.

Das Bild, das wir uns von der "marktwirtschaftlichen" Jugendhilfe machen, ist sicher unvollständig und wahrscheinlich verzerrt. Wir werden Gelegenheit haben, es zu vervollständigen und zu präzisieren. Man sollte uns dabei zugute halten, daß wir uns dem "Lernziel" aus unserem Erfahrungshorizont heraus nähern. Wie könnte es anders sein. Zu dieser Draufsicht gehört das Bewußtsein, daß die Gesellschaftsordnung, innerhalb derer wir Jugendhilfe betrieben haben, zusammengebrochen ist. Es bleibt aber die Erinnerung an eine Wirklichkeit, in der Arbeit, Wohnung, soziale Sicherheit gegeben waren; mit vergleichsweise bescheidenem Standart, zugegeben; und nicht auf Dauer, wie sich herausgestellt hat. Aber die Logik der Begründung, die uns zuweilen angeboten wird, ist für uns nur schwer nachvollziehbar. Es heißt, daß diese soziale Sicherheit erkauft worden sei um den Preis der Abwesenheit von Freizügigkeit, Meinungsfreiheit, Demokratie, Rechtsstaatlichkeit. Es stimmt, daß diese Defizite und Deformationen existierten. Diese Argumentation provoziert aber einen Umkehrschluß, der nicht einleuchtet und nicht akzeptiert werden kann. Er liefe auf die unsinnige Fassung hinaus, daß die Anwesenheit von Demokratie und Rechtsstaatlichkeit ihrerseits soziale Unsicherheit bedingt. Und solche Unsicherheit erleben wir jetzt in den neuen Bundesländern; ungewohnt aus unserem Erfahrungshorizont heraus. Damit wird die "kurze" Argumentation brüchig. Wir können uns nicht darauf einlassen, alles nur seitenverkehrt zu sehen, wie das "Wendehälse" mit Bravour fertig bringen. Freiheit *und* soziale Sicherheit; das wäre anzustreben. Die Wirklichkeit, der wir zugehören, spiegelt diese ideale Verbindung nicht oder nur bedingt wider. Unser ambivalenter Erfahrungshorizont führt zu einer kritischen Haltung gegenüber den jetzigen gesellschaftlichen Gegebenheiten, die man uns nicht als DDR-Nostalgie auslegen sollte. Sie ist eher vergleichbar mit der kritischen Sicht auf den Sozialstaat, die wir aus Literatur und Gesprächen mit Sozialpädagogen aus den alten Bundesländern kennenlernen. (vgl. Lebenswelten 1992)

Wie stellt sich die BRD-Jugendhilfe aus unserem Erfahrungshorizont als Lernziel dar?

Erstens: Zuerst fällt das breite Spektrum sozialpädagogischer Angebote ins Auge. Die Vielfalt beeindruckt, sich abhebend von der relativen Einförmigkeit in der DDR. Die alternativen Projekte beanspruchen für sich nicht die jeweils "beste" Lösung; wenn man von zuweilen überzogenen Selbstdarstellungen absieht. Vielmehr offenbart sich ein in sich gegliedertes und miteinander verknüpftes sozialpädagogisches Netz, das als Ganzes zur Verfügung steht, verkrustete Formen abstößt, Neuschöpfungen Raum gibt und ausprobiert; also gewissermaßen "pulsiert", und sich somit veränderten Gegebenheiten anpassen kann. Das Spektrum umfaßt nicht nur Projekte mit unmittelbarer sozialpädagogischer Zielsetzung, sondern auch die Einbeziehung sozialpädagogischer Momente in gegebene Gesellungsformen (Schule, Jugendvereinigungen, informelle Gruppierungen, Freizeit- und Clubveranstaltungen, Sport usw.) unterschiedlicher Trägerschaft.

Zweitens: Das sozialpädagogische Netz ist nicht am Reißbrett konstruiert und mit dem Markenzeichen der besten Lösung versehen. Es ist historisch gewachsen, unterliegt einer dynamischen Veränderung, schließt die permanente kritische Haltung zum Bestehenden ein. Dabei treten Sozialarbeiter und Sozialpädagogen selbst als diejenigen auf, die Unzulänglichkeiten aufdecken, Gewordenes in Frage stellen, sich mit Erstarrungen nicht abfinden. Sie halten die Diskussion in Fluß. Sie zeigen sich oft als die schärfsten Kritiker des Wirkungsfeldes. Nur partiell und bedingt legen sie eine Verteidigungshaltung an den Tag. Diese innerkritische Haltung des Berufsstandes ist gepaart mit Kritik an gesellschaftlichen Zuständen und mit Forderungen an den Staat. Die Sozialarbeiter und Sozialpädagogen tragen Probleme in die Öffentlichkeit, thematisieren sie, skandalisieren sie zuweilen, um Reaktionen auszulösen. Sie sind konfliktfähig, vermeiden nicht, sondern suchen die Auseinandersetzung. Sie halten den "Streitfall" Jugendhilfe auf der Tagesordnung.

Drittens: Jugendhilfetätigkeit trägt Angebotscharakter. Hilfen werden vorgeschlagen, nicht aufgedrängt. Sie münden nicht in kanalisierende Betreuung, sondern verstehen sich als Hilfe zur Selbsthilfe.

Jugendhilfe will das Beste für die Kinder und Jugendlichen, maßt sich aber nicht an, um die optimale oder gar perfekte individuelle Variante unfehlbar zu wissen. Sie geht von der Selbstbestimmung der Bürger und jungen Menschen aus. Dabei kalkuliert sie ein, daß Angebote nicht angenommen werden und die Hilfe-Absicht nicht greift.

Viertens: Wenn wir über Jugendhilfe in den alten Bundesländern als Lernziel reflektieren, müssen die Probleme der Trägerschaft und der Finanzierung erwähnt werden. Das geschieht nicht nur im Interesse akkurater Vollständigkeit, sondern trifft einen neuralgischen Punkt. Darauf bezogen ist für uns, die wir aus der DDR-Jugendhilfe kommen, Umdenken angesagt, verbunden mit beträchtlichen gedanklichen und praktischen Schwierigkeiten.

Jugendhilfe will finanziert werden, sie kostet Geld. Staatliche Mittel stehen nur begrenzt zur Verfügung. Sie fließen nicht einfach auf Antrag, sondern müssen dem

Staat oder der Kommune abgetrotzt werden. Darum bemühen sich zahlreiche Träger und Initiatoren. Es gibt einen Markt, auf dem sich diejenigen durchsetzen, die ihre Projekte wirkungsvoll anbieten und im Wettbewerb bestehen. Davon hängen Existenz und Arbeitsplätze ab. Zur fachlichen Qualifikation der Sozialpädagogen gesellen sich marktwirtschaftliche Fähigkeiten. Ideen allein genügen nicht. Man muß sie auch gut verkaufen können; ihre Verwirklichung "muß sich rechnen". Das ist für uns ungewohnt. Nur zögernd wird uns begreiflich, daß soziale Arbeit eine kaufmännische Dimension hat, daß sie auf dem Markt gehandelt wird wie andere Dienstleistungen auch. Wie man darüber auch denken will; man muß sich dieser Gegebenheit stellen. Das Lernziel tritt uns auch in dieser Form gegenüber.

Das alles zusammengenommen erklärt und begründet den beeindruckenden *Innovationsdruck* innerhalb der Jugendhilfe in den alten Bundesländern. Aus dem Erfahrungshorizont der DDR-Jugendhilfe gesehen, liegt m.E. hier das Kardinalproblem für das Umdenken. Innovation mit der Konsequenz von Vielfalt, Flexibilität, Dynamik war in der DDR nur spärlich gegeben. Sie war nicht üblich, nicht erwünscht, nicht zugelassen. Das hängt mit der zunehmenden politischen Erstarrung und mit dem zentralistischen System zusammen; auch mit der darauf bezogenen Selbstzensur, die manche von uns sich auferlegt hatten.

Wenn wir diesen Überblick überdenken, entdecken wir nicht nur Unterschiede, sondern auch Gemeinsamkeiten; vor allem hinsichtlich theoretischer Positionen, denen ja für Sinnerfassung und kritische Aufarbeitung besondere Bedeutung zukommt. Bei mir verstärkt sich der Eindruck, daß es ein Feld von Paßfähigkeit bzw. Kombatibilität gibt, welches das gegenseitige Verständnis erleichtert und die Möglichkeit einer streitbaren Zusammenarbeit eröffnet. Wenn wir davon ausgehen, daß Jugendhilfe und Sozialpädagogik mit einer gegenstandseigenen Problematik zu tun haben, die relativ unabhängig vom jeweiligen politischen System bewältigt werden muß, ist diese Tatsache wiederum nicht so verwunderlich.

Eine Nachlaß-*Verwertung* hängt nicht allein von unserem Angebot ab. Sie muß auf die Bereitschaft derjenigen treffen, die das Sagen haben in der Jugendhilfe im vereinten Deutschland bzw. in ihr tätig sind. Diese Bereitschaft ist gegenwärtig sicher ambivalent zu beurteilen.

In den Köpfen von Mitarbeitern, die mit der DDR-Jugendhilfe Berührung hatten, ist das Vergangene nicht völlig ausgelöscht, auch nicht in der Bevölkerung. In der Sphäre der wissenschaftlichen Arbeit in Westdeutschland hält sich Interesse am DDR-Modell; selbstverständlich in kritischer Sicht, aber frei von Verteufelung. Unterhalb der offiziellen Politik ist die Verdrängung nicht total.

Es ist allerdings anzunehmen, daß auf längere Sicht das Bedürfnis auf Sichtung der DDR-Erfahrungen anheben wird; und zwar deshalb, weil elementare Lebensprozesse sich zu Wort melden werden. Schwierige wirtschaftliche Verhältnisse und soziale Spannungen deuten sich an in den neuen Bundesländern. Das schlägt durch auf Verhalten und Lage der Jugend und damit auf die Problematik, die u.a. von der Jugendhilfe bewältigt werden muß. Die Ursache dafür ist nicht allein der Import der Marktwirtschaft. Es brechen auch Verhältnisse auf als Nachwirkungen von 40 Jahren realem Sozialismus. Allerdings sollte dieser Ursachen-Strang nicht allein als Aufhebung von Verdrängungs-Mechanismen ("Abfließen eines Gefühlstaus") gedeutet werden. Fairerweise wäre zu untersuchen, warum bestimmte Erscheinungen der Jugendnot erst jetzt über uns hereinbrechen. War ihnen in den gesellschaftlichen Verhältnissen der DDR der Boden entzogen, gab es wirksame Praktiken (auch der Jugendhilfe), die ihnen entgegensteuerten? Wie dem auch sei; wir stehen vor Aufgaben, die von Sozialarbeitern und Sozialpädagogen im vereinten Deutschland *gemeinsam* zu lösen sind; und zwar im Interesse der Kinder und Jugendlichen. Kein ernstzunehmender Kollege aus den alten Bundesländern wird behaupten, daß das Instrumentarium dort perfekt ist. Zumindest Interesse für die Jugendhilfe im ehemals anderen deutschen Staat wird sich anbahnen; zeitlich verzögert vielleicht, weil die Verhältnisse heute "nicht so sind", um Brecht zu bemühen.

Es ist ein zufälliges Zusammentreffen, wenn nahezu zeitgleich mit der staatlichen Vereinigung das Kinder- und Jugendhilfe-gesetz (KJHG) in Kraft getreten ist. Wir entnehmen der kommentierenden Literatur, daß durch seine Bestimmungen vieles eine nachträgliche Bestätigung gefunden hat, was sich in der Praxis der Jugendhilfe in den alten Bundesländern schon entwickelt hatte. Insofern ist das Gesetz vielleicht nicht eine einschneidende Zäsur; aber Anlaß durchaus für bilanzierende und zukunftsorientierte Überlegungen für Jugendhilfe innerhalb veränderter gesetzlicher Rahmenbedingungen. Diese "offene Situation" (vgl. Müller 1992, 9 ff.) könnte sich als günstig erweisen für eine gemeinsame Vergangenheitsaufarbeitung und für die Verwertung unseres Nachlasses.

Im April 1992 fand der 9. Jugendhilfetag in Hamburg statt. Man kann davon ausgehen, daß ihm eine relativ programmatische Bedeutung zukommt; allein schon aus dem Zusammentreffen der Umstände, dem er sich stellen mußte: Es war der erste Jugendhilfetag nach dem Inkrafttreten des KJHG; und es war der erste Jugendhilfetag nach der deutschen Vereinigung. Außerdem hat er den "Weg nach Europa" einbezogen. Er hat diese drei Bezugspunkte berücksichtigt; in thematischer Anlage und im Verlauf der Diskussionen. Niemand wird behaupten oder erwarten, daß die Konzeption für Jugendhilfe in Deutschland unter diesen neuen Bedingungen in integrativer Vollkommenheit herausgekommen ist. Das war sicher auch nicht beabsichtigt. Die drei Linien neuer Herausforderung laufen noch nebeneinander her. Die ostdeutsche Problematik wird als eine Zusatzaufgabe behandelt, der man sich vorsichtig nähert. Aber man stellt sich der Aufgabe und tastet sich heran.

Für unser Thema "Nachlaß-Verwertung" interessieren die inhaltlich-thematischen Berührungspunkte. Das Generalthema lautete: "Lebenswelten gestalten, Jugendhilfe ist gefordert". Dieses Motto "zielte auf ein Verständnis von Einmischung und Querschnittspolitik sowie auf lebensweltorientierte Jugendhilfe". (Lebenswelten 1992, 7) C.W. Müller macht in seiner Einführung deutlich, daß damit eine oder vielleicht sogar *die* Grundproblematik der Jugendhilfe wiederum thematisiert und auf die gegenwärtigen und künftig zu erwartenden Gegebenheiten spezifiziert wird: Es ist das Spannungsfeld zwischen dem Anspruch der Jugendhilfe, im "Normalbereich" der Sozialisation und Erziehung der Jugend mitzuwirken und dem ihr zugeschriebenen Auftrag, sich um Kinder und Jugendliche zu kümmern, die mit besonderen Risiken leben. Mit einer zweigeteilten Zielgruppe hat es die Jugendhilfe zu tun: Mit der ganzen Jugend und ihrem Anspruch auf Erziehung sowie mit Kindern und Jugendlichen in besonderen Lebenslagen und risikoreichen Lebenskrisen. (Müller 1992, 9) Wenn Jugendhilfe sich in diesem Spannungsfeld bewegt, sich darin behaupten, erfolgreich verwirklichen will, berührt sie Politik und wird von Politik berührt. Wenn sie dazu beitragen will, Verhältnisse zu schaffen, die lebenswert sind, dann muß sie sich die Frage stellen und beantworten, was denn "lebenswerte Verhältnisse" sind. Müller erinnert in diesem Zusammenhang daran, daß "die zeitgenössische Jugendhilfe den Sozialstaat voraussetzt, nicht aber ersetzt." (Müller 1992, 11) Selbstanalyse der Jugendhilfe, konzeptionelle Entwürfe, Nachdenken über Instrumentarien und Arbeitsweise — das alles muß sich letztendlich an ihrer Funktion und Wirksamkeit innerhalb des Spannungsfeldes zwischen "Omnipotenzanspruch", "Allzuständigkeit" einerseits und wirksamer Lebenshilfe im Einzelfall andererseits messen lassen.

Das ist eine erstaunliche Übereinstimmung mit der Problemlage, mit der wir uns in der DDR-Jugendhilfe herumgeschlagen haben. Jugendhilfe als gesamtgesellschaftliches Anliegen und Jugendhilfe als Aufgabe der Jugendhilfeorgane bei der Bewältigung des Einzelfalles; das war auch unser Thema und unsere immer wieder aufkeimende Problemlage. So erstaunlich ist diese annähernde Übereinstimmung aber wiederum nicht, weil sie offensichtlich und zwangsläufig-objektiv mit dem gegenstandsspezifischen Handlungsfeld von Jugendhilfe zu tun hat, relativ unabhängig von den jeweiligen gesellschaftlichen Verhältnissen. Wir haben Erfahrungen gesammelt mit Lösungsversuchen innerhalb dieses Spannungsfeldes; in DDR-spezifischer Ausprägung. Bescheidene Erfolge haben wir erzielt bei der "Gestaltung von Lebenswelten" als unmittelbares soziales und erzieherisches Umfeld einzelner Kinder und Jugendlicher über die "Organisierung des gesellschaftlichen Einflusses". Zum Nachdenken über lebenswerte Verhältnisse für Kinder und Jugendliche im kommunalen Bereich und in den "Regelsystemen" haben Jugendfürsorger und Jugendhelfer angeregt, wenn sie dort im Zusammenhang mit Einzelfallbearbeitung als Anwalt der Kinder und Jugendlichen aufgetreten sind. Wir glaubten, einen günstigen Boden bearbeiten zu können, weil Jugendförderung und Jugendhilfe als gesamtgesellschaftliches Anliegen betrachtet wurde. Aber genau das kehrte sich um. Die hochtönende Phrase wurde als eine Wirklichkeit genommen, die so nicht vorhanden war oder immer mehr abflachte. Unter dieser gesellschaftlichen Selbsttäuschung wurde Jugendhilfe immer mehr abgedrängt, beschnitten, in ihre "Schranken" verwiesen, nicht ernst genommen. Das waren die Restriktionen, mit denen wir zu tun hatten; gesellschaftlich vorprogrammiert und selbstverschuldet. Sie traten auf trotz einer gesellschaftspolitischen Konzeption, die das Gegenteil hätte erwarten lassen müssen. Sie wurden partiell überwunden im begrenzten Umkreis konkreter Basisarbeit am Einzelfall; abhängig nicht zuletzt vom Engagement der hauptamtlichen und ehrenamtlichen Mitarbeiter, ihrem Durchsetzungsvermögen und ihrer Rolle als "Hecht im Karpfenteich".

Die "Restriktionen einer Jugendhilfe als Querschnittsproblem und Einmischung", die auf dem 9.Jugendhilfetag für westdeutsche Verhältnisse benannt werden (vgl. Mielenz 1992, 26), sind teilweise anders gelagert und charakterisiert; aber die Prognosen, wie sie überwunden werden können, treffen sich mit unseren Erfahrungen aus dem Nachlaß; wenn wir sie als kritisch und selbstkritisch überdacht und auf die neuen Verhältnisse transponiert für uns reklamieren dürfen.

Es heißt auf dem Jugendhilfetag: "Querschnittspolitik und Einmischung sind notwendige, unverzichtbare Bestandteile offensiver Jugendhilfe. Perspektiven einer so verstandenen Jugendhilfe liegen für mich

- in einer offensiven Auslegung des Sozialstaatspostulats, in sozialer Gerechtigkeit;
- in Parteilichkeit und Glaubwürdigkeit des Engagements;
- in entwickelter und sich weiterhin entwickelnder Fachlichkeit der Jugendhilfepraxis;
- in der Trägervielfalt, in sozialen Bewegungen und in der Vernetzung zu anderen Politikbereichen und schließlich
- in der Kompetenz, in dem Mut und der Phantasie, aber auch und gerade in der Beharrlichkeit und Hartnäckigkeit der in der (und für die) Jugendhilfe Tätigen." (Mielenz 1992, 27)

Den Mitarbeitern, die mit der Jugendhilfe in der DDR tätig verbunden waren, fällt es also nicht schwer, die auf dem 9.Jugendhilfetag vorgestellte Problematik zu verstehen. Mehr noch: Sie können Erfahrungen einbringen, mitreden, mittun. Die gegenstandseigene Problematik, mit der sie befaßt waren, bringt sie ohne grobe Brüche auf die gleiche "Schiene". Abgesehen vom Nachholbedarf hinsichtlich jugendhilfespezifischer Fachlichkeit ist es vor allem eine "atmosphärische" Gegebenheit, von der es abhängt, ob sie sich einbringen.

Mut, Phantasie, Beharrlichkeit und Hartnäckigkeit der in der Jugendhilfe Tätigen werden aufgerufen; mit vollem Recht. Das ist auch unsere Erfahrung; und das war auch der Fundus für erfolgreiche Arbeit in der DDR-Jugendhilfe. Eine solche Haltung setzt aber ein gesundes Selbstvertrauen und ein berufsständisches Selbstbewußtsein voraus.

Das genau scheint mir der Punkt zu sein!

Die Mehrzahl der Mitarbeiter der Jugendhilfe und Heimerziehung engagierte sich für die DDR-Entwicklung. Dieses Engagement schloß Verantwortungsbewußtsein und Verantwortungsgefühl ein. Aus dieser Haltung heraus fügten sie verändernde Anstöße in die Prozeßverläufe ein; mehr oder weniger bedeutend und mit Wirkungen, eher bescheiden meist. Da sie die Rahmenbedingungen akzeptierten und hoffnungsvoll als Durchgangsstadien auffaßten, geriet das Engagement zunehmend zum Arrangement mit erstarrenden Strukturen und etablierter Macht.

Jeder für sich wird damals oder heute aus nachträglicher Erkenntnis seine persönlichen politischen Schlußfolgerungen gezogen haben. Wie auch immer sie ausgefallen sind, sie sollten akzeptiert werden, wenn man davon ausgehen kann, daß vorhanden war und erhalten geblieben ist das berufsständische Ethos, die Hinwendung zu den Kindern und Jugendlichen, welche Schwierigkeiten haben und der Hilfe bedürfen. Diese Jugendfürsorger und Heimerzieher sind gesprächsfähig und handlungsfähig auch unter den neuen gesellschaftlichen Bedingungen. Sie verkörpern einen Fundus widersprüchlicher Erfahrung, ihr Blick ist geschärft, sie sind lernfähig und lernbegierig und bereit, sich für die Interessen der Kinder und Jugendlichen einzusetzen.

Sie sollten sich einbringen und sollten einbezogen werden in das Nachdenken über sozialpädagogische Konzepte und deren Verwirklichung.

Solch permanentes Suchen nach adäquaten Lösungen ist der Jugendhilfe wesenseigen. In diesem Sinne war sie immer und wird bleiben ein "Streitfall". Das hängt mit ihrer Aufgabe und ihrem Gegenstand zusammen. Im Unterschied zu anderen Tätigkeitsfeldern vorträgt sie kein perfektes Regelwerk. Wir können ein Lied davon singen. Mit der Verfestigung von Strukturen verfehlt sie ihre Aufgabe und bleibt hinter ihrem Anspruch zurück.

Alle werden gebraucht, um diesen dynamischen sozialpädagogischen Suchprozeß in Gang zu halten und zu befördern.

Die Jugendhilfe in den neuen Bundesländern ist jetzt in Bewegung gekommen. Das Spektrum der Angebote wird erweitert. Bisherige Lösungen werden in Frage gestellt, es wird experimentiert. Dabei orientiert man sich berechtigt an Strukturen und Methoden, die in den alten Bundesländern üblich sind. Das aber könnte zur oberflächlichen Kopie geraten, wenn es ohne Sinnerfassung geschieht. Dieser Preis wäre zu hoch, wollte man das partielle momentane Orientierungsvakuum auf diese Weise überwinden wollen. Man muß gedanklich eindringen in das, was die westdeutschen Kollegen bei ihrer praktischen Arbeit mitdenken, welche Theorie-Positionen eine Rolle spielen, worüber sie sich streiten. Das Phänomen des pulsierenden sozialpädagogischen Netzes muß mitgedacht, dem innovativen Denken zum Durchbruch verholfen werden.

Dabei wird immer die Frage mitschwingen, wie wir mit dem umgehen, was wir bisher gedacht und getan haben; was falsch, was keimhaft richtig angedacht war.

In diesem doppelten Bezug, nämlich BRD-Jugendhilfe als Lernziel und kritischer Umgang mit unseren Erfahrungen aus der DDR, sollte sich zukunftsorientierte Vergangenheitsbewältigung verstehen. Wie sich bei näherer Betrachtung herausstellt, handelt es sich bei diesem doppelten Bezug nicht um scharf und abrupt getrennte Denklinien. Man muß nicht das eine aufgeben, um das andere zu erreichen. Vielmehr befördert die Doppelstrategie das Verständnis für beide Komplexe. Wir gelangen zu Sinnerfassung der BRD-Praxis und ihrer Theorie-Auffassungen, wenn wir uns ihnen aus unserem Erfahrungshorizont nähern und nicht einfach "abkupfern"; und wir gewinnen eine kritische Sicht auf die DDR-Jugendhilfe im Sinne ihrer gedanklichen Aufhebung, nicht Verleugnung und totaler Ablehnung. Diese kritische Nachlaß-Bewertung muß erfolgen. Niemand sollte ihr ausweichen, die Aufgabe verdrängen. Zurückhaltung, die gegenwärtig auftritt, ist vielleicht verständlich. Man wird uns aber nicht akzeptieren, wenn wir daran vorbeigehen. Wir müssen uns legitimieren für eine Zusammenarbeit, indem wir einen Standpunkt zu unserer politischen und beruflichen Vergangenheit einnehmen.

Es wäre wünschenswert, daß die ehemaligen Mitarbeiter der DDR-Jugendhilfe, die sich dem Lernprozeß stellen, als Partner akzeptiert würden. Unterhalb der Schwelle der großen Politik erfahren wir eine solche Haltung und empfinden sie als wohltuend und fruchtbar. Sachliche Grundlagen für ein so verstandenes Miteinander haben wir angeführt. Es kommt ein sensibler Bereich hinzu, der für Außenstehende schwer einfühlbar ist, unter Fachkollegen aber eine Rolle spielt. Es handelt sich um das Berufsethos. In diesem Bereich gibt es systemunabhängige Gemeinsamkeiten, die einen kameradschaftlichen Kontakt befördern. Letztlich daraus leiten wir die Berechtigung ab, uns in die Diskussion zur Weiterentwicklung der Jugendhilfe im geeinten Deutschland mit aller Bescheidenheit einzubringen. Auf dieser Grundlage könnte sich ein echtes Zusammenwachsen vollziehen, sofern es von allen Beteiligten gewünscht wird.

5 Ein sozialpädagogischer Denkansatz als Verwertungs-Angebot – Ambivalenzen seiner Herleitung

Wir haben erwähnt, daß sich nach unserer Meinung streitbare Zusammenarbeit am ehesten mit Bezug auf pädagogisch-theoretische Positionen entwickeln kann. Sie sind relativ abgehoben von den unterschiedlichen konkreten Verwirklichungsformen der Jugendhilfetätigkeit; und es gilt eine vorsichtige Kompatibilitäts-Vermutung, was das sozialpädagogische Erziehungsverständnis betrifft. Deshalb wollen wir einen sozialpädagogischen Denkansatz als Verwertungs-Angebot einbringen.

Pädagogisch-theoretische Positionen sind aber andererseits in übergreifende philosophische, psychologische und auch weltanschaulich-politische Denkhorizonte eingelagert. Darauf bezogene Unterschiede dürfen nicht übersehen, heruntergespielt oder verdrängt werden. Dieses Streitpotential sollten wir nicht ausklammern. Aus diesem Grunde reden wir über die *Herleitung* unseres sozialpädagogischen Denkansatzes, stellen die Ambivalenzen vor, mit der dieser Prozeß behaftet ist. Dadurch soll das Verständnis für unsere Gedankengänge gefördert werden.

Problemlage hinsichtlich der Bezugnahme auf Makarenko

Aus den bisherigen Ausführungen in dieser Schrift ist deutlich geworden, daß die Betrachtung der erziehungstheoretischen Grundlagen unseres sozialpädagogischen Denkansatzes nahezu identisch ist mit der Erörterung der Auffassungen Makarenkos. Deshalb ist es zweckmäßig, einen Abschnitt mit der hier gewählten Überschrift an dieser Stelle einzufügen.

Man kann zu Makarenko stehen wie man will; schwerlich sind seine Person, sein Wirken, seine Aussagen und Schilderungen aus dem Interessenspektrum von Fachwelt und Öffentlichkeit auszusondern. Das betrifft Lehrer, Erzieher, pädagogische und psychologische Wissenschaftler; sogar Leute außerhalb dieser beruflichen Sphäre, die sich mit der Lebensweise in den Ländern des real existierenden Sozialismus befassen; denn er hat in seinem literarischen Werk dieses Thema historisch frühzeitig, exemplarisch und problematisierend behandelt.

Sein "Pädagogisches Poem" (Weg ins Leben), das in den 30er Jahren veröffentlicht und seitdem in viele Sprachen übersetzt wurde, hat sich einen Platz in der Weltliteratur erobert. Es war ein Bestseller im guten Sinne dieser Bezeichnung und ist es über eine lange Periode und eigentlich bis jetzt geblieben. Seit dem

Erscheinen dieses Buches findet Makarenko Beachtung; und zwar in Ost und West, um den Sprachgebrauch der Systemkonfrontation zu bemühen. (vgl. Marburg 1993) Der literarische Wert des Romans ist unbestritten. Es gibt wenige, die sich nicht von ihm beeindrucken und in eigenartiger Weise fesseln lassen. Die inhaltlichen Aussagen, soweit sie auf pädagogische Standpunkte hochgedacht werden, sind umstritten und werden heftig diskutiert. Die Skala der Beurteilung reicht von Verteufelung bis Heiligsprechung, vernünftige Zwischentöne eingeschlossen. Allein schon diese anhaltende weltweite Beachtung spricht dafür, daß Makarenko neuralgische Punkte innerhalb der Thematik von Lebensweise und Erziehung angesprochen und originäre Antworten vorgetragen hat. Diese sind aus dem wissenschaftlich-pädagogischen Fundus und damit aus der Geschichte von Erziehung und Pädagogik nicht wegzudenken; vielleicht gerade deshalb, weil sie geistigen Sprengstoff eingebracht haben, an dem sich die Auseinandersetzung immer wieder entzündet. In diesem Sinne ist Makarenko lebendig wie selten ein anderer großer Pädagoge. Man hat versucht und wird weiter versuchen, ihn totzuschweigen oder totzusagen; immer wieder aber entbrennt der Streit am Bezugspunkt seiner Aussagen. Das gilt auch für die gegenwärtige politische Umbruchsituation. Es ist kein Zufall, daß sein Name gerade jetzt wieder in den Spalten der pädagogischen Presse und wissenschaftichen Literatur auftaucht, obwohl gleichzeitig viele sich hinsichtlich einer Meinungsäußerung zu Makarenko aus Unsicherheit und angesichts populistischer Verteufelung bedeckt halten. Selbst der Zusammenbruch der sozialistischen Länder und ihrer Erziehungskonzeptionen, als deren herausragender Vertreter Makarenko galt, tilgt ihn nicht von der Tagesordnung wissenschaftlicher Diskussionen. Das Phänomen Makarenko bleibt Gesprächsgegenstand.

Sicherlich hängt das zunächst gerade mit der erwähnten Tatsache zusammen, daß Makarenko als profilierter Repräsentant des marxistischen Erziehungsverständnisses und einer sozialistischen Erziehungskonzeption verstanden wird. Dieser Umstand provoziert geradezu den ideologischen Streit, verführt dazu, ihn an Makarenko festzumachen. Die ideologisch gefärbte Auseinandersetzung wird in Verbindung mit seinen pädagogischen Auffassungen geführt; aber manchmal auch relativ abgehoben von ihnen, an einem von Vorurteilen geprägten Abbild. Man bespricht Makarenko, meint in diesen Fällen aber Marxismus und Sozialismus im Anwendungsbereich Erziehung und Pädagogik. Für und Wider Makarenko artikuliert sich als Stellungnahme für oder gegen eine Weltanschauung, ein Gesellschaftsverständnis, eine Erziehungskonzeption, die in die Krise geraten sind.

Aber hier tauchen schon die ersten Probleme auf. Ein solcher ideologiezentrierter Umgang mit Makarenko setzt voraus, seine Vereinnahmung durch die Staatspolitik der Sowjetunion und der anderen sozialistischen Länder ungeprüft zu akzeptieren. War sie berechtigt, wurde sie dem "wirklichen" Makarenko gerecht? Und: Bewirkte diese Vereinnahmung als "Staatspädagogik" tatsächlich uneingeschränkt eine Unterstützung bis Zementierung der offiziellen ideologischen Absichten in den Bereichen Erziehung und Pädagogik in diesen Ländern?

Diese Fragen müssen untersucht werden, wenn man nicht die Sache vereinfachen will und sich für eine totale "Abwicklung" Makarenkos nach dem Ende des real existierenden Sozialismus entscheidet.

Nicht ist es das Verdienst der sowjetischen Pädagogen oder von denen aus der DDR (zu denen ich mich rechne), die Frage eines möglichen Zwiespaltes zwischen offizieller sozialistischer Pädagogik und dem "wirklichen" Makarenko aufgeworfen zu haben. Vielleicht gab es Ansätze dafür bei uns; aber wir haben sie verdrängt bzw. vertuscht, blauäugig heruntergespielt oder im besten Falle taktierend gegen Dogmatismus in der Erziehung genutzt. Das Thema wurde vielmehr explizit von Makarenko-Forschern der damaligen BRD aufgegriffen (von dem Makarenko-Referat der Universität Marburg nämlich) und mit wissenschaftlicher Akribie bearbeitet. Wir DDR-Leute haben es ihnen anfänglich wenig gedankt.

Dank der Marburger Forschung wissen wir heute Genaueres über das personale Umfeld der Gorki-Kolonie. (vgl. Hillig 1992) Das betrifft auch sein umstrittenes Verhältnis zu den Tschekisten, das offenbar nicht so reibungslos war, wie es aus der romanhaften Schilderung herausgelesen werden könnte.

Die berufliche Karriere Makarenkos ist nicht ohne Knicke. Auch die Tatsache, daß er schließlich die pädagogische Tätigkeit in Kolonien und in der Volksbildungs-Verwaltung aufgab und ausschließlich als Schriftsteller in Moskau lebte, ist offensichtlich nicht nur auf eigene freiwillige Entscheidung zurückzuführen und als sein erstrebenswerter Entschluß anzusehen. Anläßlich seines frühen Todes 1939 wurde er als Literat geehrt. Seine pädagogischen Auffassungen erlangten erst später den Rang einer "Staatspädagogik". Er wurde zum positiven Gegengewicht gegen die Pädologie erhoben, die 1936 durch Parteibeschluß zur "Pseudowissenschaft" erklärt worden war.

Über die wissenschaftlichen Grundlagen der Auffassungen, die unter dem Sammelbegriff "Pädologie" zusammengefaßt wurden, kann man unterschiedlicher Meinung sein. Der Kern der politischen Verurteilung zielte auf die angebliche Unterschätzung politischer Ziele bzw. Tolerierung einer Vielfalt von Zielvorstellungen für Erziehung. Makarenko wurde dagegengesetzt als Pädagoge, der die klassenmäßige Erziehung im Sinne der Sowjetmacht zum unabdingbaren Credo erklärt hätte. Das vor allem war der Bezugspunkt für seine posthume Haupterhebung.

Die Marburger Forscher weisen nach, daß Makarenkos Haltung, sein Lebenslauf, und sogar oder vor allem seine Texte in diesem Sinne geschönt worden sind. Das betrifft sein Verhältnis zu Partei und Staat, zum Marxismus und Leninismus, seine Einstellung zur inneren politischen Entwicklung in der Sowjetunion und zu Stalin.

Leonhard Froese, renomierter "Ostforscher" und Schirmherr des Marburger Makarenko-Referats, faßte die vorläufigen Ergebnisse der Untersuchungen folgendermaßen zusammen: "A.S.Makarenko war kein 'Bolschewik' und gewiß auch kein 'Stalinist'. Aber er war außer Frage ein sowjetischer 'Patriot' und überzeugter Sozialist. Es ist jedoch der 'sozialistische Humanismus' Gorkis, der ihn gefangennimmt und zeitlebens gefangenhält – selbst in der Schlußphase, als das mit einem

Orden für seine Verdienste in der sowjetischen Literatur ausgezeichnete Mitglied des Schriftstellerverbandes der UdSSR und der parteilose Staatsbürger, der sich — sei es aus Furcht oder aus Dankbarkeit — der Kommunistischen Partei wie auch Stalin ergeben zeigt.

Das Rätsel, wie A.S.Makarenko sein Sozialisierungsmodell in dieser und für diese Gesellschaft — trotz all der bekannten Dissonanzen, Benachteiligungen, Barrieren — entfalten, verteidigen und schließlich durchsetzen konnte, wird so lange ungelöst bleiben, wie das vielfältige und vielschichtige Umfeld der Persönlichkeit A.S.Makarenkos und seines praktischtheoretischen Wirkens unerschlossen bleibt." (Hillig 1992)

Die Bemerkung, daß er sein Modell *durchsetzen* konnte, bezieht sich auf die Arbeit in seinen Kolonien.

Aber selbst bei diesem Bezug — das weiß Froese selbstverständlich — müssen Einschränkungen gemacht werden. Er hat diese Tätigkeit zu einem bestimmten Zeitpunkt aufgegeben oder mußte sie aufgeben. Das Sozialisierungsmodell, wie es in die "Staatspädagogik" und die daran orientierte Massenpraxis eingegangen ist, weist Verzerrungen auf und weicht damit von der originären Fassung ab.

Die Beantwortung der komplizierten Frage ist noch nicht eindeutig, zeichnet sich aber in Konturen ab. Auf alle Fälle bleibt es spannend, sich weiter damit zu beschäftigen; heraustretend aus dem Schema der ideologischen Abstempelung und der damit verknüpften tendenziellen Beurteilung. Die Geschichte des Umganges mit dem Erbe Makarenkos in den sozialistischen Ländern muß in diesem Zusammenhang neu gedeutet werden.

Noch ein anderer Umstand spricht dafür, an Makarenko "dranzubleiben". Nicht nur stehen seine theoretischen Aussagen zur Verfügung, sondern eine massenhafte Praxis, die so oder so an Makarenko orientiert war. Abgesehen von seiner eigenen pädagogischen Arbeit, die er in literarischer Form anschaulich beschreibt, bietet sich als Forschungsgegenstand Erziehungspraxis in den sozialistischen Ländern, sofern sie sich auf Makarenko beruft, in einem Ausmaß an, wie es bei einem anderen Pädagogen vergleichsweise nicht der Fall ist. Makarenko repräsentiert nicht nur ein Auffassungssystem, sondern Erziehungswirklichkeit als den Versuch, diese Theorie in Realität umzusetzen. Was er theoretisch gefunden hat, ist praktisch erprobt worden; vielfach allerdings in Abweichung von der Urfassung. Eine Fülle widersprüchlicher Erfahrungen liegt vor. Sie läßt Rückschlüsse zu auf die Tragfähigkeit des theoretischen. Ansatzes. Dabei wird aufzuklären sein, welche Tendenzen in der widersprüchlichen Erziehungspraxis in den sozialistischen Ländern berechtigt auf Makarenko zurückzuführen sind, welche anderweitig beeinflußt waren und ihm gewissermaßen "untergeschoben" wurden. Auch unter diesem Blickpunkt geht es nicht nur um das Auffassungssystem als solches, sondern um den Umgang mit ihm.

Eine weitere Überlegung zum Umgang mit dem Erbe Makarenkos sei angeführt. Wir beziehen uns auf den Erlanger Professor Wolfgang Sünkel, weil wir diesen Sachverhalt wahrlich nicht besser und unverdächtiger formulieren können. Auf die Frage, ob man Kommunist sein muß, um von Makarenko etwas über Erziehung lernen zu können, verweist er darauf, daß das Phänomen Erziehung eigene innere Gesetzmäßigkeiten besitzt, durch die es sich von anderen Phänomenen unterscheidet. Diese Gesetzmäßigkeiten existieren unabhängig von den wechselnden Zeitumständen, und sie sind objektiv, das heißt unabhängig von dem Wissen und Wollen der pädagogisch Handelnden und insofern diesen Handlungen vorgegeben. Er geht davon aus, daß Makarenko solche Gesetzmäßigkeiten aufgedeckt und in das Bewußtsein gerufen und formuliert hat. Wenn wir Makarenkos Pädagogik "hier und heute studieren, müssen wir uns bemühen, das zeitbedingte und überzeitlich Gültige unterscheiden zu lernen, so wie wir auch bei den anderen Großen der Pädagogikgeschichte verfahren...Man muß nicht Kommunist sein, um von Makarenko etwas über Erziehung lernen zu können, ebensowenig wie man ein böhmischer Bruder sein muß, um von Comenius, oder ein katholischer Erzbischof, um von Fenelon zu lernen". (Sünkel 1990, 3)

Zum Umgang mit dem Erbe Makarenkos in der DDR

Die Veröffentlichung des Romans "Der Weg ins Leben" im Jahre 1948 fiel in die Aufbruchszeit der antifaschistisch-demokratischen Ordnung im Osten Deutschlands. Sie befriedigte ein Orientierungsbedürfnis und wurde begierig aufgenommen von denen, die ihr Leben nach der Nazizeit neu ordnen wollten. Wenig anderes Lesbare war zu dieser Zeit vorhanden, woran man sich einfühlen konnte in Lebensweise und Erziehung im Sozialismus. Und der Roman war keine nüchterne Lehrbuch-Darstellung, sondern eine fesselnde Erzählung, mit deren Aussage-Tendenz man sich unschwer identifizieren konnte. Der "Weg ins Lebens" war zu dieser Zeit eine Art Volkslektüre. Insbesondere gab es keinen Neulehrer oder Erzieher, der dieses Buch nicht zur Hand nahm. Es bedurfte keiner Aufforderung oder parteiamtlichen Empfehlung. Die damals brennende Frage "Was ist Sozialismus" als Alltagsgeschehen, beantworteten viele für sich anhand dieser Lektüre. Es prägte sich in Übereinstimmung mit ihr die Vorstellung von einer neuen Gemeinsamkeit als Grundlage für die Entwicklung des "neuen Menschen"; durchdrungen von Perspektivhaftigkeit, der "Freude auf den morgigen Tag", von aufbaubezogenen Anstrengungen und Disziplin, von Selbstbestimmung des Kollektivs, Partnerschaft aller Beteiligten, Zuwendung zu jedem einzelnen unter dem ethischen Prinzip hoher Forderungen bei gleichzeitig hoher Achtung vor der Persönlichkeit.

Zeitlich versetzt erst wurde die Sowjetpädagogik als "Lehrgebäude" bekannt. Sie fand Eingang in die damals vielfältigen Formen externer Ausbildung, berufsbegleitender Weiterbildung und in das Direktstudium. Rückblickend muß man feststellen, daß sie uns seinerzeit in einer Fassung vermittelt wurde, die an verkürzter scheinbarer Plausibilität nicht überboten werden kann; zudem in abstrichsloser stalinistischer Auslegung, drapiert mit Bezügen auf vereinzelte, oft aus dem Zusammenhang gerissene Zitate von Marx und Lenin. Die tragenden Positionen waren die politische Zielstrebigkeit als klassenmäßige Erziehung, die führende Rolle der Erzieher, Wissenvermittlung nach der Art einer Lernschule, lineare Ziel-Mittel-Relation und vordergründige Abgrenzung von "bürgerlicher Pädagogik" einschließlich der Reformpädagogik. Makarenko fand in diesen "gewichtigen" Schriften nur beiläufig Erwähnung. Genehme Zitate dienten der Illustration und vorgeblichen Bestätigung der genannten Positionen. Das hinterließ Spuren in der DDR-Wirklichkeit. Die anfängliche Makarenko-Euphorie erlitt Schaden. Im Unterschied zur Neulehrer-Generation hatten die Absolventen der Lehrerausbildung Makarenko nur in Ausnahmefällen gelesen. Der von ihm gestiftete Gedankenkreis war nicht mehr Allgemeingut. Der ernsthafte inhaltliche Bezug auf ihn beschränkte sich auf Spezialisten, die sich ihm verschrieben hatten und ihm treu blieben; der Versuch praktischer Umsetzung auf wenigen "Inseln" innerhalb des Erziehungssystems.

Dieser Zustand fand auch in der wissenschaftlichen Arbeit seinen Niederschlag. So erstaunlich es erscheint; eine institutionelle Makarenko-Forschung hat es in der DDR nicht gegeben. Ein Makarenko-Referat existierte seit 1968 in der BRD in Marburg, nicht etwa an der Akademie der Pädagogischen Wissenschaften der DDR. Das heißt allerdings nicht, daß es keine wissenschaftlichen Bemühungen mit Bezug auf Makarenko gegeben hätte. Aber sie waren einzelnen engagierten Wissenschaftlern (beispielsweise in Berlin, Potsdam, Dresden, Halle) überlassen und lebten von deren Initiative und von dem informellen Gedankenaustausch zwischen ihnen, der nicht verboten war oder behindert wurde, aber auch keine administrative Förderung erfuhr.

Es gibt meines Wissens keine Gesamtdarstellung des Auffassungssystems Makarenkos von einem DDR-Autor. Die Erörterung Makarenkos in der Literatur war anderer Art. Sie erfolgte mit Bezug auf jeweils *aktuelle Aufgaben* der Schulpolitik, der außerunterrichtlichen Erziehung und der Tätigkeit der Jugendorganisation. Das betraf z.B. die polytechnische Bildung und Erziehung; den kurzzeitigen Versuch, eine Ganztagsschule als Regelschule einzuführen; die Verstärkung der patriotischen Erziehung im Zusammenhang mit der Abgrenzungspolitik; die Ausprägung von sozialistischen Wertvorstellungen und einer DDR-eigenen Lebensweise, die als Gegenzug zu Politikverdrossenheit forciert wurde. In solchen Perioden hatte Makarenko Hoch-Zeit. Seine Auffassungen wurden zur Begründung der Aufgabe sowie zur Konzipierung des pädagogischen Vorgehens herangezogen. Die Makarenko-Spezialisten nutzten mit besten Absichten die jeweilige Konjunktur, um an die Öffentlichkeit zu treten und ihrem Vorbild Geltung zu verschaffen.

Der Übergang zur polytechnischen Bildung beispielsweise leitete eine neue Etappe in der Schulbildung der DDR ein. Sie beabsichtigte die Verbesserung und Intensivierung der naturwissenschaftlichen und technischen Ausbildung innerhalb von Allgemeinbildung, die Verbindung von Schulausbildung mit produktiver Arbeit und damit größere Lebensnähe von Erziehung. Der Grundgedanke war m.E. richtig.

Er fand auch internationale Beachtung und Zustimmung. Auf Makarenko wurde Bezug genommen, weil in seinem Experiment bekanntlich der Produktionsarbeit der Jugendlichen große Bedeutung zukam. Die Wirtschaft und Wirtschaftlichkeit der Kommune waren die Grundlage der Gemeinsamkeit, bestimmten deren Stukturen und Dynamik, bildeten die entscheidenden Bezugspunkte für Konsensbildung. Die Einführung produktiver Arbeit ("Unterrichtstag in der Produktion") in die Schulausbildung der DDR eröffnete die Möglichkeit oder Hoffnung, einen völlig neuen Schultyp zu schaffen, der diesen Intentionen entsprach. Genau das aber trat nicht ein. Die produktive Arbeit der Schüler in den Betrieben verschulte mehr und mehr. Lehrprogramme wurden entwickelt. Alles war auf einen zusätzlichen oder vertiefenden Ausbildungseffekt abgestellt. Schülerarbeit als wirtschaftliche Tätigkeit, als Heranführung an die ökonomische Realität der Betriebe, geriet zunehmend aus dem Blickfeld. Sie wurde unausgesprochen sogar als störend empfunden, so daß man auf "polytechnische Werkstätten" außerhalb von Betrieben auswich. Einzelbeispiele echter organischer Verbindung von Ausbildung, Erziehung und produktiver Arbeit, anfänglich hoch gelobt, liefen sich tot. Damit waren die Intentionen, die sich auf Makarenko beriefen, passé. Zur Begründung und Herleitung der schulpolitischen Aufgabe hatten sie getaugt. Vor der von Makarenko verfolgten Konsequenz scheute man sich. So tief sollte Schulausbildung in die makabre ökonomische Realität nicht eintauchen. Eine Chance wurde verspielt.

Solcher Umgang mit Makarenko bei der Begründung und Ausgestaltung aktueller schulpolitischer Aufgaben war leider symptomatisch. Für die Erziehung zum Patriotismus, zur Ausprägung von Wertvorstellungen und Lebensweise wurden gedankliche Verbindungen zu Makarenkos Kollektivtheorie hergestellt; und das nicht zu unrecht. Denn genau darum war es ihm gegangen, um die Schaffung eines "neuen Menschen". Ernsthafte Arbeit zur Gewährleistung der Wirtschaftlichkeit der Kommune, Perspektivhaftigkeit und Dynamik des Gemeinschaftslebens, Partnerschaft aller Beteiligten, Konsensbildung als demokratische Teilhabe und Motiv für Identifikation, Disziplin als "völliges Geborgensein, völliges Überzeugtsein von dem eigenen Recht, von den Wegen und Möglichkeiten, die gerade jedem einzelnen offenstehen" (Makarenko 1974, 144); das waren dafür die entscheidenden Zugänge. Sie wurden so in der Literatur rekapituliert und eingefordert, in der landläufigen Auslegung und praktischen Verwirklichung aber durch Einpassung in die gegebenen gesellschaftlichen Strukturen ignoriert. Die Gemeinsamkeit wurde realiter betrachtet und gehandhabt als Einschwören auf vorgegebene politische und ideologische Ziele, auf bedingungslosen Einsatz für die "Sache". Damit verkümmerte Kollektiverziehung zum Disziplinierungsinstrument.

Dieser Strang wissenschaftlicher Auslegung Makarenkos, der sich, zunächst mit bester Absicht zur Beförderung des Umganges mit dem Erkenntnisschatz Makarenkos, in den Dienst schulpolitischer Aufgaben stellte, lief auf theoretische Begleitung der Vereinnahmung Makarenkos hinaus. Er ließ sich abdrängen auf die Interpretation von Teilaussagen und ihre ungerechtfertigte Verabsolutierung.

Makarenko als Protagonist eines Auffassungs*systems* geriet so aus dem Blickfeld, wenngleich er gewissermaßen als Ikone verbal verehrt blieb.

Ich will versuchen, mit dem heutigen kritischen Abstand die Grundthesen zur Erziehungstheorie zusammenzustellen, die dem beherrschenden und praktizierten Gesellschaftsverständnis entsprachen und für deren Legitimation Makarenko herangezogen wurde.

Erstens: Es ist zunächst die Auffassung von Rolle und Funktion der Erziehung im gesellschaftlichen Prozeß. Innerhalb der polarisierten, aus der Geschichte der Pädagogik heraus tradierten Fragestellung "Allmacht oder Ohnmacht" der Erziehung lief die Antwort auf die These hinaus, daß der Erziehung eine *herausragende* und *unverzichtbare Bedeutung* zukommt für die Stabilisierung und weitere Gestaltung der neuen gesellschaftlichen Verhältnisse. Der "neue Mensch" (Makarenko) müsse geschaffen werden; und zwar auf neue Weise. "Ich bin überzeugt von der absolut unbegrenzten Macht der pädagogischen Einwirkung...weil es bei uns keine Umstände gibt, die der Entwicklung eines Menschen im Wege stehen". (Makarenko 1974,380) Dieses Credo von Makarenko wurde in die Gesellschaftsstrategie eingepaßt. Der Erziehung wurde ein hoher Rang zugesprochen. Sie sollte alle Sphären des gesellschaftlichen und zwischenmenschlichen Lebens durchdringen. Die Auffassung von der "unbegrenzten Macht" der Erziehung hypertrophierte und degenerierte zu der Idee von der Verfügbarkeit über Menschen. Sie wurde um so mehr strapaziert und in der praktischen Umsetzung forciert, als sich herausstellte, daß die Lebensverhältnisse der Menschen über ökonomische Politik nicht oder — vergleichsweise zu westlichem Standard — nur in geringem Maße verbessert werden konnten oder in manchen Ländern sich verschlechterten; und deshalb die Akzeptanz der Staatspolitik nachließ. Ein Nebeneffekt bestand darin, daß im Einklang mit der These von dem Gewicht der Erziehung das Versagen der dogmatisierten Politik den Menschen angelastet werden konnte, deren "Bewußtsein" ungenügend entwickelt sei.

Zweitens: Von "allseitiger" Entfaltung und Entwicklung der Persönlichkeit war die Rede, Verfügbarkeit aber ohne pluralistischen Spielraum war zunehmend beabsichtigt. Deshalb wurde die "allseitige" Entwicklung weltanschaulich kanalisiert; nicht über Angebote, Wahlmöglichkeit und Überzeugung, sondern als ideologische Indoktrination. Daraus erklärt sich, daß der Zielstrebigkeit von Erziehung im Sinne einer *politischen Zielbestimmung* hohe Bedeutung zugemessen wurde. Die scheinlogische lineare Ziel-Mittel-Relation kam ins Spiel, die "führende Rolle" des Erziehers als der Erziehung vorgegebenes poltisches Dogma. Auch dafür wurde Makarenko als Kronzeuge herangezogen, zur Speerspitze gegen angebliche "Prozeßpädagogik" hochstilisiert. Eine solche Vereinnahmung war nur möglich über eine Verfälschung Makarenkos mit Hilfe des Verfahrens, Einzelaussagen aus ihrem dialektischen Zusammenhang herauszunehmen. Solche Einseitgkeiten aber prägten das Makarenko-Bild als Bestandteil von "Staatspädagogik".

Drittens: Schließlich und vor allem wurde der Kollektiv-Gedanke in die Absicht eingepaßt, nämlich in Verfügbarkeit über Indoktrination.

Mit dieser Vereinnahmung durch Politik wurde das Auffassungssystem Makarenkos verzerrt. Abgesehen davon, daß manche von den in das gewünschte Makarenko-Bild einbezogenen Aussagen falsch interpretiert bis verfälscht wurden (vor allem zur Kollektiverziehung), blieb der innere Zusammenhang des Auffassungssystems unbeachtet bzw. wurde nicht erkannt. Bestimmende Positionen dieser Struktur, wie zum Beispiel die Einheit von Leben und Erziehung, die Dynamik des Gemeinschaftslebens als unabdingbare Grundlage für Sinngebung der Tätigkeit und damit für erzieherischen Einfluß, die Konsensbildung als tragende Idee zur Beförderung von Gemeinsamkeit usw. wurden in ihrer Aussagekraft und Bedeutung für den Gesamtzusammenhang umfunktioniert und damit entschärft und mißgedeutet.

Es gab aber noch einen anderen Strang des Umganges mit dem Erbe Makarenkos. Er vermischte sich zuweilen mit dem erstgenannten, auch personell, soll aber in seiner Eigenständigkeit hervorgehoben werden, um das Bild vom Umgang mit Makarenko zu vervollständigen. Er versuchte, das Auffassungssystem Makarenkos in seiner Gesamtheit und in seinen inneren Zusammenhängen zu erfassen. Er tendierte demzufolge in stärkerem Maße zur pädagogischen Grundlagenforschung. Auch er verzichtete nicht auf Konsequenzen für sozialistische Erziehung in der DDR und brachte solche in Vorschlag. Ihre Verwertung stieß aber auf Schwierigkeiten, weil sie aus ihrem Ansatz heraus an "Grundfesten" des Erziehungsverständnisses rüttelten und in Widerspruch zu gesellschaftlichen und schulpolitischen Rahmenbedingungen gerieten. Solche Bemühungen wurden als Marotte geduldet, hatten aber keine erziehungspraktischen Auswirkungen irgendeiner bemerkenswerten Größenordnung. Sie beeinflußten aber die wissenschaftliche Arbeit in den Bereichen Erziehungstheorie und Allgemeine Pädagogik. Sie können rückblickend als *ein* Moment betrachtet und gewertet werden, das Bewegung in die damit verbundene Wissenschaftslandschaft brachte.

Ich kann das exemplarisch für die Humboldt-Universität zu Berlin beschreiben, weil ich in diesem Prozeß gestanden und an ihm teilgenommen habe. Wir hatten uns bemüht, den inneren Zusammenhang des Auffassungssystems Makarenkos zu ergründen. (Mannschatz 1988) Die dabei verwendete wissenschaftliche Suchstrategie und die erreichten Erkenntnisse fügten sich organisch in zeitlich gleichlaufende Bestrebungen ein, über den "Aneignungsansatz" neue Positionen zu Grundfragen der Pädagogik zu gewinnen. Sie führten zu der Forderung nach einem Paradigmenwechsel in der Pädagogik. Unsere Makarenko-Forschung erwies sich als kompatibel mit diesem Anflug für einen neuen theoretisch-wissenschaftlichen Aufbruch.

Die "ganzheitliche" Makarenko-Interpretation war demnach behilflich, Grenzen bisheriger erziehungstheoretischer und allgemeinpädagogischer Betrachtungen aufzuzeigen und neue Denkhorizonte zu eröffnen; und sie profitierte andererseits davon.

Die beiden Interpretationslinien spalteten sich an dem inhaltlichen Problem der sog. Subjekt-Objekt-Dialektik. Diese meint die bedeutsame Frage nach der Stellung von Erziehern und Kindern im pädagogischen Prozeß.

Die erste Linie blieb der Auffassung verhaftet, daß die Kinder Objekte der erzieherischen Beeinflussung sind. Subjekte der Erziehung sind die Pädagogen. Sie wissen um die erzieherischen Absichten, sind dem gesellschaftlichen Auftrag verpflichtet. Ihre "führende Rolle" wird als letztlich bestimmende Rolle verstanden und gehandhabt. Die zweite Linie folgte der Auffassung Makarenkos, derzufolge das Kollektiv als Erziehungssubjekt fungiert; und zwar in der Gemeinsamkeit der Erwachsenen und Kinder, also aller Mitglieder und Beteiligten. Es gibt kein "erzieherisches Gefälle" zwischen Erziehern und Kindern. Persönlichkeitsveränderung erfolgt nicht über erzieherische Beeinflussung eines Objektes, sondern über gleichberechtigte und selbstbestimmte Teilnahme der Kinder an der gemeinschaftlichen Tätigkeit und unter dem Einfluß der dadurch konstituierten sozialen Beziehungen.

Dieser grundsätzlich unterschiedene Ansatz bedingt eine unterschiedene Zuordnung von Teilerkenntnissen und Teilaussagen. Ihre Gruppierung um den Grundansatz verändert ihren Stellenwert und ihre Interpretation. Beispielsweise ist im Auffassungssystem Makarenkos das Kollektiv nicht Erziehungsmittel unter der Verfügungskompetenz der Erzieher, sondern Souverän seiner Entscheidungen und seiner Entwicklung. Die Gemeinsamkeit ist nicht vorgefertigte Übereinstimmung mit vorgeblichen gesellschaftlichen Interessen, sondern Ergebnis von konkret auf die Gruppe bezogener Konsensbildung. Mitwirkung an Entscheidungen wird nicht "zugelassen" und im Rahmen der von den Erziehern repräsentierten Interessen gehalten, sondern ist selbstbestimmte Anteilnahme, die den einzelnen Mitgliedern der Gruppe als Recht zugesprochen und als Pflicht auferlegt ist. Disziplin ist nicht vorgegebenes Verhaltensmuster, sondern die Existenzform der Gemeinschaft als konsensgestützter "Gruppenvertrag". Die Partnerschaft zwischen Erwachsenen und Kindern drapiert nicht die Regiebefugnis der Erzieher, sondern tritt als ein Verhältnis von "Kampfgefährten" auf, die sich gleichberechtigt gemeinsam erarbeiteten Absichten verpflichtet fühlen und diese arbeitsteilig — auf Sachfragen bezogen — verwirklichen.

Angesichts der herkömmlichen Auffassungen in der DDR-Pädagogik kam der zweiten Interpretationslinie tatsächlich der Stellenwert eines Paradigmenwechsels zu. In Wirklichkeit war sie die Rückkehr zu den originären Positionen Makarenkos. Politisch ist sie als Reformbestrebung innerhalb des Sozialismus einzustufen. Sie konnte sich nur in der Grundsatzdebatte halten. Die praktische Verwirklichung stieß an unüberwindbare Grenzen, die durch die Schulpolitik und das im realen Sozialismus tradierte Erziehungsverständnis gezogen waren.

Was die Auswirkungen der wissenschaftlich differenziert interpretierten Makarenko-Theorie auf die *Erziehungswirklichkeit* in der DDR anbelangt, sollten zunächst Ausmaß und Tiefgang der Wirkung nicht überschätzt werden. Bei weitem nicht alles, was die Erziehungswirklichkeit in der DDR ausmachte, war von der Makarenko-Interpretation bestimmt. Andere Bezüge und Orientierungen überwogen, von strukturellen Zwängen ganz abgesehen. In der Gesamtheit der schulpolitischen Vorgaben sowie der DDR-Pädagogik spielte Makarenko eher eine marginale Rolle. Die Erziehungswirklichkeit in der DDR war nicht in ihrer Totalität ein praktisches Versuchsfeld für die Auffassungen Makarenkos. Eine solche Annahme würde den erklärenden Zugriff auf Erziehungspraxis aus dieser Herleitung heraus ungerechtfertigt überdehnen. Im Ensemble der Einflußfaktoren hat aber die Makarenko-Interpretation eine Rolle gespielt.

Was die Wirkung auf die Erziehungspraxis anbelangt, hat sich die In-Dienst-Nahme seitens der Politik übermächtig durchgesetzt. Kollektiverziehung fungierte vielfach und mehr und mehr als Disziplinierung bzw. Vereinnahmung und Mobilisierung der jungen Menschen im Interesse der "Sache", die sich als Politik und gesellschaftliche Realität von ihren weltanschaulichen und wissenschaftlichen Grundlage entfernt hatte.

Es ist aber nicht zu übersehen, daß die praktische Verwirklichung der Makarenko-Interpretation auch Schadensbegrenzung bewirkt hat in dem Sinne, daß Freiräume für kreatives, basisdemokratisches und damit von den Beteiligten akzeptiertes pädagogisches Handeln eröffnet bzw. erhalten wurden.

Solches Vorgehen entschärfte die Absicht der Verfügbarkeit, hob sie jedoch nicht auf. Die Makarenko-Interpretation, die solches Vorgehen beförderte, wehrte sich gegen machtpolitische Vereinnahmung von Makarenko, konnte sie aber nicht verhindern.

Kollektiverziehung und sozialpädagogischer Denkansatz

Eine besondere Lage hinsichtlich des Umganges mit Makarenko ergab sich in der Jugendhilfe und Heimerziehung der DDR als Betrachtungsfeld der Sozialpädagogik. Dieses Arbeitsgebiet, das innerhalb der Volksbildung eine Randstellung einnahm, war wegen seiner spezifischen Aufgabenstellung von der Schulpolitik nur mittelbar berührt. Die theoretisch-wissenschaftliche Bearbeitung wurde an Fachleute delegiert und ihnen weitgehend überlassen. Selbst an der Akademie der Pädagogischen Wissenschaften gab es keine Arbeitsstelle für dieses spezielle Gebiet.

Die sozialpädagogische Theorie, die wir am Wissenschaftsbereich an der Humboldt-Universität zu entwickeln versuchten, fußte in ihrer Gesamtheit auf Makarenko. Insofern ist sie nicht identisch mit der genannten ersten Interpretationslinie, derzufolge Teilaussagen Makarenkos zur Begründung aktueller schulpolitischer Aufgaben herangezogen wurden. Sie war aber auch nicht frei von solchen Tendenzen, da auch Jugendhilfe und Heimerziehung in die gesellschaftlichen

Rahmenbedingungen eingebettet waren und von dort her freiwillig übernommene Vorgaben empfingen. Sie durchlief in ihrer Geschichte auch Etappen der oberflächlichen Nachahmung Makarenkos und ließ sich auf Verabsolutierung von genehmen Teilaussagen ein. Sie bemühte sich aber auch, dem inneren Zusammenhang des Auffassungssystems Makarenkos auf die Spur zu kommen und daraus ihre theoretischen Grundlagen zu gewinnen. Ich will sie nicht zu einer dritten Interpretationslinie hochstilisieren, sondern nur darauf aufmerksam machen, daß hier ein Sonderfall vorliegt.

Für Makarenko ist der Kollektivgedanke das Hauptcharakteristikum seiner Pädagogik nicht ein Teilgebiet neben anderen, mit dem etwa "Disziplinierung" oder die "Ideologisierung" der Zöglinge thematisiert wird. Der Bezug auf das Kollektiv als Gemeinschaft durchdringt deshalb alle Auffassungen bis ins Detail. *Es handelt sich um die Rolle der Sozialbeziehungen im pädagogischen Prozeß*. Daraus erklärt sich im übrigen, daß bei Makarenko kein Artikel über "Kollektiverziehung" aufzufinden ist, in dem das Thema explizit erörtert wird. Das Thema gilt bei ihm übergreifend und wird in jeder Abhandlung angesprochen. Er verwendet an keiner Stelle den Terminus in der Wortverbindung "Kollektiv-Erziehung", sondern spricht vom "Kollektiv" und von "Kollektivität".

Der Fachausdruck "Kollektiv" entspringt dem russischen Sprachgebrauch und nicht ursprünglich der marxistischen Terminologie. Man kann aber davon ausgehen, daß ihn Makarenko inhaltlich im Sinne der "wirklichen Gemeinschaft" verwendet, die von Marx und Engels beschrieben wird (entsprechend ihrem Untersuchungsgegenstand auf die gesellschaftliche Sphäre bezogen, nicht auf Kleingruppen). Sie meint eine "Assoziation, worin die freie Entfaltung eines jeden Bedingung für die freie Entfaltung aller ist" (Marx/Engels, Werke 1959b, 482); eine Gemeinschaft, in der das Individuum die Mittel hat, seine Anlagen nach allen Seiten hin auszubilden, also die persönliche Freiheit möglich wird. (Marx, Engels 1959a, 74)

Makarenko schreibt: "Wie einheitlich uns der Mensch in ganz abstraktem Sinne auch erscheinen mag, so stellen die Menschen dennoch ein sehr verschiedenartiges Erziehungsmaterial dar, und das von uns entlassene 'Produkt' wird ebenfalls verschiedenartig sein. Die allgemeinen und die individuellen Eigenschaften der Persönlichkeit bilden in unserem Projekt sehr komplizierte Bestandteile. Das gefährlichste Moment ist Angst vor dieser Kompliziertheit und vor dieser Mannigfaltigkeit. Diese Angst kann sich in zwei Formen äußern: Die erste besteht in dem Bestreben, alles über einen Kamm zu scheren, den Menschen in eine Standartschablone hineinzupressen und eine engbegrenzte Serie von Menschentypen zu erziehen. Die zweite Form der Angst ist das passive Hinterhergehen hinter jedem Individuum, der hoffnungslose Versuch, mit der Millionenmasse der Zöglinge dadurch fertig zu werden, daß man sich mit jedem einzelnen abmüht. Das ist die Hypertrophie der 'individuellen' Behandlung. Weder die eine noch die andere Angst ist sowjetischen Ursprungs, und eine Pädagogik, die von diesen Ängsten gelenkt wird, ist nicht unsere Pädagogik.

Im ersten Falle wird sie sich den alten bürokratischen Normen nähern, im zweiten Falle der Pädologie. Die unserer Epoche und unserer Revolution würdige organisatorische Aufgabe kann nur sein, eine Methode zu schaffen, die allumfassend und einheitlich ist, gleichzeitig aber jedem Einzelmenschen die Möglichkeit gibt, seine Eigenarten zu entwickeln und seine Individualität zu bewahren. Eine derartige Aufgabe würde die Kräfte der Pädagogik zweifellos übersteigen, wenn es nicht den Marxismus gäbe, der schon längst das Problem des Individuums und des Kollektivs gelöst hat." (Makarenko 1974, 370)

Insoweit Makarenko mit dem Begriff Kollektiv die pädagogische Problematik der *Rolle* der Sozialbeziehungen im pädagogischen Prozeß thematisiert, kann man davon ausgehen, daß er ein system- und ideologieübergreifendes international "salonfähiges" Problemfeld berührt. So wird das auch von westdeutschen Autoren gesehen, die sich mit Makarenko-Forschung beschäftigen. Die politisch und ideologisch gefärbten Streitpunkte setzen oberhalb oder unterhalb dieser Schwelle an. Sie betreffen die Wechselbeziehungen von Gesellschaftsordnung und Sozialbeziehungen in kleinen Gemeinschaften; das Verhältnis von Individuum und Gruppe; die Zielsetzung erzieherischer Einflußnahme im Spannungsfeld der Sozialbeziehungen; das Ineinander von pädagogischer Führung und Selbstbestimmung der Kinder. Die Beantwortung dieser Fragen — auch davon kann man ausgehen — gelingt nicht als schematische Alternative im Sinne von Ausschließlichkeit. Vielmehr muß die konkrete Dialektik herausgefunden werden. Nicht entweder-oder steht als Ergebnis, sondern sowohl-als auch in Abhängigkeit von den gegebenen Umständen mit jeweils nachgewiesener oder behaupteter Dominanz.

Ich bin der Auffassung, daß von Makarenko gerade solche dialektischen Antworten eingebracht worden sind. Ich darf auf diesbezügliche Forschungsergebnisse verweisen, die gesondert nachzulesen wären. (Mannschatz 1988)

Die Kehrseite der Medaille besteht darin, daß die dialektische Betrachtungsweise gewissermaßen "anfällig" ist für einseitige Interpretationen. Wer eine Tendenz hineinlegen will, kann sie auch herauslesen und mit Zitaten belegen. Damit wird man aber dem Erkenntnisbeitrag Makarenkos nicht gerecht. Die Dialektik wird bei solcher Benutzung nicht nachvollzogen, sondern unfair verletzt. Weder wir noch Kritiker Makarenkos sind dieser Gefahr entgangen. Um so mehr tut der richtige Umgang mit dem Erbe Makarenkos not. Ich hoffe, daß internationale Ansätze zur Lösung dieser Aufgabe nicht abgeblockt und durch vordergründig politische Vorurteile behindert werden.

Die vorgestellte Problematik soll an der vergleichenden Betrachtung von Gruppenarbeit und Kollektiverziehung verdeutlicht werden.

Wir beziehen uns auf eine überblicksmäßige Darstellung der Funktionen der Gruppenpädagogik. (vgl. Vinder 1987, 194 ff.)

Drei Konzepte werden vorgestellt. Das erste betont die Bedeutung kleiner Gruppen für die Stabilisierung einer demokratischen Gesellschaft. Das zweite Konzept besteht darin, daß individuelle Entwicklungsprozesse durch das Einüben sozialer Fertigkeiten und durch das Einprägen gesellschaftlicher Werte im Rahmen pädagogisch verantworteter Gruppenerfahrung erleichtert werden können. Eine dritte Konzeption konzentriert sich auf die Bedeutung der Gruppenarbeit für die Verbesserung der verbesserungswürdigen Lebensumstände von Menschen, deren Verhalten im Gegensatz zu den gesellschaftlichen Normen steht oder die durch die Umstände einer unvollkommenen Gesellschaft benachteiligt worden sind.

Das Konzept der Kollektiverziehung ist nicht eindeutig einer dieser Konzeptionen zuzuordnen. Es ist eher übergreifend zu verstehen als Grundlage von Konsequenzen für alle drei angedeuteten Richtungen.

Makarenko hat Auffassungen zur Überwindung von Schwererziehbarkeit und zum Umgang mit jugendlichen Rechtsverletzern entwickelt, zumal er in seiner praktischen Arbeit damit befaßt war (3. Konzeption). Das Charakteristikum dieser Auffassungen besteht gerade darin, daß für die Lösung dieser Aufgaben eine "gesonderte" Pädagogik nicht erforderlich ist. Es geht darum, die Defektivität der sozialen Beziehungen durch Normalisierung eben dieser Beziehungen zu überwinden, also Verfahren des Umganges mit Sozialbeziehungen zu praktizieren, welche individuelle Entwicklungsprozesse erleichtern und fördern (2. Konzept). Für eine solche "normale" Erziehung sah Makarenko im beginnenden Sozialismus in der Sowjetunion besondere und einmalige Chancen, weil eine veränderte Gesellschaft Konturen annahm, eine neue Ära der Menschheitsgeschichte, als Inkarnation einer Assoziation, in der die freie Entfaltung eines jeden Bedingung ist für die freie Entfaltung aller. Hier ergeben sich Analogien zu dem ersten Konzept, demzufolge Gruppenarbeit oder Gemeinschaftserziehung funktioniert als Stabilisierung einer demokratischen Gesellschaft.

In dieser gedanklichen Prämisse der Verbindung von Demokratie und Sozialismus liegt der große politisch-pädagogische Wurf und zugleich die Tragik der Auffassungen Makarenkos und des Konzeptes der Kollektiverziehung begründet. Die Hoffnungen auf eine neue Ära in der Menschheitsgeschichte erfüllten sich nicht. Zunehmend setzten sich in der Sowjetunion Elemente der zentralistischen Bürokratie, des Dogmatismus, des Machtmißbrauchs und der Menschenverachtung durch. Die Funktion der Stabilisierung einer demokratischen Gesellschaft durch Kollektiverziehung konnte sich nicht erfüllen. Das Erziehungssystem Makarenkos geriet in Widerspruch und Gegensatz zu den Ambitionen der Macht. Paradoxerweise erlebte sein pädagogisches Auffassungssystem eine Renaissance bis zur Anerkennung als "Staatspädagogik" Jahre nach seinem Tode in der Stalin-Ära. Es wurde aber in einer Interpretation propagiert, die vom Ursprung und von den Grundgedanken abweicht; gewann eine Fassung, die "zurechtgebogen" war für die inzwischen etablierten Machtverhältnisse. Es wird weiteren Forschungen vorbehalten sein herauszufinden, worauf vor allem sich diese verfälschte Interpretation bezieht und inwieweit Makarenkos Auffassungen und Darstellungen selbst eine solche Wesens- und Funtionsveränderung begünstigt haben.

Aus der In-Dienst-Nahme für den Real-Sozialismus und dem Scheitern dieser Gesellschaftskonzeption rührt der Makel her, mit dem Kollektiverziehung gegenwärtig behaftet erscheint. Ist dieses Erziehungkonzept damit aus dem Felde? Das genau ist die Frage, die nicht vorschnell im Sinne der Bejahung beantwortet werden sollte.

Als Erziehungskonzept des Sozialismus ist Kollektiverziehung mit dem, was sich als "Sozialismus" etabliert hatte, gescheitert. Entstanden ist das Konzept der Kollektiverziehung aber als Verfahren und Denkgerüst zur Stabilisierung einer demokratischen Gesellschaft; in Analogie also zu der ersten vorgestellten Konzeption der Gruppenpädagogik, deren reformpädagogische Ansätze Makarenko übrigens offenbar gekannt hat, wenn auch nur vage Selbstzeugnisse darüber aufzufinden sind. Insofern wäre das Konzept der Kollektiverziehung (in seiner ursprünglichen Fassung) in dem Maße aus dem Felde, wie das Konzept der Gruppenpädagogik als Stabilisierung einer demokratischen Gesellschaft aus dem Felde ist; die Vorstellung und das Vorhaben also, daß kleine Gruppen innerhalb größerer gesellschaftlicher Einheiten oder in Verbindung mit ihnen als wichtige Träger kollektiver Entscheidungsprozesse fungieren, als Übungsfelder für individuelle Teilhabe an wichtigen sozialen Bewegungen und als Artikulationsbasis für die sonst so isolierten Bürger innerhalb breiter gesellschaftlicher Prozesse. (Vinder 1987, 196) Der Autor der hier zitierten Übersicht konstatiert, daß in den 60er Jahren diese Konzeption in den westlichen Ländern nicht mehr im Zentrum pädagogischer Diskussionen stand, sondern verstummt war. Was auch immer die Gründe dafür sind; offenbar hat sich Gruppenpädagogik in dieser Funktion und Anlage als *der* Weg zur Stabilisierung und Vervollkommnung von Demokratie nicht durchgesetzt oder bewährt. Bleibt sie aber nicht *ein* Weg im Ensemble mit tangierenden politischen Maßnahmen? Diese Frage kann und soll hier nicht umfassend behandelt werden. Das übersteigt den Rahmen unserer Abhandlung. Im positiven Falle aber wäre eine Einbeziehung des Auffassungssystems Makarenkos in die pädagogische Diskussion auch künftig möglich bis wünschenswert.

Unser sozialpädagogischer Denkansatz ist aus dem erziehungstheoretischen Horizont der Kollektiverziehung hergeleitet. Die eigenständige Leistung besteht in dessen sozialpädagogischer Modifizierung. Das kollektive Beziehungsgefüge wurde als soziale Verwurzelung, förderliche Geborgenheit und Partnerschaft im Sinne von "Familienhaftigkeit" definiert. Der sozialpädagogische Denkansatz thematisierte den Umgang mit den Sozialbeziehungen in der Situation von Beziehungsstörungen, die sich hemmend auf die Entwicklung der betreffenden Kinder und Jugendlichen auswirkten. Daraus folgt die Wesenbestimmung von Erziehungsschwierigkeiten als Defektivität der sozialen Beziehungen und die pädagogische Strategie als Normalisierung der Beziehungen.

Die pädagogisch-konstruktive Fassung dieser Wesensbestimmung als "Normalisierung der sozialen Beziehungen" kann als Aufforderung zur Anpassung des Individuums an das Kollektiv oder gar als "Zwang zur Einordnung" mißverstanden werden. Diese fatale Auslegung passiert dann (und ist passiert), wenn Kollektivgeschehen als Durchsetzung abstrakter, gar vorgefertigter "Kollektivinteressen" betrachtet und gehandhabt wird; oder als ideologische Indoktrination; oder als "Ordnung und Disziplin" aus der Sicht von Erzieherinteressen. In diesen Fällen verflacht Erziehung zur Aufforderung bzw. zum Bemühen, Einordnung in die Gemeinschaft zu erreichen, Mittelmaß zu kultivieren, eine Vereinbarung zu erlangen, sich gegenseitig nicht zu belästigen.

Unter solcher Betrachtungsweise müssen Widersprüche zwischen Kollektivinteressen und der Haltung einzelner Kinder, deren Verhaltensausdruck wir als Fehlverhalten charakterisierten, als "Anpassungsdefizit" erscheinen. Es könnte unterstellt werden, daß wir alles als Fehlverhalten betrachten, was nicht in das Schema kollektiven Mittelmaßes oder Wohlverhaltens paßt. Ein solcher Vorwurf trifft uns hart; um so mehr, als wir partiell diese Auslegung und Handhabung nicht ausschließen können; mit dem vorsichtigen Bemerken allerdings, daß – bei anderer Herleitung – es sich dabei nicht nur um eine DDR-Spezifik handeln dürfte.

Die Blickrichtung unseres sozialpädagogischen Denkansatzes war anders. Nicht Abweichung von Wohlverhalten wurde beklagt und sollte überwunden werden. Nicht sollten individuelle Besonderheiten und individuelle Entfaltungsmöglichkeiten gewissermaßen "gekappt" und das Verhalten auf Durchschnittsmaß eingeebnet werden. Vielmehr galten die Sorge und die Aufmerksamkeit den Schwierigkeiten, welche die Kinder haben, wenn Reibungen in den Sozialbeziehungen auftreten, wenn sie mit ihnen nicht umgehen können, wenn sie ihnen als Entwicklungshemmnis gegenübertreten und nicht als förderlicher Boden für individuelle Entfaltung.

Der Blickwinkel kommt ins rechte Lot, wenn wir das Kollektivgeschehen im Sinne Makarenkos nicht als Zustand verstehen, in dem sich vorgefertigte "Interessen" fixieren, sondern als *Bewegung*, als (in sich widersprüchlicher) Prozeß der Herstellung von Interessenübereinstimmung über Konsensbildung zu Sachfragen; wobei Motive, Kompetenz und bewegende Kraft vom Kollektiv gelbst ausgehen, nicht aufgestülpt werden; sich also ein zutiefst demokratisches Unterfangen vollzieht. Makarenkos Auffassungssystem ist m.E. gerade so zu verstehen.

Das ist zugegebenermaßen ein hoher Anspruch an Erziehungsgestaltung, der leicht verfehlt werden kann. Vielleicht kommt man deshalb zu der Meinung, daß Makarenko "Mut zur Utopie" bewiesen habe. (Furrer 1988) Aber nur unter solchen Prämissen kann letztlich die Rede davon sein, daß Agieren im Feld der Sozialbeziehungen förderlicher Boden ist für Persönlichkeitsentwicklung im Sinne von Ausprägung unverwechselbarer und selbstbestimmter Individualität.

Ich will nicht zu hoch greifen, aber ich glaube, daß die eingeschränkte Wirksamkeit unseres sozialpädagogischen Denkansatzes in der Praxis und seine partielle Verfälschung bis Umkehrung letztlich diesem Widerspruch geschuldet ist. Wir waren davon überzeugt, daß gesellschaftliche Interessen und Kollektivinteressen zwar in einem widersprüchlichen Zusammenhang stehen, prinzipiell aber übereinstimmen bzw. zur Übereinstimmung gelangen werden in unserem Lande; auf dem gemeinsamen Nenner einer Assoziation, in der die freie Entfaltung jedes einzelnen Bedingung ist für die freie Entfaltung aller. Die Kollektivinteressen verkörpern in diesem Falle die wohlverstandenen Interessen der Persönlichkeit, weil sie Vermittlungsglied sind zu den Gesellschaftsinteressen und diese sich gegenseitig bedingen auf dem Nenner der freien Entfaltung. Gerade das hat sich nicht bewahrheitet. Die Entwicklung der neuen Gesellschaft ging nicht in diese Richtung. Der angenommene Rahmen prinzipieller Übereinstimmung und gegenseitiger Bedingtheit der Interessen von Gesellschaft und Individuum wurde brüchig und erweist sich auch heute als nicht existent.

Da der sozialpädagogische Denkansatz aus der Kollektiverziehung hergeleitet war, hat er die Momente von hohem Anspruch, Utopie und Irrtum aufgenommen, die dem Kollektivansatz anhaften. Er hat aber auch Erfahrungen verarbeitet und Orientierungen genutzt, die unabhängig von den genannten Prämissen Erklärungskraft besitzen für das Phänomen, daß menschliches Verhalten immer Verhalten im Kontext von Sozialbeziehungen ist. Individuelle Entfaltungsmöglichkeit wird nicht erkauft durch Trennung von den Gemeinschaftsbeziehungen, sondern gewonnen durch die Fähigkeit, mit ihnen umzugehen, sich nicht von ihnen beherrschen zu lassen, sondern sie ihrerseits zu beherrschen.

Sozialpädagogische Aussagen mit Theorie-Anspruch sind Konkretionen von begrifflich gefaßten und begrifflich definierten theoretischen Sätzen oder Positionen, die einen Gültigkeitsbereich haben, der über den Gegenstand der Sozialpädagogik hinausgeht. Sie gehen letztlich von der Kardinalfrage geisteswissenschaftlichen Denkens und Suchens aus, nämlich der Erkenntnis menschlichen Wesens, die das zentrale Anliegen und zugleich den Streitpunkt der Weltanschauungen darstellt; und das seit Jehrtausenden, und voraussichtlich für alle Zukunft. Die Frage nach der Möglichkeit und dem Stellenwert und der Art und Weise erzieherischer Beeinflussung von Persönlichkeitsentwicklung ist darin eingebettet.

Wir wollen die Stufenleiter bis zu diesen Ausgangsabstraktionen nicht zurückverfolgen; abgesehen davon, daß eine solche Unternehmung kaum zu leisten wäre. Einige grundlegende theoretische Prämissen aber, die auf dem Suchpfad angesiedelt sind, der von der Kollektiverziehung ausgeht, sollen genannt und in Maßen erörtert werden. Wir wählen solche Themen aus, die aus der Szene der DDR-Pädagogik heraus mit besonderer Brisanz besetzt sind und Umdenken erfordern.

Persönlichkeit im Erziehungskontext

Erziehung zielt auf Beförderung von Persönlichkeitsentwicklung. Außerhalb dieses Bezugsrahmens kann über Pädagogisches nicht reflektiert werden. Das ist ein Axiom, sicher von niemandem bestritten. Und doch ist es berechtigt, diesen Bezug mit Nachdruck hervorzuheben, weil nicht zu übersehen ist, daß solche Handlungsanleitungen seitens der pädagogischen Theorie, die sich in der Praxis nicht bewähren oder gar zu Irrwegen verleiten bzw. Deformationen begünstigt haben, letztlich auf die Mißachtung oder Fehldeutung des genannten Axioms zurückzuführen sind. Dabei fehlt es zwar nicht an Absichtserklärungen, aber schon die Problemkennzeichnung ist vielfach unscharf und damit die Problemlösung erschwert.

Es geht nicht darum, die Persönlichkeit vermittels Erziehung in eine Subjektposition zu versetzen oder diese "weiter auszuprägen". Die Persönlichkeit ist Subjekt ihres Daseins und ihrer Selbstentfaltung. Sie "macht" ihre Situation, sie kann ihr nicht vorgefertigt aufoktroyiert werden. Dabei ist diese Autonomie allerdings nicht absolut und unbeeinflußt von den Lebensumständen. Die Eigengesetzlichkeit und individuelle Unwiederholbarkeit des Psychischen darf nicht vernachlässigt werden, aber auch nicht das strukturierte soziale Möglichkeitsfeld, innerhalb dessen sich die individuelle Aneignung der Wirklichkeit vollzieht.

Selbstverständlich impliziert Aneignung ein Verhältnis von Aneignungsgegenstand, Aneignungssubjekt und Aneignungsweise. Diese Momente von Aneignung bedingen einander; und sie müssen stets in dieser gegenseitigen Bedingtheit ins Blickfeld genommen werden. Das schließt aber ein jeweils dominantes Interesse aus disziplinärer Sicht nicht aus. Wir vermuten für unsere Zwecke den Vorrang der Sicht darauf, *wie* sich das *Subjekt* die Wirklichkeit aneignet; weil gerade das durch Erziehung befördert werden soll.

Konsequenzen aus dieser Sichtweise sollen hier nur beispielhaft angedeutet werden:

- Erziehung und pädagogische Prozeßgestaltung müssen sich als Befähigung zur Orientierung und Entscheidung und als Lebensplanung durch die Persönlichkeit auszahlen; nicht als "Funktionieren" innerhalb vorgegebener Strukturen.
- Von der Einmaligkeit und Unwiederholbarkeit der Persönlichkeit muß von vornherein ausgegangen werden, nicht darf sie später "berücksichtigt" werden.
- Nicht schlechthin das Lernen, die Arbeit usw. (als Möglichkeitsfeld) allein interessieren, sondern das unverwechselbare Lernen, Arbeiten usw. der jeweiligen Persönlichkeit.
- Die unverwechselbar eigenen Erfahrungen in ihrem individuellen Erlebenscharakter gewinnen einen hohen Stellenwert; nicht allein die zugängliche Umwelt als strukturiertes Möglichkeitsfeld.

Sozialisation und Erziehung

Wir müssen schärfer unterscheiden zwischen Sozialisation und Erziehung und zugleich den Zusammenhang beider Wirkungsfaktoren gewichtiger ins Auge fassen. Das Leben in seiner Vielfalt und konditionalen und situativen Verästelung beeinflußt Persönlichkeitsentwicklung. Erziehung als vorsätzliche Aktivität der Einflußnahme von Menschen auf Menschen ist darin eingebettet. Der Radius und die Folgerichtigkeit ihrer Effekte dürfen nicht überschätzt werden. Das könnte zu einer Selbsttäuschung und zur Überdehnung der Erwartungen an Erziehung führen.

Nichtsdestoweniger sind solche Effekte möglich; im Sinne von anteiliger Beförderung von Persönlichkeitsentwicklung. Sie werden u.E. vermittelt über individuelle Lebenssituationen, in denen dem Kind (Jugendlichen, Erwachsenen) Ungewohntes abverlangt und es damit in die Lage versetzt wird, eigenständig eine Problemlösung zu versuchen. (vgl. Fischer 1988)

Für solche Situationen einen bedingungsmäßigen Möglichkeitsraum zu schaffen, das ist Aufgabe, Chance, Zugriffspunkt für Erziehung; nicht mehr und nicht weniger kann sie sich vornehmen. Wir werden auf diesen Grundvorgang von Erziehung weiter unten eingehen.

Eine so geartete anteilige Beförderung von Persönlichkeitsentwicklung greift aber nur, wenn sie die "Schubkraft" der Sozialisation nutzt; selbst in den Fällen, in denen sie partiell gegenläufig wirken will. Erziehung kann dem Leben nicht fremdbestimmt aufgestülpt werden. Sie ist Bestandteil des praktischen Lebensprozesses aller Beteiligten. Deshalb beruhen unsere Auffassungen von Erziehungsgestaltung auf dem Prinzip der dialektischen Einheit von Leben und Erziehung. Eine von den Sachprozessen abgehobene trickreiche Methodik ist schwer vorstellbar. Vielmehr kommt Erziehung als alltagsimmanente Erscheinung in den Blick. Makarenko hat dafür das sprachliche Bild und den Begriff der "parallelen pädagogischen Einwirkung" eingeführt.

Die Grundaussage besteht darin, daß Leben und Erziehung organisch miteinander verwoben sind. Erziehung ist nach seiner Auffassung eine spezifische gesellschaftliche Tätigkeit, gebunden an Verantwortung einer personifizierten Erziehungsinstanz für die Gestaltung des Lebensweges von Kindern, gerichtet auf deren optimale Persönlichkeitsentwicklung, charakterisiert durch erzieherische intendierte Überlegungen und Aktivitäten. Sie *verwirklicht* sich in dem gemeinsamen Leben der Erwachsenen und Kinder, geht als Element in diese Sphäre ein.

Die Logik der Erziehung und des Lebens läuft parallel: Es geht um Persönlichkeitsverhalten und Persönlichkeitsentwicklung, die Verwirklichungssphäre dieser Absichten aber ist das Leben der Gemeinschaft, das auf Aufgabenverwirklichung im Sinne der Teilnahme am gesellschaftlichen Geschehen gerichtet ist und von dieser Sachlogik bestimmt wird. "Deshalb müssen Erzieher und Zöglinge weniger auf der speziell pädagogischen Ebene als vielmehr auf der Ebene des Arbeits- und Produktionskollektivs in Berührung kommen, nicht nur unter Berücksichtigung der Interessen des eigentlichen pädagogischen Prozesses, sondern auch der Interessen des Kampfes für ein besser und reicher eingerichtetes Heim, für sein Gedeihen und seinen guten Ruf...Vor dem Kollektiv der Zöglinge muß der Erzieher als Kampfgefährte auftreten, der an ihrer Spitze und mit ihnen gemeinsam für alle Ideale eines erstklassigen sowjetischen Kinderheims kämpft ... Die sowjetische Pädagogik ist nicht eine Pädagogik der direkten, sondern der parallelen pädagogischen Einwirkung." (Makarenko 1974, 96)

Zielstrebigkeit innerhalb von Erziehung

Wir gehen davon aus, daß Erziehung zielstrebig sein muß im Sinne von Beförderung der Persönlichkeitsentwicklung. Nur wenige werden das bestreiten. Diese verdienen sich ihr Brot als Theoretiker und Praktiker von Nicht-Erziehung. Ihnen wollen wir uns nicht anschließen.

Was das Problem der Zielstrebigkeit innerhalb der Gemeinschaftserziehung anbelangt, das auch in der Diskussion über Gruppenpädagogik eine Rolle spielt, (vgl. Kelber, Henningsen 1987) vertritt Makarenko politische Zielstrebigkeit im Sinne des sowjetischen Erziehungszieles. Daran hat die Interpretation in Richtung auf ideologische Indoktrination angeknüpft. Es sollte aber beachtet werden, daß Makarenko ein "Standartprogramm" und ein "individuelles Korrektiv" dazu fordert, die Individualität in ihrer unverwechselbaren "Anmut und Schönheit" also nicht verwischt, sondern befördert werden sollte. Die Zielvorstellung soll sich nicht in abstrakte Ideale versteigen, sondern muß sich "in den Grenzen der praktischen Forderungen unseres heutigen und morgigen Tages" auf das "alltägliche Verhalten" beziehen. Er verspottet Zielvorstellungen in Form von Tugendkatalogen. Obwohl er von "Eigenschaften" spricht, benennt er Elemente von Orientierungs- und Handlungsfähigkeit (das Selbstgefühl des Menschen im Kollektiv; den Charakter seiner kollektiven Bindungen und Reaktionen; seine Diszipliniertheit; die Bereitschaft, zu fordern und sich zu zügeln; die Fähigkeit des Taktes und der Orientierung; Prinzipientreue und emotionales perspektivisches Streben; Bildung), die die Menschen befähigen, "ohne zu schwanken, immer, in jedem Augenblick ihres Lebens das richtige Kriterium für das persönliche Handeln zu finden, gleichzeitig aber auch von anderen richtiges Verhalten zu fordern." Eine solche Idee von Zielstrebigkeit ist offen auch für pluralistische Erziehung, wie auch immer man die ursprünglichen und originären Ambitionen Makarenkos ansetzt und interpretiert.

Verhältnis von Individuum und Gemeinschaft

Jeglichem erzieherischen Tun liegt eine bestimmte Auffassung vom Verhältnis von Individuum und Gemeinschaft zugrunde. Programme im Sinne von Ausschließlichkeit bleiben in der Sphäre der Ideologie, haben für die Erziehungspraxis keine oder nur destruktive Bedeutung. Die Gruppenpädagogik impliziert besonders deutlich eine solche dialektische Betrachtungsweise. Auch bei Makarenko ist das der Fall. Man wird ihm nicht gerecht, wenn man ihm die Dominanz der Koklletivinteressen als Vernachlässigung oder Unterdrückung der individuellen Interessen unterstellt. "Kollektivität" kommt bei ihm in dialektischer Fassung vor. In diesem neuralgischen Punkt sollte man sich nicht zu vereinfachenden Interpretationen und zu einer alternativen Gegenüberstellung von Gruppenpädagogik und Kollektiverziehung hinreißen lassen.

Aufbruch zur Erkundung von Erziehungsgestaltung

Der sozialpädagogische Denkansatz ist als praxisbezogenes Orientierungsbemühen ins Leben getreten. Wir haben das erwähnt. Diese Tendenz hat sich erhalten als permanenter Versuch, bis zu methodisch relevanten Aussagen vorzudringen. Dabei hat es brauchbare Ergebnisse gegeben, aber auch Irrtümer, Umwege, verkürzte Handlungsanleitungen. Auf alle Fälle wurde vermieden, bei Handlungsmaximen stehen zu bleiben, die aus ideologisch-politischen Prämissen deduktiv abgeleitet waren. Die Bezugnahme auf die Kollektiverziehung brachte begrifflich einen Handlungsrahmen hervor, der annähernd genau das abbildete, womit die Praktiker tatsächlich umzugehen hatten; nämlich die Sozialbeziehungen. Erziehungsmethodik verstand sich als instrumentaler Umgang mit den Sozialbeziehungen. Die wissenschaftlichen Aussagen nahmen die Form von Leitsätzen für methodisches Vorgehen an, welche Zielverwirklichung nicht als Abfolge von darauf bezogenen Mitteln, Maßnahmen oder Methoden erscheinen ließen, sondern von Konstellationen oder Situationen im gemeinsamen Handeln von Erziehern und Kindern, innerhalb derer Entwicklungsfortschritt erreicht wird; wobei diese Konstellationen selbstverständlich durch "Implantierung" von Mitteln beeinflußt werden können und müssen. (vgl. z.B. Mannschatz 1968) Unter philosophischer Sicht sind solche Konstellationen zu verstehen als absichtsvoll herbeigeführte oder beeinflußte Bedingungen, die objektiv wirkende Gesetzmäßigkeiten innerhalb von Erziehung gezielt zur Wirkung bringen.

Handlungsanleitungen für konkrete Situationsbewältigung, die methodologisch so hergeleitet werden, müßten als Strategien (nicht als detaillierte und genormte Vorschriften) geeignet sein, die jeweils unwiederholbaren Umstände gedanklich einzubeziehen; also konkret-kreativ vorzugehen; vorausgesetzt, man kommt den tieferliegenden Faktoren und Zusammenhängen auf die Spur, die erklären, *wodurch* Erziehungsfortschritt in der Kollektiv- und Persönlichkeitsentwicklung bewirkt wird.

Das markiert einen höheren Anspruch an wissenschaftliche Erkenntnisqualität.
Eine Möglichkeit, sich solchem Anspruch vorsichtig zu nähern, ergab sich in den 80er Jahren in der Zusammenarbeit mit den Vertretern der Allgemeinen Pädagogik an der Humboldt-Universität. Von ihnen wurde ein Modell des "erzieherischen Aneignungsverhältnisses" als Ausgangsabstraktion für „pädagogische

Theoriebildung entwickelt. (vgl.Salzwedel 1988,1990) Unsere Überlegungen, die aus der Denkrichtung Makarenkos kamen, erwiesen sich dafür als kombatibel; wie wir schon erwähnt haben.

Das zentrale wissenschaftliche Problem soll vorgestellt werden, um das sich die theoretische Fundierung des sozialpädagogischen Denkansatzes in der Allgemeinen Pädagogik drehte. Es ist die Dialektik von Fremdbestimmung und Selbstbestimmung, von pädagogischer Führung und Selbsttätigkeit der Kinder und Jugendlichen; oder anders ausgedrückt: Die Stellung von Erziehern und Kindern im pädagogischen Prozeß. Das ist ein zentrales Problem der Pädagogik überhaupt, das sich in der internationalen Literatur aller Zeitepochen nachweisen läßt. Die Besonderheit in der DDR bestand darin, daß im Erziehungsverständnis die "führende Rolle der Pädagogen" unabdingbar eingeschlossen war, sogar aus ideologischer und schulpolitischer Sicht abgefordert wurde. Sie wurde in der Regel nicht in Frage gestellt, galt als Sozialismus-adäquates Kriterium für pädagogische Auffassungen und gewann den Stellenwert einer politischen Doktrin. Unterschiedliche wissenschaftliche Zugänge, und die hat es in der DDR-Pädagogik gegeben, machten sich also nicht an der Frage fest, ob "führende Rolle" des Pädagogen oder nicht, sondern drückten sich in der Interpretation des Verhältnisses von Führung und Selbsttätigkeit aus. Das ist bei der Darstellung und Bewertung der unterschiedlichen wissenschaftlichen Schulen zu beachten. Der Standpunkt der Allgemeinen Pädagogik der Humboldt-Universität, in den wir eingebunden waren, steuerte eine Auslegung bei, die konsequent von der Subjektposition der Kinder ausging und das Kollektiv als Ganzes, als Erziehungssubjekt und damit als Gestaltungssubjekt auffaßte.

Wir folgten diesem Ansatz, demzufolge innerhalb des erzieherischen Aneignungsverhältnisses die Realität Aneignungsgegenstand (Objekt) und das Aneignungssubjekt diejenigen sind, die sich in intentionaler Wechselwirkung die Wirklichkeit aneignen. Das Aneignungssubjekt ist demzufolge Erziehungssubjekt. Es muß als Gesamtsubjekt begriffen werden, umfaßt alle an der Aneignung Beteiligten.

Selbstverständlich mußte diese allgemeine Bestimmung entfaltet werden; und zwar zunächst unter der Fragestellung, unter welchen Voraussetzungen Aneignungssubjekte als Erziehungssubjekte fungieren. Aneignungssubjekte sind Individuen, Gruppen, Klassen, Gesellschaftssysteme, die Menschheit als Ganzes. Sie können alle als Erziehungssubjekte aufgefaßt werden, weil sie im Sinne der Einheit von Veränderung der Umstände und Selbstveränderung der Menschen in der Praxis als Instanz für Persönlichkeitsentwicklung wirken. Der Bezugsrahmen für absichtvolle Beförderung der Persönlichkeitsentwicklung (Erziehungsgestaltung) muß allerdings die interne Wechselwirkung innerhalb des Subjektes in einer Dimension einbeziehen, welche die Wirkungen auf die Situation des konkreten Individuums überschaubar hält und nur solche Vermittlungen umschließt, die der aktuellen Gestaltung zugänglich sind. Der Bezugsrahmen findet sich demzufolge an der Nahtstelle zwischen Individuell-Psychischem und Gesellschaftlich-Sozialem. Er umfaßt das Kollektiv als sozialen Organismus, als Zelle der Gesellschaft und als sozialen Aktivitätsbereich, innerhalb dessen die Menschen durch spezielle Aufgaben, Interessen und Standpunkte, durch gemeinschaftsspezifische Beziehungen und Tätigkeiten und durch Umgang von hoher Kommunikationsdichte verbunden sind.

Wenn das Kollektiv Erziehungssubjekt ist, dann fungiert es auch als *Ganzes* als Gestaltungssubjekt. Es tritt in der Gesamtheit und Wechselwirkung aller beteiligten Teilsubjekte als Instanz in Erscheinung, von der Gestaltung ausgeht bzw. gehandhabt wird.

Diese Aussage mutet trivial an, schloß aber ein radikales Umdenken ein gegenüber tradierten Auffassungen, die einem linearen Einwirkungsmodell verhaftet waren.

Für die Aufklärung des Wesens von Erziehung als Realvorgang mit dem Ziel der Gestaltungsoptimierung ergab sich daraus eine *Denkrichtung*, die heuristisch mit dem Situationsbegriff und dem Begriff des erzieherischen Aneignungsverhältnisses in Verbindung steht. Sie ist geeignet, Auffassungen von linearer Ziel-Mittel-Verbindung endgültig zu überwinden und einen gedanklichen Zugang zu befördern und zu präzisieren, demzufolge erzieherischer Einfluß die Befindlichkeit des Gesamtsubjektes berücksichtigt und einen intentional umrissenen Möglichkeitsraum für Soziabilität der Individuen konstituiert.

Dadurch wird die Bedingtheit von Erziehung als Realvorgang sowie ihr komplexer, konkreter und dynamischer Charakter stärker in den Blick genommen; der dialektischen Einheit von Finalität und Kausalität wird Rechnung getragen und die Kalkulierbarkeit von Erziehungswirkungen als Möglichkeit angebahnt.

Der Übergang oder Durchbruch zu einer solchen Denkrichtung erscheint uns so bedeutsam, daß wir sie hier in Konturen zusammenfassend kennzeichnen wollen:

Erziehung ist nicht punktuelle lineare Einwirkung. Sie vollzieht sich vielmehr innerhalb eines Aktivitätsraumes, der eine gewisse Grundstruktur, wechselnde aktuelle Zustände derselben (vermutlich mit einer Entwicklungstendenz) aufweist. Er wird durch gemeinsames, auf kooperative Aufgabenerfüllung bezogenes Handeln und Verhalten aller Beteiligten konstituiert. Zum Funktionsraum von *Erziehung* wird der Aktivitätsraum dadurch, daß (als Gestaltungsmoment) sachbezogene Impulse ("Tätigkeitsimpulse") eingebracht werden, die in ihrer Zweckentsprechung (Intentionalität) auf Beförderung der Persönlichkeitsentwicklung gerichtet sind.

Jede Aktivität innerhalb dieses Handlungsraumes beeinflußt ihn als Gesamtzustand. Die ihm innewohnenden Strukturen werden gleichsam aktiviert, aktualisiert, in Bewegung versetzt. Sie beeinflussen zentral, partiell oder peripher die Gesamtbefindlichkeit. Über diese *Zustandsdynamik* wird die persönlichkeitsfördernde Wirkung auf das Gesamtsubjekt, auf Teilsubjekte und auf die einzelnen Mitglieder des Kollektivs vermittelt; wobei die Befindlichkeitsveränderung eine Möglichkeit hinsichtlich der beabsichtigten Wirkungen eröffnet, nicht die unbedingte Gewißheit der Effekte.

Mit dieser Denkrichtung eröffnete sich der Weg zu einer veränderten Vorstellung von Erziehung als Gestaltungsvorgang.

Die Frage soll an dieser Stelle erörtert werden, ob diese Gedankengänge noch mit Makarenko zu tun hatten, ihre Herleitung aus seinem Auffassungsgebäude noch berechtigt behauptet werden kann. Ich beantworte sie so, daß es sich um *eigenständige Überlegungen* handelte, daß aber unser *an Makarenko geschulter Blick* uns auf diesen Weg gebracht hatte.

Makarenko erklärte, "daß eine pädagogische Wissenschaft notwendig ist, die jedoch nicht vom Leben losgelöst sein darf, sondern mit ihm verbunden sein und dem Erzieher in der praktischen Arbeit helfen muß". Er war der Meinung, daß man auch in der Pädagogik erfinderisch sein und neue Wege gehen müsse. Die Pädagogik darf sich nicht auf Deklarationen allgemeiner Art beschränken und den "Übergang zur Technik" der Findigkeit jedes einzelnen Lehrers überlassen. (Makarenko 1974, 534, 536, 496)

Was die "pädagogische Technik" als Erziehungsgestaltung anbetrifft, begibt er sich nicht auf den Irrweg der linearen Ziel-Mittel-Relation oder von Anordnungs-Befolgungs-Zyklen. Sein entscheidender methodologischer Zugang zur Erziehungsgestaltung ist das dialektische Verhältnis von Ziel und Mittel. Er bezeichnet es als die "pädagogische Logik". Sie kann nicht die Form der Empfehlung oder Ablehnung eines einzelnen Mittels annehmen. (Makarenko 1974, 499) In den Blickpunkt rückt das *System* der Mittel. "Deshalb kann das einzelne Mittel immer sowohl positiv wie negativ sein; das entscheidende Moment ist nicht seine unmittelbare Logik, sondern die Logik und das Wirken des gesamten Systems der harmonisch aufeinander abgestimmten Mittel." (Makarenko 1974, 111)

Wir skizzieren kurz unseren Erkundungs- und Erkenntnisweg:

Erstens: Davon ausgehend, daß die Kernfrage der Erziehungsgestaltung die umständeabhängige Ziel-Mittel-Verknüpfung ist, fanden wir als Kennzeichnung von erfolgreichen erzieherischen Aktionen, daß die Erzieher aus dem Angebot von empfohlenen und aus der Erfahrung abgeleiteten Mitteln stillschweigend gerade diejenigen auswählen, die unter den gegebenen Umständen zum Erfolg zu führen versprechen.

Diesem Vorgehen liegt die Fähigkeit zugrunde, im Dienste einer Erziehungsabsicht, die einer bestimmten Lebensauffassung verbunden ist, unter den jeweils gegebenen Umständen unter Beachtung der Erziehungssituation in der Gruppe und der Befindlichkeit der zu Erziehenden das Richtige zu tun.

Zweitens: Aus solchen Beobachtungen ("Protokolle des Erziehungsalltags") wurde auf empirisch-erkundendem Wege eine Regelhaftigkeit in Form einer wiederkehrenden Denk- und Handlungsfolge abgeleitet (Was – Wodurch – Wie) und als Handlungsanleitung angeboten.

Drittens: Im Zusammenhang mit Überführungsversuchen ("Übungen zur Erziehungsgestaltung") wurde deutlich, daß diese Schrittfolge nicht allein aus sich heraus optimiert werden kann. Vielmehr ist es erforderlich, das Verständnis für die theoretischen Zusammenhänge zu vertiefen, welche die Handlungsanleitung erklären und aus denen sie hergeleitet werden kann. Wir nutzten das Auffassungssystem Makarenkos und insbesondere seine Aussagen zur dialektischen pädagogischen Logik als heuristischen Zugang zur Gestaltungsproblematik und veränderten die Fragestellung dahingehend, wie Projektierung der Persönlichkeitsentwicklung und Organisierung der kollektiven Tätigkeit in persönlichkeitsfördender Absicht und Wirkung miteinander verflochten sind, wie diese Verflechtung innerhalb von Erziehung als *Gestaltungsmoment* in Erscheinung tritt und wie dieses geartet ist.

Viertens: Dieser Zugriff führte zu Erkenntnissen hinsichtlich der Erziehung als Gestaltungsvorgang; die Existenzweise, die Dynamik, differenzierte Formen sowie die Subjekte des Gestaltungsmomentes betreffend.

Fünftens: Um die sich offenbarende Komplexität von Erziehungsgestaltung genauer zu erfassen, wurde der wissenschaftlich bestimmte Situationsbegriff mit heuristischer Absicht einbezogen. Daraus ergaben sich das Erfordernis und die Möglichkeit, Aussagen zur Erziehungsgestaltung neu zu interpretieren und in dieser Form einer präzisierten theoretischen Bearbeitung zugänglich zu machen.

Folgende vorläufigen Ergebnisse und Erkenntnisse gibt es:

Erziehung als Umgang mit den Sozialbeziehungen

An den Anfang der Gedankenkette, die zur Bestimmung des Begriffes Erziehungsgestaltung führen soll, stellen wir das Individuum in dem Bezug zu seiner Umwelt. In diese Sphäre der tätigkeitsdeterminierten sozialen Beziehungen ist ganz offensichtlich die pädagogische Gestaltungsmöglichkeit eingebettet. Sie vor allem interessiert also im Zusammenhang mit unserem Thema.

Zur Aufklärung dieses Zusammenhanges erweist sich die situationstheoretische Betrachtungsweise als geeignet, insofern davon ausgegangen wird, daß Situation ein konkretes Subjekt-Umwelt-System meint.

Wir benutzen (bezugnehmend auf Fischer 1988) den Begriff der "pädagogisch relevanten Individualsituation sozialpsychologischer Charakteristik".

Es handelt sich um pädagogisch relevante Situationen. Pädagogische Relevanz meint, daß Situationen dieser Charakteristik bevorzugter Zielpunkt gestalterischen Bemühens sind. Sie markieren die Zweckgerichtetheit von Erziehung, weil innerhalb solcher Situationen Entwicklungsfortschritt der Persönlichkeit potentiell angelegt ist. Ihre Funktion äußert sich als Konstituierung eines Möglichkeitsraumes für die Soziabilität des Individuums.

Wenn Individualsituationen als konkrete Individuum-Umwelt-Systeme aufgefaßt werden, dann sind pädagogisch relevante Individualsituationen sozialpsychologischer Charakteristik Individualsituationen mit folgenden Eigenschaften:

a) Für das Individuum ergibt sich aus der Konstellation die Notwendigkeit, sich ungewohnt (nichtstereotyp) zu verhalten.
b) Das wird vom Individuum adäquat widergespiegelt.
c) Das Individuum nutzt keine stereotyp verfestigten Verhaltensmuster, d.h. es versucht, sein Verhaltensproblem zu lösen.
d) Zur Umgebung des Individuums gehört mindestens eine andere Person.

Die Sicht auf *Erziehungsgestaltung* wird erreicht, wenn ins Auge gefaßt wird, wie die entwicklungsfördernde Potenz dieser pädagogisch relevanten Situationen unter dem Einfluß pädagogischer Gestaltung (und gerade durch ihn) zum Tragen kommt.

Es handelt sich dann nicht mehr um die Individualsituation, sondern um die Wechselwirkung der Individualsituation mit den Situationen anderer sozialer Subjekte, um die "Vernetzung" ihrer Umweltkomponenten.

Eine Vernetzung dieser Art ist eine gewisse aktuelle Befindlichkeit mehrerer miteinander verbundener Subjekte (wenigstens zwei), die über die Vernetzung der Umweltkomponenten der Situationen, in denen sie sich befinden, unmittelbar und aktuell miteinander verbunden sind. Sie konstituiert einen Möglichkeitsraum für die Soziabilität des Individuums. Sie charakterisiert (unter situationstheoretischer Sicht) die konkrete erzieherische Aktion (den Realvorgang Erziehung auf dieser Zugriffsebene) als einen aktuellen Zustand. Wir schlagen vor, ihn als *erzieherisches Ereignis* zu bezeichnen, also als *Zustand*, der aktuelle *Verhaltensveränderung bewirkt*. (vgl. Fischer/Mannschatz 1988)

Das erzieherische Ereignis impliziert (im Unterschied zur Individualsituation sozialpsychologischer Charakteristik) insofern ein Gestaltungsmoment, als in diesen "Vernetzungszustand" bestimmte *Intentionen eingebracht* sind; und zwar dadurch, daß absichtsvoll "Tätigkeitsimpulse" gewissermaßen "implantiert" werden. Über diese technische oder methodische Seite von Erziehungsgestaltung werden wir weiter unten sprechen.

Die Einbringung von Intentionen in die aktuelle Vernetzung von pädagogisch relevanten Individualsituationen sozialpsychologischer Charakteristik mit Situationen anderer sozialer Subjekte als Aktivität und Zustand ist gerade das "Gestalterische", dem unsere Aufmerksamkeit gilt.

Vielleicht kann die Vermutung ausgesprochen werden, daß damit ein (oder der?) Elementarvorgang von Erziehungsgestaltung aufgefunden ist!?

Wenn wir das erzieherische Ereignis als Vernetzung von pädagogisch relevanten Individualsituationen mit den Situationen anderer sozialer Subjekte definieren, wird ersichtlich, daß alle an der Erziehung Beteiligten sowohl als "andere Subjekte".fungieren als auch sich in einer pädagogisch relevanten Individualsituation befinden können. Nicht nur erziehen die Eltern die Kinder, auch die Kinder erziehen ihre Eltern. *Alle* Beteiligten in ihrer Gemeinsamkeit fungieren als *Erziehungssubjekt* und damit als Gestaltungssubjekt. Pädagogische Tätigkeit oder pädagogische

Führung als pädagogisch intendierte Aktivität *des Erziehers* ist in diese Gemeinsamkeit eingelagert, stellt eine besondere Qualität derselben dar.

Erzieherische Ereignisse konstituieren einen *Möglichkeitsraum* für Soziabilität. Wir haben es demnach hinsichtlich Verhaltensbeeinflussung mit Wahrscheinlichkeiten zu tun. Die Unsicherheit der Wirkungen ist nicht die Ausnahme, sondern die Regel. Mehr noch: Auch das Auftreten von erzieherischen Ereignissen selbst bewegt sich im Rahmen der Wahrscheinlichkeit, im Rahmen eines Möglichkeitsfeldes. Man kann nichts anderes erwarten, wenn bedacht wird, daß der Effekt der Vernetzung durch die jeweilige Befindlichkeit der beteiligten Subjekte vermittelt wird. Diese aber ist ein hochgradig vielschichtiges und kompliziertes Phänomen. Die Annahme, daß sie ohne Unschärfe kalkulierbar wäre, stellt eine ungerechtfertigte Vereinfachung dar.

Selbstverständlich ist damit die Möglichkeit von Erziehungsgestaltung nicht ausgeschlossen. Der "Königsweg" besteht allerdings nicht darin, den Wahrscheinlichkeitscharakter der Wirkungen auszuschalten oder zu überlisten. Vielmehr geht es darum, die Wahrscheinlichkeit der Wirkungen zu erhöhen.

Wie ist das zu bewerkstelligen?

Aktuelle Verhaltensbeeinflussung in der konkreten erzieherischen Aktion (erzieherisches Ereignis) ist erfahrungsgemäß in ein *übergeordnetes* Bedingungsgefüge eingelagert, das als Möglichkeitsfeld für eben solche Ereignisse fungiert. Es handelt sich um die für die beteiligten Subjekte überschaubaren sozialen Beziehungen. Sie konstituieren eben dieses Möglichkeitsfeld für Vernetzungen, welche die Befindlichkeit "treffen" *und* Entwicklungsfortschritt im jeweils beabsichtigten Sinne bewirken. Die sozialen Beziehungen erweisen sich als eine Konstellation von Umständen, von der erfahrungsgemäß erzieherische Ereignisse hochgradig abhängig sind, gewissermaßen vorstrukturiert werden; und die deshalb die Wahrscheinlichkeit ihres Auftretens beeinflußt.

Damit deutet sich eine Mehrdimensionalität von Erziehungsgestaltung an. Mehrere Zugriffsebenen gelangen ins Spiel; nämlich die Ebene der erzieherischen Ereignisse und die Ebene der Sozialbeziehungen. Das Gestaltungsmoment tritt auf diesen Ebenen in jeweils modifizierter Form in Erscheinung. Das ist für die Begriffsbestimmung von Erziehungsgestaltung zu beachten.

Diese Mehrdimensionalität müßte gedanklich so einbezogen werden, daß die *gegenseitige funktionelle* Beziehung der Möglichkeitsräume beachtet wird. Diese ist offenbar so geartet, daß die Sozialbeziehungen als erzieherischer Handlungsraum gegenüber den erzieherischen Ereignissen das übergeordnete Bedingungsgefüge darstellen und die Wahrscheinlichkeit für entwicklungsfördernde erzieherische Ereignisse erhöhen. Damit fällt den Sozialbeziehungen innerhalb dieser Wechselwirkung eine Schlüsselrolle zu. Unter dieser Voraussetzung wäre der Erziehungsprozeß die dynamische Aufeinanderfolge von Zuständen der Sozialbeziehungen. Erziehungsgestaltung könnte als *Umgang mit den Sozialbeziehungen* bestimmt werden.

Wir sind uns der Brisanz und Tragweite dieser begrifflichen Fassung bewußt und erwarten Einwände. Selbstverständlich sind wir diesbezüglich offen für Kritik und Korrektur. Wir wollen aber unsere Argumente vortragen.

Es kann der Eindruck entstehen, daß die Zweckgerichtetheit von Erziehung auf Persönlichkeitsentwicklung aus dem Blick gerät, wenn Erziehungsgestaltung auf die Ebene der Sozialbeziehungen fixiert wird. Das ist selbstverständlich zu bedenken. Wir lassen uns davon leiten, daß die Biographie eines Individuums zwar als Abfolge von Individualsituationen beschreibbar, nicht aber als System derartiger Situationen erklärbar ist. Diese Aussage (von Fischer) ist auf Individualsituationen bezogen, nicht auf das erzieherische Ereignis. Dieses ist aber so eng mit Individualsituationen verbunden, daß wir die genannte Schlußfolgerung analog auch für das erzieherische Ereignis gelten lassen. Wir halten es für unrealistisch, den Erziehungsprozeß als eine dynamische Aufeinanderfolge von erzieherischen Ereignissen zu untersuchen. Das verstrickt sich in einem Gestrüpp von Unwägbarkeiten. Eine Vermittlungsebene muß angezielt werden, die gestalterisch annähernd beherrschbar erscheint. Wir sehen sie in der Strukturierung des Wahrscheinlichkeitsrahmens für erzieherische Ereignisse, nämlich in den Sozialbeziehungen.

Unsere hypothetische begriffliche Fassung von Erziehungsgestaltung erscheint auch in einer anderen Hinsicht als eine drastische Einengung des Betrachtungsfeldes. Tatsächlich sind die Gestaltungsbemühungen im Hinblick auf die Lebensgrundtätigkeiten wie Lernen, Arbeiten, gesellschaftlich-politische Tätigkeit, Freizeitgestaltung außerhalb des Determinationszusammenhanges mit den Sozialbeziehungen ausgespart. Wir behaupten, daß sie nur vermittelt mit der Ausprägung von Soziabilität zu tun haben. Selbstverständlich gibt es auch in diesem Bezugsrahmen prozeßhafte Abläufe. Sie sind mit der Herausbildung von Wissen, Fähigkeiten, Fertigkeiten, Überzeugungen, Haltungen verbunden. Sie konstituieren die Befindlichkeit des Individuums in Einheit mit den biotischen Elementen. Die Logik dieser prozeßhaften Abläufe und damit die Logik ihrer gestalterischen Beeinflussung ist aber anders geartet. Sie wird vor allem von den jeweiligen Aneignungsgegenständen und den damit verbundenen spezifischen Tätigkeiten bestimmt. Diese prozeßhaften Abläufe im Bezugsrahmen von "Lebensgrundtätigkeiten" beeinflussen unverzichtbare Voraussetzungen für die Persönlichkeitsentwicklung. Ihre Wirkung auf Persönlichkeitsentwicklung im Sinne der sittlichen und moralischen Qualität der Persönlichkeit wird über die sozialen Beziehungen *vermittelt*. Diese sind nach unserem Verständnis der Zugriffspunkt für Erziehungsgestaltung. Deshalb ist sie für uns gerade dort angesiedelt, finden wir dort ihre spezifische und unverwechselbare Eigenart.

Die Frage nach dem Gegenstand der Pädagogik als Wissenschaft ist damit nicht beantwortet. Wir vertreten durchaus nicht die Meinung, daß er auf die Beförderung der Soziabilität der Individuen beschränkt sein sollte. Pädagogisches Interesse bezieht sich auch auf die Beförderung der Herausbildung von Wissen, Überzeugungen, Fähigkeiten und Fertigkeiten durch gestalterische Einflußnahme auf Lernen, Arbeiten, Freizeitgestaltung usw. Es existieren etablierte Disziplinen der pädagogischen Wissenschaft (Fachmethodiken, Didaktik usw.), die sich gerade damit befassen. Allerdings ist – wie gesagt – hier eine andere Logik im Spiel. Die Gesamtheit dieser Gegenstandsbereiche kann nur auf einer sehr hohen Abstraktionsstufe – wenn überhaupt – auf *einen* Begriff gebracht werden.

Wenn dafür der Begriff "pädagogischer Prozeß" gewählt wird, dann entspricht das dem historisch gewachsenen wissenschaftlichen und umgangssprachlichen Verständnis. Die Bindung des Begriffes "Erziehungsgestaltung" an einen spezifischen Gegenstandsbereich (Umgang mit den Sozialbeziehungen) halten wir für möglich und zweckmäßig.

Eine weitere Argumentation: Es wird zuweilen unterschieden zwischen individualpädagogischen und gruppenpädagogischen Ansätzen oder (hinsichtlich der Methoden der Sozialarbeit) zwischen Einzelfallarbeit und Gruppenarbeit sowie Gemeinwesenarbeit. Unser Vorschlag ist mit einer solchen Differenzierung nicht identisch, favorisiert also weder den individual- noch den gruppenpädagogischen Ansatz. Es handelt sich bei unserer Bestimmung um einen anderen Bezugsrahmen. Erziehungsgestaltung zielt auf Beförderung der Individualentwicklung durch Umgang mit den Sozialbeziehungen, schließt also den individualpädagogischen und den gruppenpädagogischen Ansatz sowie Einzelfallarbeit und Gruppenarbeit ein.

Struktur der Sozialbeziehungen

Wenn Erziehungsgestaltung als Umgang mit den Sozialbeziehungen definiert wird, interessiert die Struktur dieses Beziehungsgeflechtes. Wir folgen *den* sozialpsychologischen Ansätzen, denen zufolge die Sozialbeziehungen durch die Tätigkeit hervorgebracht werden. Dabei ist zu beachten, daß die Determination der Sozialbeziehungen durch die Tätigkeit mehrere Vermittlungen aufweist. Von einer linearen, kurzschrittigen und direkten Prägung der Beziehungen durch die Tätigkeit kann nicht die Rede sein. Nach unserer Meinung bietet das stratometrische Konzept von Petrowski Voraussetzungen, diese Vermittlungen übersichtlich und zutreffend zu erfassen. (Petrowski 1983)

Petrowski beschreibt hierarchisch geordnete Strata (Ebenen, Schichten) der Gruppenstruktur. Das Stratum A ist das zentrale Stratum, die tiefste Schicht der Gruppenstruktur, nämlich die Gruppentätigkeit selbst, die die Beziehungen der Gruppe zur Gesellschaft impliziert. Das Stratum B ist das erste seinem Wesen nach psychologische Stratum und fixiert die Beziehungen jedes Gruppenmitgliedes zur Gruppentätigkeit. Das Stratum C spiegelt die Besonderheiten jener interpersonellen Beziehungen wider, die durch die Gruppentätigkeit vermittelt sind. Es wird erwogen, C in C1 und C2 zu unterteilen. C1 bringt das Vermitteltsein der interpersonellen Beziehungen durch den eigentlichen Inhalt der Tätigkeit zum Ausdruck und C2 das Vermitteltsein der interpersonellen Beziehungen durch soziale Werte allgemeiner Bedeutung. Das Stratum D ist die äußere Schicht der Gruppenstruktur und kennzeichnet die interpersonellen Beziehungen, die nicht (oder nur äußerst schwach) durch den Inhalt der Tätigkeit und allgemein bedeutsame Wertorientierungen vermittelt sind. Durchaus im Einklang damit steht die in höherem Maße gebräuchliche Fassung, die Sozialbeziehungen als einen Komplex von Gruppenatmosphäre (Klima), Gerichtetheit (oder Sinnhaftigkeit, Inhaltlichkeit) und öffentlicher Meinung zu verstehen.

Die *Gruppenatmosphäre* meint die vorherrschende Grundstimmung, den Stil und Ton, die Umgangskultur. Relativ stabil und langzeitlich wirkend markiert sie das spezifische Gepräge der Gemeinschaft, "färbt" die Zugehörigkeit und Geborgenheit und damit die Gemeinschaftlichkeit der Mitglieder auf unverwechselbare Weise. Das Klima ist schwer faßbar und nur mit Hilfe von Umschreibungen zu kennzeichnen. Nichtsdestoweniger ist es als Wirkungsfaktor eine Kostbarkeit, mit der sorgsam umzugehen ist.

Die *Gerichtetheit* der Sozialbeziehungen meint die Wertorientiertheit innerhalb des Gruppenklimas. Sie tritt als Überzeugtsein vom konkreten Sinn der Gruppentätigkeit in Erscheinung, gewissermaßen als Auftrags- oder gar Sendungsbewußtsein. Sie prägt die Sozialbeziehungen in ihrer Inhaltlichkeit und in ihrer funktions- und aufgabenbezogenen Gestalt (als *dieses* Arbeitskollektiv, diese Schulgemeinschaft, diese Forschungsgruppe usw.) und bestimmt deshalb vor allem die Leistungskraft der Gemeinschaft bei der Lösung von Sachaufgaben und (über die Sinnbindung) die Sogkraft der Sozialbeziehungen für das Engagement und das Verhalten der Mitlieder.

Die öffentliche Meinung ist die vorherrschende Meinung zu aktuellen Fragen, die für die Gemeinschaft als Ganzes jeweils von Bedeutung sind. In dieser konkreten Sachbindung müssen sich Klima und Gerichtetheit bewähren bzw. bilden sich situationsgebunden heraus. Deshalb verkörpert die öffentliche Meinung die Dynamik der Sozialbeziehungen. Sie ist in besonderer Weise subtiler und sensibler Zugriffspunkt für erzieherische Gestaltung.

Die Gesamtheit der Sozialbeziehungen als Komplex von Gruppenatmosphäre, Gerichtetheit und öffentlicher Meinung verkörpert das Mikromilieu, die kollektive Befindlichkeit, die als Bedingungsgefüge für die Mitglieder von "hautnaher" Bedeutung ist. Sie fungiert als Bezugsrahmen und heilsamer Zwang für das Verhalten und als Spiegel für Selbstverständnis und Selbstbewußtsein. Sie entwickelt sich über den Mechanismus der öffentlichen Meinung mit zunehmender Bezugswürdigkeit (Petrowski) für alle Gruppenmitglieder; und zwar in dem Maße, in dem sich jeder einzelne als Subjekt in diese Befindlichkeit einbringt. Erziehungsgestaltung muß diese Gegebenheit nicht nur berücksichtigen. Sie ist vielmehr als Umgang mit den Sozialbeziehungen gestalterisch darauf bezogen. Die Sozialbeziehungen sind als pädagogischer Handlungsraum zu begreifen.

Die Sozialbeziehungen als pädagogischer Handlungsraum

Als erkenntnismäßigen Zugang nutzen wir den Begriff des Problemgehaltes der Situation, den W. Sünkel eingeführt hat. Der Problemgehalt ist dasjenige, was den situativ Beteiligten, den Erziehern und den Zöglingen, in und an der Situation ... zum Problem wird, wodurch Tätigkeiten ausgelöst werden, die man als Problemlösungsversuche deuten kann. Insofern bildet der Problemgehalt die eigentliche Substanz der Situation; er ist es, der die Situation als pädagogische allererst konstituiert". (Sünkel 1989, 5) Die Sozialbeziehungen sind also pädagogischer Handlungsraum insofern, als die Mitglieder der Gruppe mit dem Problemgehalt des Mikromilieus als situativer Gegebenheit in Berührung kommen, Tätigkeiten als Problemlösungsversuche ausgelöst und Möglichkeiten der Einflußnahme auf diese Problemlösungsversuche eröffnet werden.

Aus unseren Untersuchungen und Überlegungen heraus (Mannschatz 1988) vermuten wir, daß die Mitglieder der Gruppe mit dem Problemgehalt der Situation in Berührung kommen, indem

- sie Gelegenheit erhalten und nehmen, Aktivitäten in das Gemeinschaftsleben einzubringen bzw. ihnen Aktivitäten aus der Sachlogik heraus abverlangt werden;
- sie mit den Folgen ihrer Handlungen konfrontiert werden;
- sie in Meinungsbildung und Entscheidungsprozesse (also in die Konsensbildung) einbezogen sind.

Damit ist eine allgemeine Struktur des pädagogischen Handlungsraumes in Vorschlag gebracht.

Unter der Voraussetzung, daß das Gemeinschaftsleben eine Herausforderung enthält, also Ungewohntes abverlangt bzw. anstrebt, wird den Beteiligten das Mikromilieu *gerade über diese Strukturdimensionen* situativ zum Problem:

- Indem sie Gelegenheit erhalten bzw. nehmen, Aktivitäten in das Gemeinschaftsleben einzubringen, *werden Tätigkeiten als Problemlösungsversuche ausgelöst*.
- Indem sie mit den Folgen ihrer Handlungen konfrontiert werden, *erfolgt eine Kanalisierung der Problemlösungsversuche*.
- Indem sie an der Konsensbildung teilnehmen, *wird die Lösung des Problems angebahnt oder herbeigeführt*.

Diese Strukturdimensionen bergen zugleich die Möglichkeit der gestalterischen Einflußnahme auf die Problemlösungsversuche. Der Umgang mit diesen Strukturdimensionen ist der Umgang mit den Sozialbeziehungen als pädagogischem Handlungsraum.

Die *Erzieher* bringen sich mitmachend und lenkend in das Gemeinschaftsleben ein; und zwar unter dem Gesichtspunkt der sachlichen Zweckentsprechung (Gemeinschaftsleben) und einer erzieherischen Absicht. Wir sprechen von der Einheit der sachlichen und erzieherischen Zweckentsprechung. Als Umgang mit den Sozialbeziehungen realisiert sie sich über *erzieherische Handlungen*.

Die erzieherische Handlung ist ein Komplex von gedanklichen und praktischen Tätigkeiten. Sie ist massenhaft in der Erziehungspraxis existent. Die Erzieher bringen sich über erzieherische Handlungen in das Gemeinschaftsleben ein; auf Sacheffekte bezogen, in der Regel aber mit einem "erzieherischen Hintergedanken". Nicht nur störungsfreien und aufgabenadäquaten Ablauf haben sie im Auge, sondern auch Wirkungen auf Persönlichkeitsverhalten und Persönlichkeitsentwicklung. Gerade weil es sich bei der erzieherischen Handlung um eine "Grundzelle" des Gestalterischen handelt, gewissermaßen um das "Handwerkszeug", lohnt es, über ihre Struktur nachzudenken.

Sie ist zunächst ein Impuls, der sich auf die Tätigkeit der Gruppe oder einzelner Mitglieder bezieht (*Tätigkeitsimpuls*).

Der Erzieher beauftragt, regt an, fordert, bittet, erklärt, argumentiert, bewertet, teilt eine sachlich begründete Entscheidung mit. Das sind Stimulierungsarten, die er benutzt und aus denen er absichts- und situationsabhängig auswählt.

In der Regel äußert er die Impulse verbal, verbunden mit Mimik und Gestik. Aber auch Mimik und Gestik ohne verbale Äußerung sind möglich und üblich; auch eine demonstrative Handlung, die für die Kinder Signalwirkung hat.

Schließlich variiert der Erzieher hinsichtlich der Begegnungsform (Kommunikationsform): Unter vier Augen kann eine Aufforderung ausgesprochen werden, oder vor der Öffentlichkeit der Gruppe. Eine Bitte kann gelegentlich im Vorbeigehen geäußert werden, im Extremfall in einer schriftlichen Mitteilung. Der Tätigkeitsimpuls ist also ein Komplex von Stimulierungsart, Äußerungsweise und Begegnunsform. Als solcher ist er in sich außerordentlich variabel. Es handelt sich um eine Art Erziehungstechnik, die von erfahrenen Erziehern flexibel, einfallsreich und zweckbezogen gehandhabt wird.

Dabei beobachten wir auch eine jeweils unterschiedliche Bindung an die Sachanlässe innerhalb des Gemeinschaftslebens. Die Erzieher nehmen Gelegenheiten für eine erzieherische Handlung wahr, die das Gemeinschaftsleben bietet (manchmal verpassen sie auch solche Gelegenheiten). Oder sie spähen eine passende Gelegenheit aus, "lauern" gewissermaßen auf sie. oder aber sie führen vorsätzlich einen Sachanlaß als günstige Gelegenheit für erzieherische Handlungen herbei.

Diese Dimensionen der Tätigkeitsimpulse sind sichtbar und beobachtbar. Sie bleiben aber für den Außenstehenden in ihrer jeweiligen Variation unverständlich, wenn nicht hinterfragt wird, was der Erzieher mit genau der jeweiligen Variation beabsichtigt. Gefragt wird also nach der *Funktion* der erzieherischen Handlung, nach ihrer instrumentalen Besonderheit. Wenigstens drei Funktionen lassen sich ausmachen, wenn wir gedanklich auf den Problemlösungs-Ansatz zurückgreifen:

(1) *Aktivierungsfunktion*
Mit Hilfe von Tätigkeitsimpulsen wird die aktive Mitarbeit angeregt oder aufgegriffen oder werden Aktivitäten abverlangt; Tätigkeiten als Problemlösungsversuche werden ausgelöst oder gefördert.
(2) *Kontrast- oder Spiegelfunktion*
Durch Tätigkeitsimpulse wird eine Bewertung vorgenommen oder provoziert. Die Mitglieder werden mit den Folgen ihrer Handlungen konfrontiert. Sie erkennen sich in ihren Beziehungen zur Aufgabe, zu Werten und Normen, zu ihren Kameraden. Die Problemlösungsversuche werden kanalisiert.
(3) *Problemlösungsfunktion*
Tätigkeitsimpulse werden in Entscheidungs- und Meinungsbildungsprozesse eingebracht. Es geht darum, die Probleme einer Lösung zuzuführen.

Tätigkeitsimpulse werden also nicht wahllos eingesetzt. Sie dienen einer Funktion. Es geht um Auslösung oder Kanalisierung von Prolemlösungsversuchen oder um die Lösung der Probleme. Situationsgebunden werden die Tätigkeitsimpulse als Komplex von Stimulierungsart, Ausdrucksweise und Begegnungsform variiert; das Kriterium für ihre Zweckmäßigkeit bleibt die beabsichtige Funktion.

Erzieherische Handlungen weisen eine komplizierte Struktur auf. Gerade deshalb sind sie nahezu unbegrenzt variationsfähig. Die Erzieher beherrschen die "Kunst" intuitiv; vervollkommnen sie in der praktischen Erfahrung. Nichtsdestoweniger ist eine theoretische Aufhellung von Struktur und Funktion hilfreich. Sie kann dazu beitragen, in höherem Maße "methoden-bewußt" vorzugehen; wobei dieses Vorgehen dann selbst wieder gewissermaßen zur Gewohnheit und zu einer anderen Art Intuition werden müßte; denn der Alltag fordert die Erzieher hinsichtlich erzieherischer Handlungen so, daß sie nicht in jedem Falle erst in einem Lehrbuch nachschlagen können.

Das Agieren innerhalb der Sozialbeziehungen als pädagogischem Handlungsraum mutet als ein grobes Instrumentarium für Erziehungsgestaltung an; und es ist es wohl auch; wobei wir uns über den grundsätzlichen Wirkungsradius von Erziehung verständigt haben und daraus unseren Beurteilungsmaßstab für diese Frage gewinnen sollten. Das Agieren in diesem pädagogischen Handlungsraum konstituiert ein *Möglichkeitsfeld* für erzieherische Ereignisse, also für Verhaltensbeeinflussung in der aktuellen Situation; nicht mehr und nicht weniger.

Sind wir damit an die Grenze von Erziehungsgestaltung gestoßen? Wird die subtile Wechselwirkung zwischen allgemeiner Befindlichkeit und erzieherischen Ereignissen der elementaren Kraft des Gemeinschaftslebens allein überlassen; oder setzen hier Verfahren ein, für die die Psychologie zuständig ist?

Wir räumen ein, daß die Pädagogik/Erziehungsmethodik gegenwärtig ein der Psychologie vergleichbares filigranes Instrumentarium nicht zur Hand hat. Ist das so, weil die "Feinarbeit" aus dem Kompetenzbereich der Erziehungsmethodik herausfällt, oder weil die Pädagogik sich noch nicht in diese Sphäre vorgewagt hat bzw. noch keine Ergebnisse vorzulegen hat? Wir vertreten den Standpunkt, daß die Pädagogik sich mit Feinarbeit befassen muß. Das ist nicht eine Frage des disziplinspezifischen Ehrgeizes. Vielmehr muß beachtet werden, daß psychologisch begründete Verfahren (die letztlich Verhaltenstraining und therapeutische Methoden umfassen) in ihren differenzierten Funktionen nur einen Sinn erhalten und Wirkungen erzielen, wenn sie in Einklang stehen mit der Gruppenbefindlichkeit. Sie bewegen sich in diesem Bezugsrahmen, wenn sie auch manchmal scheinbar damit nichts zu tun haben (Einzeltherapie; zeitweilige Therapiegruppen mit wechselnder Zusammensetzung usw.). Die Probanten können nicht aus ihrem Alltagsleben isoliert werden. Die Befindlichkeit in ihrer angestammten Umgebung schwingt stets mit. Psychologische Verfahren sind also *flankierende* Aktivitäten. Sie stehen nicht für sich, sondern müssen sich in eine pädagogische Strategie einordnen. Unbeschadet der Anwendung psychologischer Methoden ist es also erforderlich, daß die Pädagogik in die Sphäre der Feinarbeit vordringt.

Selbstverständlich geschieht das in der Praxis. Es handelt sich um die bewunderungswürdige Erziehungskunst, die wir bei erfahrenen Erziehern beobachten. Sie bewährt sich vor allem in "außergewöhnlichen" Situationen, die in der Praxis nicht selten auftreten und schnelles Reagieren und den jeweils richtigen Zugriff erfordern. Ob es sich um das Verhalten eines Kindes oder der Gruppe handelt, stets schwingt in solchen Situationen die öffentliche Meinung mit. Weniger mit dem Faktum selbst, vielmehr mit der öffentlichen Meinung sieht sich der Erzieher konfrontiert.

Es liegt die Vermutung nahe, daß die Erziehungskunst, die sich in solchen außergewöhnlichen Situationen bewährt, im Kern als richtiger *Umgang mit der öffentlichen Meinung* gedeutet werden kann.

Diese Vermutung wird auch aus unserem erziehungsmethodischen Ansatz gespeist, demzufolge die öffentliche Meinung ein Phänomen der Sozialbeziehungen ist, das in besonderem Maße und in besonderer Weise die *Dynamik* der Gruppenbefindlichkeit zum Ausdruck bringt und beeinflußt. Wir nehmen sogar an, daß die öffentliche Meinung gewissermaßen das Vehikel ist, um die Befindlichkeit (Klima, Gerichtetheit) "aufzubauen", zu festigen und zu verändern. Wenn das so sein sollte, dann ist es erst recht geboten, sich mit Erziehungsgestaltung als Umgang mit der öffentlichen Meinung zu beschäftigen.

Wir definieren öffentliche Meinung als vorherrschendes Urteil der Gemeinschaft zu *aktuell* bedeutsamen Fragen, welche die Gruppeninteressen berühren. Sie ist gewissermaßen Orientierungsfähigkeit in Aktion. Die öffentliche Meinung markiert einen gewichtigen *konkreten* Entscheidungsbedarf.

Die Urteilsbildung ist zunächst ein individuell kognitiver Vorgang. Jeder muß sich eine Meinung bilden; als Konkretionsleistung gewissermaßen, als Anwendung der Orientierungsgrundlage auf konkrete Fragestellungen. Die Öffentliche Meinung ist aber nicht nur das, nicht die Summe individueller Urteile. Die Urteilsbildung wird beeinflußt von der gleichzeitig stattfindenden Meinungsbildung anderer, denen man sich verbunden fühlt. Sie tritt als aktuelle Befindlichkeit der Gruppe in Erscheinung, erwächst aus einer gemeinsamen stabilen Grundbefindlichkeit; wobei jeder zugleich Subjekt und Objekt der öffentlichen Meinung ist.

Nicht unsere Sache ist es, den komplizierten sozialpsychologischen Mechanismus aufzudecken, der bei der öffentlichen Meinung als kollektiver Urteilsbildung im Spiel ist. Wir berufen uns auf die Alltagserfahrung, daß von der öffentlichen Meinung ein eigenartiger Zwang ausgeht, dem sich niemand oder dem man sich nur schwer entziehen kann. Sie wirkt gewissermaßen ansteckend, suggestiv. Zudem ist sie in eigenartiger Weise rigoros; und gerade deshalb schlägt sie leicht um, ist störanfällig, launisch. Als Urteil trifft sie nicht immer die *wesentlichen* Zusammenhänge, die der aktuellen Fragestellung zugrunde liegen. Die Konkretion verflacht manchmal zu Vereinfachung oder Übervereinfachung bei der erforderlichen Komplexreduzierung. Deshalb besteht die Gefahr, daß die öffentliche Meinung sich als verzerrt, einseitig oder schlicht falsch erweist.

Nichtsdestoweniger ist die öffentliche Meinung vorhanden. Man kann sie nicht verbieten oder sich daran vorbeischwindeln. Aber sie ist auch beeinflußbar.

Unser methodisches Feld (Umgang mit den Sozialbeziehungen) ist wenigstens zweifach mit der öffentlichen Meinung verbunden.

Erstens muß Erziehungsgestaltung die öffentliche Meinung berücksichtigen. Sie ist an Sachanlässe gebunden, und sie trifft damit auf ein aktuelles Sachurteil. Erzieherische Handlungen greifen nicht, wenn sie dieses Sachurteil nicht einkalkulieren.

Zweitens wird im Rahmen von Konsensbildung Urteilsbildung zu Sachfragen (einschließlich Verhaltensweisen) veranlaßt und beeinflußt; mit Rückwirkungen auf Klima und Gerichtetheit, also auf die stabile Befindlichkeit der Gruppe. Teilurteile gehen in diesen Fundus ein. Vermutlich wird dieser Fundus (Grundbefindlichkeit) gerade über Urteilsbildung zu aktuellen Fragen dynamisch aufgebaut.

Wir müssen es also lernen, mit der öffentlichen Meinung gestalterisch umzugehen. Wir wagen uns auf ein wenig erforschtes Gebiet.

Die öffentliche Meinung stellt sich einem *konkreten* Entscheidungsbedarf. Abgesehen davon, daß diese Konkretheit objektiv mehrere Urteilsvarianten zuläßt, trifft die Meinungsbildung nicht immer oder nicht auf Anhieb die wesentlichen Zusammenhänge und birgt deshalb ein Moment der Unsicherheit. Davon haben wir gesprochen. Gestalterische Einflußnahme sollte nicht darauf aus sein, die jeweils richtige Entscheidungsvariante hervorzubringen. Weiß der Erzieher, was in der konkreten Situation richtig ist; ist das, was er für richtig hält, wirklich richtig; kann er die öffentliche Meinung "vergewaltigen"? Wir schlagen einen anderen Zugang vor, der auf eine gewissermaßen "hauseigene" (auf die jeweilige Gruppe bezogene) Annäherung an die Treffsicherheit des Urteils hinausläuft. Wenn es auch eine Spielbreite in der konkreten Meinungsbildung gibt, so ist die öffentliche Meinung doch stets eine Art moralischer Offenbarungseid der Gemeinschaft. Wie sie sich auch konkret und aktuell entscheidet, die Gruppe bleibt sich gewissermaßen selbst treu, bewahrt ihre Grundatmosphäre und ihren Stil. Es gibt die Versuchung, davon abzuweichen, den Grundtonus zu verdrängen, Zugeständnisse zu machen, Rücksicht zu nehmen, zu vereinfachen; um die Sache schnell hinter sich zu bringen oder Konflikte zu vermeiden. In der Tendenz setzt sich der Grundtonus aber durch. Auf diese Tendenz sollte gestalterischer Einfluß hinwirken. Er sollte bemüht sein und dafür sorgen, *daß die Gemeinschaft sich selbst treu bleibt* innerhalb der konkreten Urteilsbildung. Gestalterischer Umgang mit der öffentlichen Meinung läuft darauf hinaus. Mit konkreten Meinungen zu aktuellen Fragen, mit denen er nicht einverstanden ist, muß der Erzieher leben können. Nicht aber darf er sich abfinden mit einer Verletzung der "Kultur" der Gruppe.

Praktisch sieht das so aus, daß er die Tendenz, sich selbst treu zu bleiben, über erzieherische Handlungen befördert, indem er die Notwendigkeit eindrucksvoll verdeutlicht und abfordert, anlaßgebundene Achtungssignale setzt (wenn das erforderlich ist), Zweifel an der konkreten Urteilsfindung anmeldet (wenn sich Abweichungen anbahnen), das Nachdenken innerhalb der Meinungsbildung kanalisiert, die vorhandene und bewährte Urteilsfähigkeit anmahnt, richtige Urteilsbildung (im Einklang mit der Gruppenkultur) bekräftigt. Gegebenenfalls ist ein "explosiver" Vorgang nötig, der eine grundsätzliche Selbstbesinnung der Gemeinschaft erzwingt.

Das ist ein hoher Anspruch an erzieherische Tätigkeit. Und wir wissen, daß dabei viel Unwägbares im Spiel ist. Es eröffnet sich ein weites Forschungsfeld. Wir wollen nicht verschweigen, daß der Erzieher kraft seiner Autorität und persönlichen Ausstrahlung Urteilsbildung auch verfälschen und Meinungen suggerieren kann. Wenn das geschieht, dann erfolgt das sicher unbeabsichtigt. Der Erzieher sollte einer solchen Versuchung nicht erliegen. Die Probleme werden dadurch nicht gelöst, sondern verdrängt oder aufgeschoben. Geschieht das vorsätzlich, dann reicht das an Manipulierung heran, die unvereinbar ist mit Erziehung und einen Mißbrauch der Autorität darstellt.

6 Erziehungsgestaltung in sozialpädagogischer Modifikation

Existenzberechtigung als theoretische Fragestellung

Die Vielfalt der Angebote in der Literatur über Jugendhilfearbeit ist beeindruckend. Ich wiederhole das. Ambulante, teilstationäre und stationäre Betreuungsformen stehen zur Auswahl; Gruppenarbeit und Einzelbetreuung. Manche Aktivitäten haben sich etabliert, andere befinden sich in der Erprobung. Das bewirkt in den neuen Bundesländern nicht nur Befriedigung, sondern zuweilen auch Verwirrung. Zum einen ist nicht alles machbar, weil nicht finanzierbar; und weil freie Trägerschaft erst im Aufbau ist. Durch Paten aus westdeutschen Bundesländern erfolgt örtlich eine Selektierung, weil sie verständlicherweise mit ihren persönlichen Erfahrungen und Ambitionen antreten. Schließlich herrscht Unsicherheit hinsichtlich der Weiterführung bzw. Modifizierung der aus der DDR-Zeit überkommenen Formen. Sie erscheinen mit einem Makel behaftet. Die Hauptform ist weggebrochen; nämlich das System der ehrenamtlichen Mitarbeit. Aus diesen Gründen existiert noch nicht eine Vielfalt von praktischen Projekten. Als Durchgangsstadium droht eine neue Einseitigkeit. Damit wird das unterlaufen, was als unbestreitbarer Vorzug des "pulsierenden" sozialpädagogischen Netzes angesehen werden muß. Denn nicht die Bestandteile in der Vereinzelung sind wichtig, sondern die Bestandteile in ihrer gegenseitigen Ergänzung, als Elemente eines Systems, das als Ganzes zur Verfügung steht. Das wird sich ändern. Unter dieser Voraussetzung wird es möglich sein, angemessen auf die unterschiedlichen individuellen Problemlagen zu reagieren, über "Jugendhilfeplanung" (vgl. Jordan 1992) die örtlichen und finanziellen Möglichkeiten adäquat und schrittweise zu berücksichtigen, den Angebotscharakter von Hilfen ohne merkliches Risiko des "Draußen-Bleibens" einzelner Kinder und Jugendlicher durchzusetzen; und Kreativität und Innovation zu befördern.

Das ist die praktische Seite der Angelegenheit. Es ist aber auch die Frage des sozialpädagogisch-*theoretischen* Verständnisses zu bedenken.

Argumente mit theoretischem Anstrich beziehen sich in der Regel auf das jeweilige Projekt. Auf der Ebene, auf der sie angesiedelt sind, widersprechen sie sich oft. So beruft man sich z.B. mit Bezug auf familienähnliche Formen der Heimerziehung auf die bewährte Normalität der Familie; bei betreutem Jugendwohnen auf die erzieherische Kraft einer speziellen Jugendkultur. Unterstellen wir, daß in den konkreten Fällen beide Formen positive Ergebnisse bringen, gerät die Erklärungsgrundlage ins Wanken. Offensichtlich reicht die gewählte Begründungsebene nicht aus. Wir müssen tiefer loten; und zwar unter der Fragestellung, worauf in beiden Fällen der Erfolg beruht. Nach Wirkungsfaktoren muß gesucht werden, die in beiden (oder allen erfolgreich praktizierten Fällen) zum Tragen kommen. Die jeweils konkrete institutionelle oder organisatorische Form wäre dann nur eine Modifikation von übergreifenden Zusammenhängen.

Tatsächlich ist das nach wie vor ein Streitpunkt im Hinblick auf pädagogische Theoriebildung im Feld der Sozialarbeit, wie aus der Literatur hervorgeht. Angesichts der Vielfalt der Angebote und Projekte erhebt sich ernstlich die Frage, ob es sinnvoll und erfolgversprechend ist, nach Gemeinsamkeiten und tieferliegenden Zusammenhängen zu suchen, welche die mannigfaltigen Lösungsvarianten verbinden und ihre Wirksamkeit beeinflussen. Das ist um so mehr der Fall, als die Angebote sich vielfach alternativ zueinander geben und oft tatsächlich aus einem solchen Ansatz heraus ihren Ursprung nehmen. Mit der Beantwortung dieser Frage wird aber über das Schicksal, d.h. über die Berechtigung oder Nicht-Berechtigung, einer übergreifenden sozialpädagogischen Theorie entschieden.

Diese Streitfrage gewinnt für die neuen Bundesländer insofern eine zusätzliche Brisanz, als verständlicherweise bei den neuen Angeboten zunächst die organisatorische bzw. institutionelle Form ins Auge gefaßt wird. Heimerziehung gilt eo ipso als suspekt. Andere organisatorisch-institutionelle Gegebenheiten werden bevorzugt. Das ist in gewisser Weise berechtigt. Aber die Erklärgrundlage dafür findet sich nicht zuerst und ausschließlich auf der organisatorischen Betrachtungsebene, sondern liegt tiefer, berührt die Frage nach Funktion und Charakter sozialpädagogischer Hilfen. Hier muß das Bemühen um Verständnis ansetzen; und da reichen nicht solche Kurzformeln aus wie "Individualität statt Kollektivität", "Einzelbetreuung statt Gruppenbetreuung", "Gewähren-Lassen statt Fordern".

Was die Heimerziehung anbelangt, muß man die Entwicklung dieser Betreuungsform in der alten BRD nachvollziehen. Ich stütze mich auf einen Artikel von Ullrich Gintzel.

Die 1965/66 einsetzende Studentenbewegung machte ernst mit der Forderung nach mehr Demokratie — und sie machte auch vor den Heimen nicht halt. Die Heimkampagne hatte 1969 in Hessen (Staffelberg) begonnen und stellte bald das System der Heimerziehung in der gesamten Bundesrepublik in Frage. Es kommt zu einer breiten Reformbewegung innerhalb der Hilfe zur Erziehung, was in dieser Zeit vor allem Heimerziehung heißt. Insgesamt wird der Versuch unternommen, Heimerziehung und damit die Lebensbedingungen der HeimbewohnerInnen zu verbessern. Hinsichtlich bestimmter Parameter gelingt das mit der Zeit (Personalsituation, Wohnsituation, Bildungs- und Ausbildungssituation, Rechte und Beteiligung der Heimbewohner, Angemessenheit der Heimunterbringung). Obwohl die Reformbewegung nur schleppend vorankommt, hat die Heimerziehung erhebliche Fortschritte gemacht, um die Reformziele zu erreichen. Es bleibt aber die Frage nach ihrer Wirkung als sozialpädagogische Hilfeform; vor allem in der modifizierten Variante "Für *welche* Kinder und Jugendlichen sind *welche* Heime die richtigen Lebensorte und Hilfeformen?" Der Autor des Artikels kommt zu dem Schluß, daß für eine zunehmend große Zahl von Kindern und Jugendlichen Heimerziehung nicht mehr als die geeignete Hilfeform im Rahmen der Jugendhilfe angesehen werden kann. Er zitiert andere Stimmen, die z.B. konstatieren, daß trotz vorhandener Anlässe zur Kritik sich der Wandel von der Anstalt zum Heim in der Ausgestaltung öffentlicher Erziehung zumindest tendenzell vollzogen habe. Und er stellt (resignierend) fest, daß gegenwärtig immer noch vor allem fiskalische Gründe und das vorhandene (oder nicht vorhandene) Angebot an anderen Erziehungshilfen primär für das Heim sprechen; wobei das Wunsch-Bild moderner Heimerziehung beschrieben wird als eine Vielfalt unterschiedlicher Lebensorte, zu denen u.a. Kinderhäuser und Kleinstheime, Jugendwohngemeinschaften, Wohngruppen und Tagesheimgruppen gehören. (vgl. Gintzel 1993) Den möglichen Vorwurf in Kauf nehmend, daß ich die Aussage aus ihrem Zusammenhang herausklaube, zitiere ich Mollenhauer: "Die Träume von einer gänzlichen Abschaffung der Heimerziehung sind gewiß weniger realistisch als die konsequente Verbesserung der bestehenden Einrichtungen: Reduzierung der Gruppengrößen, Umwandlung der Architekturen in lebenswerte Räume, Ausstattung mit sorgfältig ausgewählten Spiel- und Bildungsmaterialien, Herstellen eines kulturell und therapeutisch anspruchsvollen Milieus usw." (Mollenhauer 1989, 17)

Dieser Exkurs dürfte für die Mitarbeiter der Jugendhilfe in den neuen Bundesländern von Interesse sein. Er bekräftigt die Forderung nach einem sozialpädagogischen Netz, das als Ganzes zur Verfügung stehen muß; einschließlich der Heimerziehung, die ihrerseits nach "Modernisierung" strebt.

Diese Vielfalt als Ganzheit verlangt um so mehr danach, übergreifend-allgemeingültige Wirkungszusammenhänge zu ergründen. Der alternative Charakter der verschiedenen Projekte ist relativ. Sie stehen sich nicht im Sinne von Ausgeschlossensein gegenüber. Sie konstituieren vielmehr das schon vielfach erwähnte sozialpädagogische Netz, das als Ganzes die individuell unterschiedlichen Lebenslagen des Klientel erfaßt. Die übergreifenden Wirkungszusammenhänge treten in den unterschiedlichen Bestandteilen modifiziert in Erscheinung und geben gerade deshalb eine Orientierungsfunktion her für deren Ausgestaltung. Selbstverständlich gibt es beeindruckende Ansätze für diese Art Theoriebildung in der westdeutschen Sozialpädagogik. Wir wollen uns lediglich ergänzend einbringen.

Welches ist der *Erkundungsbereich* sozialpädagogischer Theorie?

Soziale Arbeit ist das Bemühen um Hilfeleistung für individuelle Lebensbewältigung in definierten Situationen, deren Kenntnis bei den Lesern vorausgesetzt werden kann. Es liegt in der Natur der Sache, daß dabei, nunmehr auch in den neuen Bundesländern, unterschiedliche Motive, Konzeptionen und Methoden im Spiel sind. Je nach dem politischen und weltanschaulichen Standort des Akteurs oder Betrachters dominieren lebensbegleitende Fürsorge, Wohltätigkeit, Integrationshilfe als Lebenshilfe oder als Durchsetzung des Anspruchs der Klienten auf Selbstverwirklichung als Persönlichkeit; werden die gesellschaftlichen Rahmenbedingungen mit unterschiedlichem Radius in die Veränderungsabsicht einbezogen.

In der Praxis der sozialen Arbeit erweist sich diese Vielfalt als Bereicherung, Anregungspotential und Erfolgsoptimierung. Die Varianten ergänzen einander, weil sie sich in der humanistisch motivierten Hilfe für Lebensbewältigung treffen.

Daraus resultiert eine von politischen und philosophischen Grundhaltungen relativ abgehobene *Sachkompetenz für soziale Arbeit*, die als wissenschaftlicher Bearbeitungsgegenstand aufgegriffen werden kann. Diese Bearbeitung sollte die unterschiedlichen Zugänge nicht verwischen, sondern das gefächerte Spektrum im Interesse des Erkenntnisfortschritts und der Handlungsorientierung nutzen.

Die soziale Arbeit umfaßt rechtliche, sozialpolitische, finanzielle, organisatorisch-administrative, fürsorgerische, therapeutische und andere Dimensionen, weist aber stets auch einen *erzieherischen* Aspekt auf. Menschen treten in Kontakt, beeinflussen einander. Hilfe und Befähigung zur Selbsthilfe sind darin als Absicht und Aktivität eingeschlossen. Das betrifft alle Altersstufen, tritt in der Jugendhilfe – die wir in dieser Schrift exemplarisch behandeln – besonders ausgeprägt in Erscheinung.

Erziehung in diesem Verständnis ist dem Alltag der sozialen Arbeit immanent. Gegenseitige Beeinflussung im zwischenmenschlichen Kontakt kann weder ausgeschlossen oder ausgeklammert werden; noch ist sie ausschließlich an spezielle Verfahren gebunden, die in keiner Beziehung zu der Alltagskomponente stehen. Dennoch ist Erziehung keinesfalls nur Begleiterscheinung von Alltagsprozessen. Sie ist der Optimierung zugänglich, wenn Zusammenhänge zwischen den umständebedingten Alltagskontakten und den intentionalen Bemühungen aufgedeckt und als Handlungsorientierungen zugänglich gemacht werden. Daraus folgen die Möglichkeit und das Erfordernis der theoretisch-wissenschaftlichen Reflexion als *sozialpädagogische Bearbeitung*.

Begrifflichkeit der Sozialpädagogik

Einer problematisierenden Erörterung bedarf zunächst das *methodologische Vorgehen* auf dem Weg zu sozialpädagogischen Aussagen; der Frage also: Wie gelangt man über gedanklich-wissenschaftliches Bemühen zu solchen Aussagen, die Orientierungswert für praktische Arbeit haben könnten.

In allgemeinster Fassung tritt uns der Weg folgendermaßen gegenüber: Von konkreten Verwirklichungsformen sozialpädagogischer Aktivität wird abstrahiert. Man sucht nach tieferliegenden Faktoren und Zusammenhängen, die offensichtlich übergreifend wirksam sind. Diese werden begrifflich gefaßt. Die Begriffe werden als Strategie für die Erklärung des Besonderen genutzt. Die so verstandene Konkretion ist ihrem Wesen nach eine Modifizierung des Allgemeinen unter gedanklicher Einbeziehung der jeweils konkreten Umstände. Es handelt sich um eine dialektische Methodologie. Der Erkenntnisweg verläuft vom Sinnlich-Konkreten zum Abstrakten und von dort zum Geistig-Konkreten.

Der gedankliche Aufwand ist erfolgversprechend. Selbstverständlich sind Fehlleistungen und Irrtümer bei der Abstraktion und bei der Konkretion nicht ausgeschlossen. Jeder Versuch kann deshalb nur ein Diskussionsbeitrag sein. Wenn es aber gelingt, die Erscheinungen zu hinterfragen und zum Wesen vorzudringen, dann ist eine begrifflich-gedankliche Orientierung gewonnen, mit der umzugehen es sich lohnt.

Wir beschäftigen uns in diesem Abschnitt zunächst mit dem Vorgang der Abstraktion. Er führt zur Begrifflichkeit der Sozialpädagogik. Diesen Zentralbegriffen kommt eine große Bedeutung zu für die Erklärung sozialpädagogisch-konkreter Realität und für ihre theoretische Orientierung im Hinblick auf Gestaltung. Aber wir wollen an dieser Stelle schon darauf verweisen, daß der Suchprozeß der Sozialpädagogik mit der Herausarbeitung dieser Begriffe nicht "beendet" ist. Sie stellen gewissermaßen ein Zwischenergebnis dar. Sie bilden die Wirklichkeit auf hoher Abstraktionsebene ab, "entfernen" sich in diesem Sinne von der lebendigen Realität. Um sich ihr wieder zu nähern, verbietet sich einfache Deduktion, also logisch-lineare Ableitung. Der spezielle Zuschnitt auf die verschiedenen Verwirklichungsformen und Projekte kann auf diese Weise nicht erreicht werden. Der Weg vom Allgemeinen zum Besonderen muß vielmehr die jeweils konkreten Umstände und Bedingungen, von denen bisher abgesehen wurde, wiederum gedanklich einbeziehen. Genau das wird unter Konkretion verstanden. Die Begriffe gewinnen in diesem Zusammenhang die Funktion von "Mittelgliedern", mit deren Hilfe das Allgemeine zum Besonderen hin modifiziert wird. Sie sind auf dieser Ebene Ausgangsabstraktionen, die den Suchprozeß kanalisieren. Sie werden, wie schon erwähnt, als Strategie für die Erklärung und Gestaltung des Konkreten (Besonderen) benutzt. Auf diesen bedeutsamen und komplexen Vorgang der Konkretion werden wir im letzten Abschnitt dieses Kapitels eingehen.

Kommen wir zurück zur Bestimmung der Zentralbegriffe der Sozialpädagogik.
In der sozialwissenschaftlichen, psychologischen, soziologischen und pädagogischen Literatur ist im Zusammenhang mit der uns hier interessierenden Frage die Rede von Gefährdung, Fehlentwicklung, Integrationsdefizit, Defektivität der sozialen Beziehungen, Störungen in der Persönlichkeitsentwicklung, Erziehungsschwierigkeiten. Solche Zustände sollen vorbeugend verhindert oder nachgehend überwunden werden. Der vorsichtige Versuch einer Verallgemeinerung dieser terminologisch unterschiedlich besetzten Zugänge könnte ergeben: Es handelt sich um Integrationsbesonderheiten mit destabilisierenden Folgen für die Persönlichkeitsentwicklung, welche die Betreffenden in Schwierigkeiten und Konflikte bezüglich ihrer Lebensbewältigung bringen.
Was die Verursachung anbelangt, beggnen uns Erklärungsversuche, die mit unterschiedlicher Gewichtung biotische oder soziale Momente heranziehen. Eine extreme Gegenüberstellung ist aber kaum noch anzutreffen. Vielmehr bewegen sich die Auffassungen innerhalb der Einheit von biologischen, psychischen und

sozialen Faktoren ("biopsychosoziale Einheit Mensch"). Man ist auf der Suche nach einer umfassenden Ökologie der Humanontogenese, welche "alle wesentlichen Merkmale der Struktur der biopsychsozialen Einheit, also der Komplexität in ihrer Entwicklung im Zusammenhang mit der jeweils aktuellen Umwelt berücksichtigen" muß. (Wessel 1987, 562) Das ist der konsensfähige allgemeine theoretische Hintergrund, der auch die Erklärungsstrategien für *Verursachung* von Integrationsbesonderheiten zunehmend bestimmt. Sie beeinflussen selbstverständlich die jeweils favorisierte *Bewältigungs-Strategie*, also die Beantwortung der Frage, worauf Hilfe für Lebensbewältigung in den Fällen von Integrationsbesonderheiten gerichtet ist und worin das Wesen dieser Aktivität besteht. Dabei spielen allerdings auch politische Standorte eine Rolle. Sie bewegen sich, wie schon erwähnt, zwischen dem caritativen Aspekt und dem Bemühen, den Anspruch des Kindes auf Selbstverwirklichung in der Gesellschaft durchzusetzen. In Abhängigkeit davon werden die gesellschaftlichen und sozialen Rahmenbedingungen in einem unterschiedlichen Radius in die Veränderungsabsichten einbezogen; wobei es nicht um eine Umstülpung der Gesellschaftsordnung geht, sondern darum, die sozialstaatlichen Gegebenheiten zu nutzen, zu erweitern und ihnen im Interesse der Kinder Leistungen abzutrotzen. Hier schwingt die Einsicht in historische Entwicklungen mit, welche zutage fördert, daß soziale Arbeit "denjenigen Bereich der Erziehungswirklichkeit (umfaßt), der im Zusammenhang mit der industriellen Entwicklung als ein System gesellschaftlicher Eingliederungshilfen notwendig geworden ist, sich erweitert und differenziert hat; Eingliederungshilfen, die gleichsam an den Konfliktstellen der Gesellschaft entstehen …" (Mollenhauer 1964, 12)

Wenn in der westdeutschen Sozialpädagogik (neben anderen Begriffen) *Integrationshilfe* als zentrale Kategorie verwendet wird, dann ergeben sich Analogien zu unserer Fassung der sozialpädagogischen Aufgabe, insbesondere zur "Normalisierung der sozialen Beziehungen". Dabei übersehen wir nicht das unterschiedene Menschenbild und das unterschiedene Gesellschaftsverständnis, das wir unterlegt hatten. Aber selbst da gibt es formale Annäherungspunkte. Auch wir wollten nicht "Einpassung", sondern Befähigung zur Lebensgestaltung; auch wir wollten dem Staat Förderung bestimmter Kinder "abtrotzen", ihn veranlassen, seine Möglichkeiten auszuschöpfen. Eine andere Frage ist es, was dabei herausgekommen ist. Aber die Denkhaltung ist ähnlich. Aus ihr heraus erhält oder entwickelt sich ein annäherndes Verständnis, wenn von "Integrationshilfe" die Rede ist.

Der Begriff der Integrationshilfe beweist seinen Orientierungswert in allen Feldern und bezüglich aller Aspekte der sozialen Arbeit: Jugendsozialarbeit, Rehabilitation Behinderter, Sozialtherapie, Fürsorge für Haftentlassene, Obdachlosenfürsorge, Seniorenbetreuung, Drogenfürsorge usw.; bezogen auf materielle, rechtliche, organisatorische, therapeutische u.a. Hilfen. Das deutet darauf hin, daß es sich um einen sozialwissenschaftlichen Begriff handelt, noch nicht um einen pädagogischen Begriff. Integrationshilfe ist aber immer auch Alltagsumgang mit Menschen, intentionaler zwischenmenschlicher und damit *erzieherischer Bezug*. Deshalb ist es berechtigt und erforderlich, Integrationshilfe spezischer als pädagogischen Begriff zu definieren. Damit nähern wir uns den gedanklichen Mittelgliedern, über die allgemeine Aussagen zur Erziehung in den sozialpädagogischen Gedankenkreis modifiziert werden.

Der Begriff "Integrationshilfe" impliziert eine *pädagogische* Blickrichtung auf Gemeinschaftsleben und Sozialbeziehungen; denn wenn er in pädagogischer Fassung die Sphäre der gesellschaftlichen Verhältnisse verläßt, kann er nur mit Bezug auf überschaubare und erzieherisch gestaltbare Gemeinschaftsbeziehungen sinnvoll verwendet werden. Gemeinschaftsleben und Sozialbeziehungen treten uns als eine Begrifflichkeit gegenüber, die allgemeine Erklärkraft und Bedeutung für sozialpädagogische Aktivitäten besitzt.

Sie berührt nicht nur institutionell festgelegte Formen der Gesellung (Schulklasse, Heimgruppe, Selbsthilfegruppe, Therapiegruppe), sondern auch informelle Formen, die sich in der Variationsbreite sozialpädagogischer Angebote als Alternativen zur institutionellen Ausgestaltung verstehen. Unser Verständnis von Gemeinschaftsleben und Sozialbeziehungen tendiert zum Alltagsgeschehen, insofern dieses Intersubjektives einschließt.

Diese Art von Gesellung ist als Kontaktsphäre so selbstverständlich und "naturgegeben", daß sie in ihrer erzieherischen Relevanz zuweilen unterschätzt oder gar übersehen wird. Die Aufmerksamkeit richtet sich stärker auf spezielle methodische Verfahren wie Trainingsprogramme, Übungen zur Konfliktbewältigung usw. Solche speziellen Verfahren vollziehen sich aber immer vor dem Hintergrund von Alltagsgeschehen; und dieses ist in keinem Falle erzieherisch neutraler Zweckmäßigkeitsrahmen. Vielmehr findet die Wirksamkeit von speziellen Verfahren in der Sinnstiftung des Gemeinschaftslebens als Alltagsgeschehen ihre Grundlage. Ob das Gemeinschaftsleben ein "Raum" gegenseitiger Abhängigkeit ist, Konsensbildung stattfindet, Fortschritt in der Sinnhaftigkeit erzielt wird, alle Beteiligten sich als Partner verstehen und erleben; das sind nicht Randbedingungen für Erziehung, sondern das ist Erziehung; auch wenn es noch so "alltäglich" anmutet. Spezielle Verfahren können diese erzieherische "Hintergrundstrahlung" eigentlich nur ergänzen, deren Wirkung auf Persönlichkeitsverhalten gewissermaßen verstärken, zielstrebiger bündeln. Sie sind nicht vorstellbar als vom Alltag abgehobene Sonderaktivitäten.

Eine Selbsthilfegruppe zum Beispiel kann Konfliktbewältigung üben. Ob dabei für die Teilnehmer etwas herauskommt, hängt wesentlich von der Gruppenatmosphäre ab, innerhalb derer sich diese Übungen vollziehen; ob man das wahrhaben will oder nicht. Und diese Gruppenatmosphäre ist über Erziehungsgestaltung im Gemeinschaftsleben und als Umgang mit den Sozialbeziehungen zu beeinflussen.

Damit avanciert erzieherischer Umgang mit Gemeinschaftsleben und Sozialbeziehungen zu einer bedeutsamen Begrifflichkeit der Sozialpädagogik.

Wir haben bei dem Vergleich von Gruppenpädagogik und Kollektiverziehung schon angedeutet, daß es hinsichtlich dieses Aspektes der Begrifflichkeit eine gewisse Paßfähigkeit gibt, bezogen auf beide Herleitungs-Linien.

Das "weite" Erziehungsverständnis der westdeutschen Sozialpädagogik drückt sich in solchen Bestimmungen aus wie Gruppenarbeit, Gruppenpädagogik, partnerschaftliches Verhältnis, Interdependenz, Offenheit der Erziehungssituation, Erziehung als Arrangement der Bedingungen, Ablehnung vordergründig direkter und linearer Beeinflussung der Kinder usw. Das steht im Widerspruch zum "linearen Führungsmodell", das in der DDR-Pädagogik trotz gegenteiliger Beteuerungen beherrschend war, durchaus aber im Einklang mit unserer Interpretation der Auffassungen Makarenkos und dem Erziehungsverständnis, das sich in den 80er Jahren zu entwickeln begann.

Die Verallgemeinerung kann gewagt werden, daß die westdeutsche Sozialpädagogik ein Erziehungsverständnis anstrebt und favorisiert, das im Unterschied zu traditionellen didaktischen Konzepten der *sozialen Dimension* von Erziehungswirkungen besondere Beachtung schenkt und Erziehungsvorgänge in ihrer *Alltagsgebundenheit* untersucht.

Der Begriff "Integrationshilfe" impliziert neben dem Bezug auf Gemeinschaftsleben und Sozialbeziehungen auch die Blickrichtung auf einen "*Neuanfang*" in der Erziehung.

Wir erinnern zunächst an die Grundaussagen zum Wesen von Erziehungsschwierigkeiten, die sich in der widersprüchlichen Theorieentwicklung, an der wir teilgenommen haben, herausgebildet hatten; und die wir schon vorgestellt haben. Sie gruppieren sich um die von Makarenko geprägten Begriffe der "Defektivität der Beziehungen" und der "Normalisierung der Beziehungen" sowie der Veränderung der Gerichtetheit der Persönlichkeit über die "Explosionsmethode". Diese Begrifflichkeit spielte auch in der westdeutschen pädagogischen Literatur eine Rolle, wenn auch nicht vorherrschend. So schreibt zum Beispiel Helmut Kentler: "Die Jugendarbeit kann sich nämlich nicht an vorgezeichnete Bildungswege und vorgegebene Lehrpläne halten: Da sie den jungen Menschen in seinem Alltag begleitet, ist sie darauf angewiesen, was der Alltag ihr bietet — sie kann nur mit den Mitteln einer unstetigen Pädagogik arbeiten, und darum braucht sie eine Strategie und eine Taktik, die verhindern, daß sich ihr Tun in Einzelaktionen auflöst, die planlos, ohne Zusammenhang und damit folgenlos passieren ... Die Autonomie des Menschen ist das Fernziel der Jugendarbeit, wie sie das Fernziel der mündigen Gesellschaft ist. Es kann jedoch nur erreicht werden durch systematische Planung: Der Weg, der zu ihm hinführt, muß geebnet werden, und er muß gekennzeichnet sein durch Stationen, wo die Freiheit wächst. Das heißt: Der Weg zur Autonomie muß durch Zwischenziele in einzelne Etappen aufgegliedert werden, die unter den jeweils gegebenen Umständen erreicht werden können und insgesamt eine *Perspektive* ergeben, die auf das Fernziel hinführt. Die Strategie in der Jugendarbeit ist die Kunst, solche Perspektiven zu finden oder selbst zu setzen... In der Taktik der Jugendarbeit geht es um das Problem, wie die vorhandenen Kräfte unter den jeweils gegebenen Umständen zur Erreichung des nächsten Zwischenzieles eingesetzt werden können; sie will den Willen zur Klärung im jungen Menschen wecken und damit die entscheidende Vorbedingung schaffen, ohne die Aufklärung nicht möglich ist. Wie aber entsteht dieser Wille zur Klärung, wie kann er in der Jugendarbeit erzeugt werden? Er kann nicht allmählich entstehen und darum auch nicht durch stetige Einwirkung hervorgebracht werden. Denn wenn es sich beim Zustand der Unmündigkeit um einen defizienten Modus des Menschseins handelt, dann beruht er stets auf defektiven Beziehungen zum eigenen Selbst, zu den anderen Menschen und zur Umwelt – ihm entspricht eine Defektivität des Bewußtseins als Resultat der gestörten Beziehungen des Einzelnen zur Gesellschaft, des Widerspruchs zwischen seinen persönlichen Forderungen und den Anspüchen der Gesellschaft. Daraus folgen ein herabgemindertes Wissen, herabgeminderte Vorstellungen und Einstellungen und verkürzte Handlungsschemata, die nicht mehr die ganze Fülle des tatsächlich Menschenmöglichen einschließen, sondern sich faul und feige mit dem zufrieden geben, was ohnehin geschieht. Anton Semjonowitsch Makarenko, der mit solchen defektiven Beziehungen höchsten Grades, nämlich mit den Beziehungen jugendlicher Rechtsbrecher zu tun hatte, sagt von ihnen, sie stellten ein undurchdringliches Dickicht dar, das evolutionär durch allmählich einsetzende und dann dauernd anhaltende Einwirkung kaum zu entwirren sei ... Ich fand diese Behauptung Makarenkos in der Praxis der Jugendarbeit immer wieder bestätigt ... Die einzig mögliche Methode besteht darin – wie man von Makarenko lernen kann – die defektiven Beziehungen nicht zu erhalten, ihnen keine Entfaltungsmöglichkeiten zu geben, sondern sie zu vernichten, zur Explosion zu bringen. Unter "Explosion" versteht Makarenko, daß ein Konflikt erzeugt und bis auf die äußerste Spitze getrieben wird, so daß weder eine Evolution noch ein Wettstreit mehr möglich ist und es 'hart auf hart' geht." (Kentler 1986, 53 ff.)

Selbstverständlich kann man sich eine mehr ausgereifte und treffendere Fassung dieser Begrifflichkeit außerhalb unserer und der hier zitierten Interpretation vorstellen. Wir haben sie in einem Ansatz von Wolfgang Sünkel gefunden. (vgl. Sünkel 1989) Auch sie ist aus einem "Seitenblick auf Makarenko" entstanden. Sie gibt u.E. in besonderer Weise Orientierung her für Überlegungen zur Erziehungsgestaltung. Sie befindet sich nach unserer Auslegung im Einklang mit unserem Zugang, so daß wir keinerlei Schwierigkeiten haben, sie zu akzeptieren und als gedanklichen Fortschritt zu respektieren und zu benutzen.

Sünkel bespricht die "Situation des korrektiven Neuanfangs", verstanden als relative Neuorientierung bei Störungen im Erziehungsprozeß. Wir interpretieren sie als begriffliche Fassung der sozialpädagogischen Ausgangslage.

Diese Situation löst (nach Sünkel) nur dann Veränderungen hinsichtlich der Entwicklung der Persönlichkeit aus, wenn es sich um eine offene Situation handelt. Diese Offenheit ist nur in seltenen Fällen aus den Umständen heraus von vornherein gegeben. Sie muß hergestellt werden; und zwar durch den Erzieher. Sünkel beschreibt das Vorgehen bei Pestalozzi und Makarenko und findet ein gemeinsames Prinzip. Es ist dies die Eröffnung eines unbelasteten und variationsfähigen Umgangs zwischen Zögling und Erzieher auf der vorpädagogischen, sozusagen personal-menschlichen Ebene; als Voraussetzung für die instrumentale Seite des

Bezugs (die Methode, welche erst den pädagogischen Bezug konstituiert), die in unserem Falle (Resozialisierung) als korrektive Veränderung der Gerichtetheit der Persönlichkeit gedacht ist. In Anlehnung daran könte der Problemgehalt der Ausgangslage "Erziehungsschwierigkeit" versuchsweise so skizziert werden:

- Zum Problem wird für alle Beteiligten, daß individualistische Gerichtetheit der Persönlichkeit und Erwartungen der Gemeinschaft kollidieren; zum Konflikt führen; ein *Handlungsbedarf* im Sinne eines *Neuanfanges* vorhanden ist.
- Die Situation muß *geöffnet* sein, damit spontane Aktivitäten ausgelöst werden, die "aufeinander zulaufen" (Sünkel) und über Konsensbildung Fortschritt im Hinblick auf Sinnstiftung des Gemeinschaftslebens und zweckmäßiger Lebensordnung und Umgangskultur bewirken.
- Die aus der Situation heraus in Gang kommenden Prozesse müssen *methodisch* so befördert werden, daß eine Korrektur des Verhaltens angebahnt und erreicht wird.

Die Situation des zugleich korrektiven und offenen Neuanfanges innerhalb von Erziehung (Sünkel) wäre die Fassung eines sozialpädagogischen Zentralbegriffes, der wir einen hohen Orientierungswert zusprechen.

Umgang mit Gemeinschaftsleben und Sozialbeziehungen sowie Öffnung der Situation zum Zwecke des erzieherischen Neuanfanges nach Störungen im Erziehungsprozeß haben wir als zwei wesentliche Aspekte der Begrifflichkeit vorgestellt, die in der Variationsbreite sozialpädagogischer Aktivitäten übergreifend eine Rolle spielen. Sie stellen die Ausgangsabstraktionen dar, die für sozialpädagogische Verwirklichungsformen auf dem Wege der Konkretion modifiziert werden müssen. Gestalterischen Umgang mit Gemeinschaftsleben und Sozialbeziehungen zum Zwecke des Neuanfangs könnte man als *sozialpädagogische Sachkompetenz* bezeichnen.

Gretchenfrage Erziehungsgestaltung

Wir haben Umgang mit Gemeinschaftsleben und Sozialbeziehungen zum Zwecke der Neuorientierung der Persönlichkeit als zentrale Begrifflichkeit der Sozialpädagogik vorgestellt. Von sozialpädagogischer Sachkompetenz reden wir, wenn der Umgang als gestalterisches Bemühen aufgefaßt wird. Gestaltung verstehen wir in diesem Zusammenhang nicht als lineare Führung, sondern vielmehr als Gestaltungsmoment innerhalb der Aktivität der Gemeinschaft als Erziehungssubjekt. Ist ein solcher Zugriff überholt? Diese Frage erhebt sich mit wahrscheinlich zusätzlicher Brisanz für die neuen Bundesländer, weil aus der DDR-Szene heraus alles, was an "Führung" erinnert, suspekt geworden ist, und möglicherweise als Pendelschlag das Kind mit dem Bade ausgeschüttet wird, zumindest sich Unsicherheit ausbreitet.

Wie ist es mit dieser Problematik in der westdeutschen Literatur bestellt?

Der erste Eindruck kann nur oberflächlich sein und hält sich in den Grenzen einer mehr zufälligen persönlichen Erkundung. Aber vielleicht ist er gerade deshalb nicht unzutreffend, weil die Draufsicht noch nicht durch Zugehörigkeit zu einer der wissenschaftlichen Schulen blockiert ist.

Ins Auge fällt zunächst die Vielzahl und Vielfältigkeit einer Literatur, die man vielleicht als "Ratschlag-Pädagogik" qualifizieren kann. Die theoretische Herleitung ist meist verschwommen, bewegt sich mehr in der Nähe des "gesunden Menschenverstandes" denn theoretischer Einsichten. Unbekümmert wird der Anspruch auf Gültigkeit und Richtigkeit erhoben. Das jeweilige Aussagen-Konglomerat ist meist an Projekte gebunden, wird als Angebot auf den Markt gebracht, ist in Prospekten auf Glanzpapier nachzulesen, wird angepriesen, weil es finanziert werden will.

Wenn man solche Literatur zur Kenntnis nimmt, erhärtet sich ein Eindruck, den ich schon aus der DDR-Szene mit herübergenommen habe: Das hat es auch bei uns gegeben. Solche Art Pädagogik lebt von der Erwartungshaltung der "Kundschaft", für das "Erziehungsgeschäft" Ratschläge und auch praktisch-ergänzende Hilfe zu erhalten. Sie unterwirft sich konjunkturell diesem Erwartungsdruck und nutzt ihn, Angebote auf den Markt zu bringen. Sie bietet Lösungen an, die vor allem durch verkürzte Plausibilität "überzeugen" sollen. Und sie baut auf eine Art Horoskop-Effekt: Manchmal werden die Ratschläge schon greifen; gegenteilige Wirkungen schwächen sich demgegenüber im öffentlichen Bewußtsein ab. Die Sozialisation wird es schon richten. Eigentlich kann nichts schief gehen.

Von solcher Art Pädagogik heben sich pädagogisch-theoretische Erörterungen und Untersuchungen wohltuend ab. Auch sie umspannen eine breite Palette. Hier erwachsen Vielfalt und Pluralismus nicht aus Geschäftsinteresse, sondern verkörpern die Fruchtbarkeit unterschiedlicher Zugänge und schaffen eine breite Basis für Meinungsbildung und Meinungsstreit. Unterschiedliche weltanschauliche Positionen, ideologische und theoriegeschichtliche Herleitungen gelangen ins Spiel. Sie sind in dieser Vielfalt anregend, in ihrer Beliebigkeit zuweilen auch verwirrend; zugleich fesselnd und faszinierend in ihrer jeweiligen eigenständigen Logik. Allerdings tritt auch hier in Erscheinung, was wir auch aus der DDR-Pädagogik kennen: Es wird mehr *über* Erziehung gesprochen denn *von* Erziehung. Aussagen über Gestaltung von Erziehung sind vielfach ausgespart. Die pädagogische Praxis bleibt weitgehend "außen vor" (wie man jetzt so schön sagt). Von Erziehungsmethodik ist selten die Rede; am ehesten noch dann, wenn empirische Untersuchungen durchgeführt und interpretiert werden; und bei theoretischen Erörterungen, die sich an den historischen Aspekt halten. Hier schlägt die Tatsache durch, daß "große" Pädagogen, die einen nachhaltigen Beitrag zu dieser Wissenschaft geleistet haben, deshalb die Praxisebene nicht auslassen, weil sie in der Mehrzahl selbst Praktiker waren. Ich denke an Pestalozzi, Salzmann, Owen, Makarenko und andere.

Selbstverständlich gibt es Ausnahmen; wobei diese Relativierung vielleicht irrtümlich meinem begrenzten Überblick geschuldet ist.

Für Kompatibilität und mögliche Zusammenarbeit ist von Interesse, daß in der westdeutschen Pädagogik die Grundfragen nach der Möglichkeit, Funktion und dem Charakter von Erziehung problematisierend im Gespräch sind. Die Pädagogik ist auf dem Prüfstand; unter anderer Herleitung, als dieser Vorgang die DDR-Pädagogik betrifft, aber nicht minder radikal und provokant, wie es uns für unsere Beiträge jetzt gut zu Gesicht stehen muß.

Exemplarisch nenne ich Heinrich Kupffer. Mit seiner Abhandlung "Pädagogik der Postmoderne" (Kupffer 1990) will er zur Klärung der logischen Bedingungen beitragen, unter denen wir heute auf dem Erziehungsfeld denken und handeln.

Seine These lautet: "Das pädagogische Bewußtsein ist hinter das gesellschaftliche Sein zurückgefallen. Dieses Bewußtsein setzt offiziell noch immer voraus, man könne den jungen Menschen durch Bildung und Erziehung planvoll auf ein voraussehbares Leben vorbereiten und dadurch, wenigstens indirekt, auch steuernd in die gesellschaftliche und kulturelle Entwicklung eingreifen. In der erfahrbaren Wirklichkeit geschieht jedoch offenbar etwas anderes: Wie die übrigen Kulturgebiete, so reproduziert auch die Pädagogik die Logik unserer sozialen Existenz, denn sie ist selbst ein Element und eine Funktion der gegenwärtigen Massengesellschaft. Erst eine Besinnung auf die Grundlinien des heute üblichen Lebensstils im ganzen gibt uns Aufschluß darüber, was in der Pädagogik geschieht." (Kupffer 1990, 9) Den Anspruch, den er in Zweifel zieht, charakterisiert er als den Anspruch der Moderne. Er kann in der "Postmoderne", in der wir heute leben, nicht eingelöst werden. Man kann ihn weder herüberretten, noch gibt es ein Zurück in solchen Lebensstil und damit in den Gedankenkreis dieser Zeit. Auf dem Erziehungsfeld herrscht die Beliebigkeit der postmodernen Gesellschaft. Zwischen wirklicher und entfremdeter Welt ist nicht mehr zu unterscheiden, denn die entfremdete ist zugleich die täglich erfahrbare wirkliche Welt, hinter der es keine andere mehr gibt. Das "Grund-Design" des Bezugs zwischen Erwachsenen und Kindern, das die Pädagogik der Moderne beherrscht, ist zerstört. Der Gedanke, daß die Erwachsenen es in der Hand haben, die Erziehung nach freiem Entschluß zu gestalten, sei zu einer Illusion geworden. Wenn die Pädagogik in dieser veränderten Situation ihren Standort bestimmen will, muß sie sich auf eine Meta-Ebene begeben, von der aus das, was vorgeht, beschrieben und in einen größeren Zusammenhang gestellt werden kann. Vorgänge im pädagogischen Bereich sind immer auch Ausdruck der gesamten Gesellschaft und lassen sich nicht auf ihre Spezifik als Erziehungsfragen beschränken. Soll die Pädagogik dennoch ihre Chance zu einer spezifischen, selbständigen Leistung wahren, so müßte sie antizyklisch verfahren; "sich also nicht auf das Karussel der schnell gefüllten und ebenso schnell abgeräumten Ladentische schwingen, sondern eine kritische Gegenbewegung vollziehen". (Kupffer 1990, 17)

Die Pädagogik der Postmoderne ist nach Kupffer die heute mögliche und notwendige Form einer kritischen Pädagogik. Sie wird nicht sogleich neue Antworten geben, wohl aber muß und kann sie neue Fragen stellen.

Andere Autoren sehen die Grundsituation von Erziehung und Pädagogik in der Gegenwart in ähnlicher Weise. Hinsichtlich der Konsequenzen, die sie ableiten und vorschlagen, gibt es allerdings Unterschiede. Eine aufschlußreiche Darstellung und zugleich orientierende Wertung der Theorie-Situation entnehme ich einem Artikel von Klaus Mollenhauer: "Was will denn eigentlich die ältere Generation mit der jüngeren?". (Mollenhauer 1989) Die Formulierung der Fragestellung übernimmt er von Schleiermacher aus dem Jahre 1826. Schon damals ein hellsichtiger Fingerzeig, enthält sie für das Nachdenken über Pädagogik heute die schwierigste Herausforderung, läßt ihre ganze Radikalität erkennen. Sie tritt als hartnäckige Frage nach der Legitimität der pädagogischen Tätigkeit angesichts veränderter Lebensbedingungen auf die Tagesordnung. Die Konturen einer überlieferungswürdigen Lebensform verschwimmen. Ihre inhaltliche Bestimmtheit ist suspekt geworden. Wir wissen nicht mehr zuverlässig, was wir "eigentlich mit der jungen Generation wollen". Mit der zunehmenden Sozialisation durch die Medien hängt ein eigentümliches Verschwinden der "Wirklichkeit" zusammen. In unserer Welt wimmelt es von Zeichen, die nicht mehr "Wirkliches" bedeuten, sondern nur immer wieder auf andere Zeichen verweisen. Trugbilder sind nicht mehr von wahren Bildern zu unterscheiden.

Das genau sei das Umfeld, in dem die Mentalität der "Antipädagogik" gedeiht. Von dieser wird eine radikale Umkehr anempfohlen. Nicht zu "erziehen" sei die nachwachsende Generation, sondern zu "schonen". Allerhöchstens dürften wir noch "Teilnehmer" am Bildungsprozeß des Kindes und Jugendlichen sein, nicht mehr dessen "Macher". Vom "Verschwinden der Kindheit" und vom "Ende der Erziehung" wird gesprochen.

Mollenhauer hält dagegen, daß sich nicht sinnvoll bezweifeln ließe, daß eine bessere Zukunft nur dann möglich sein wird, wenn wir auf die Tätigkeit des Herstellens, Gestaltens, Formgebens nicht verzichten. Das gilt besonders auch für die Pädagogik: Kinder lernen wie eh und je am Modell — und das ist, wie wir wissen, nie ein nur einzelnes erwachsenes Individuum, sondern etwas Allgemeines, das in diesem Individuum lediglich repräsentiert ist, das Geflecht der Verhältnisse, in denen es lebt. Die Pädagogik kann es sich nicht leisten, das Erbe der Aufklärung fallen zu lassen, zu der ja sowohl das Mitleiden als auch die Verantwortung für eigene und zukünftige Lebensformen, also die vernünftige Anstrengung zum gesellschaftlich Besseren gehört.

Im pädagogischen Denken ist also manches in Bewegung. Wir Hinzugekommenen treffen nicht auf erstarrte Denkmuster; so man uns überhaupt als "Quereinsteiger" akzeptiert. Von dem, was wir mitbringen, müssen wir das vergessen bzw. kritisch überwinden, was durch Dogmatisierung und politische Vereinnahmung ins

Vorfeld der Moderne zurückgefallen war. Anflüge der Erkenntnisstufe der Moderne wären aufzuarbeiten und einzubringen. Die Diskussion über die Pädagogik der Postmoderne könnten wir gemeinsam führen, so sich dieser Erkenntnisabschnitt nicht als ein Spezialfall von Lebensweise betuchter Mitteleuropäer erweist, der sich selbst zu ernst nimmt.

Aus dieser Sicht auf die Lage ergibt sich für mich die Vermutung, daß die *gemeinsame* Arbeit lohnt, zu erkunden, *ob* pädagogische Wissenschaft bis zu Aussagen für die Sphäre der Erziehungsgestaltung vordringen soll; und wenn ja, wie sie das bewerkstelligen soll.

Unseren Diskussionsbeitrag stellen wir im nächsten Abschnitt vor.

Methodik der sozialpädagogischen Arbeit

Gestalterischer Umgang mit Gemeinschaftsleben und Sozialbeziehungen zum Zwecke des Neuanfangs in der Erziehung; das ist in unserem Verständnis sozialpädagogische Sachkompetenz. Sie wird gehandhabt mit Bezug auf institutionelle Gegebenheiten, für die sie als Alltagskomponente unverzichtbar ist. Sie tritt als "Hintergrundstrahlung" für Sonderaktivitäten in Erscheinung; und sie wird gewissermaßen Selbstzweck, wenn es um sozialpädagogische Gruppeneffekte geht.

Worin bestehen die persönlichkeitsfördernden Wirkungen von Gemeinschaftsleben und Sozialbeziehungen; und wie offenbart sich der gestalterische Umgang mit ihnen?

Die persönlichkeitsfördernden Wirkungen sind zuallererst an den Sinn des Gemeinschaftslebens gebunden. Er stellt die Klammer für Gemeinsamkeit, Zusammengehörigkeit, kollektive Motivation und individuellen Bezug dar, weit stärker als äußere Umstände, Organisationsstrukturen, Disziplin und Tradition. Zusammengehen ist einem Sinn untergeordnet. Geht er verloren, wird es brüchig und bröckelt auseinander. Sinngebung für Gemeinschaftsleben kann naturgemäß sehr unterschiedlich sein, streut innerhalb eines breiten Spektrums. Sie bezieht sich beispielsweise auf Spiel, Lernen, Arbeit, interessengebundene Freizeittätigkeit, politische Absichten, Erholung, kulturelle Erlebnisse, künstlerisches Schaffen, Sozialarbeit, Bewältigung von Lebensproblemen.

Es ist sicher gewagt, für diese Variationsbreite konkreter Sinngebung einen allgemeinen Nenner finden zu wollen; zumal dabei weltanschauliche und politische Maxime ins Spiel gelangen. Wie man aber auch zu diesem Versuch steht, eine Orientierung aus einer allgemeinen Sinngebung schwingt im Denken und Handeln immer mit. Die jeweils konkrete Sinngebung vermittelt eine Grundhaltung. Sie kann nicht ausgeklammert werden; wobei sie den Beteiligten nicht immer vordergründig bewußt ist.

Als Beispiel verweisen wir auf Aussagen im Zusammenhang mit der Theorie der Jugendarbeit. Kentler z.B. kommt hinsichtlich allgemeiner Sinngebung zu dem Schluß, daß der junge Mensch die Wirklichkeit erfahren soll als einen veränderbaren Prozeß und sich selbst als ein Wesen, das verändernd in diesen Prozeß eingreifen kann. (Kentler 1986, 61) Eine solche Kennzeichnung hat Orientierungswert. Sie schließt z.B. Destruktion, Resignation, Abwendung von gesellschaftlichen Realitäten als "Sinngebung" aus, qualifiziert sie als Nicht-Sinn oder Unsinn.

Trotzdem: Solche Grundhaltungen sind gewissermaßen Hintergrund-Orientierungen. Pädagogische Relevanz gewinnen sie als *konkrete* Sinngebung, als Überzeugtsein vom Sinn der jeweils *konkreten Tätigkeit*. Genau das ist die Gerichtetheit der Gemeinsamkeit, mit der wir im Alltag umgehen. Ohne dieses Überzeugtsein geht die Sogkraft oder Schubkraft der Gemeinsamkeit verloren.

Der Sinngehalt der Tätigkeit "vergegenständlicht" sich für die Beteiligten als *Aufgabenstellung*, die Motivation als Auftragsbewußtsein. Sie kann die Sachebene als Lernen, Arbeit, Freizeitgestaltung usw. anzielen, aber auch die Erörterung von Themen oder von Problemlagen. Es wird nicht abgestritten, daß zuweilen schon die Möglichkeit bzw. Gelegenheit zur Geselligkeit und Kommunikation dankbar empfunden wird, aber sie bleibt schwach in den Wirkungen, wenn sie nicht in gemeinsame Vorhaben übergeht. Nicht Gemeinsamkeit schlechthin ist das Fundament sozialpädagogischer Sachkompetenz, sondern *aufgabenbezogene Gemeinsamkeit*.

Es geht um die Einheit von sachlicher und persönlichkeitsfördernder Zweckentsprechung aller Erziehungsaktivitäten. Alles, was im Zusammenhang mit Wahrnehmung von Erziehungsverantwortung bedacht und getan wird, muß diesem Prinzip folgen. Seine Verwirklichung bringt die sozialisierenden Elemente, die jeglicher Tätigkeit innewohnen, absichtsvoll zum Tragen. Erziehung vollzieht sich nicht losgelöst von Sachprozessen, sondern als Anreicherung derselben.

Wenn Aufgabenstellung dem Gemeinschaftsleben nicht aufgesetzt, nicht hinzugefügt ist, sondern das Gemeinschaftsleben als tragende Idee bestimmt, durchdringt sie die Gemeinsamkeit bis in alle Details und Verästelungen und begründet das jeweils spezifische und unverwechselbare Gepräge der Gemeinschaft. Sie erweist sich gewissermaßen als Leitplanke und Lebensnerv für die persönlichkeitsfördernde Gestaltung des Gemeinschaftslebens. Die Lebensformen und die Umgangskultur sind zweckentsprechend auf den konkreten Sinn der gemeinsamen Tätigkeit bezogen. Nur bedingt können für sie allgemeingültige Kriterien in Vorschlag gebracht werden. Ihre Richtigkeit oder Zweckmäßigkeit kann nicht allgemein, sondern nur mit Bezug auf die konkrete Sinngebung beurteilt werden. Außerhalb des Bezugs sind Lebensformen, Umgangskultur, Mittel und Methoden der Kommunikation und gegenseitigen Einflußnahme gewissermaßen neutral. Daraus folgen Unterschiede hinsichtlich der Erziehungsgestaltung von Gruppe zu Gruppe. Sie dürfen nicht verwundern oder als störend empfunden werden. Sie sind normal, sogar anzustreben. Sie resultieren aus der relativen Autonomie jeder Gemeinschaft und begründen sie; wobei die relative Autonomie in der jeweils konkreten Sinngebung der gemeinsamen Tätigkeit kulminiert.

Es soll nicht der Eindruck entstehen, daß mit der Betonung der Aufgabenbezogenheit von Gemeinsamkeit die gestalterischen Bemühungen allein auf Gegenwärtiges oder Kurzschrittiges abgedrängt werden. Das wäre bedenklich, denn Erziehung will in die Zukunft wirken, muß also Innovation, Bewältigung von Ungewohntem, Sogkraft der weiten Perspektive einschließen. Für das Gemeinschaftsleben spitzt sich das auf die bekannte Frage zu, ob es Vorbereitung auf das Leben oder Teilnahme am Leben darstellt. Das ist im übrigen eine Kernfrage vieler Schul- und Heimmodelle, mit denen gedanklich und praktisch experimentiert wird. Alternativ läßt sich diese Frage nicht beantworten. Vielmehr muß die Dialektik von Vorbereitung auf das Leben und Teilnehme am Leben aufgehellt werden. In der Schule zum Beispiel bereiten sich die Schüler auf das Leben vor; als Aktivitäts- und Erfahrungsbereich ist sie zugleich Bestandteil ihres Lebens, wird als Gegenwärtiges erlebt. Die Bewältigung dieses Wechselverhältnisses von Lebensvorbereitung und Lebensvollzug kulminiert in einer Sinngebung des Schullebens, die auf die entwicklungsspezifische Interessen- und Bedürfnislage der Schüler bezogen ist und gerade dadurch ungekünstelt Lebensmaxime und Lebenspläne ausprägt und darauf bezogene Anstrengunsbereitschaft auslöst.

Der Neugierde auf die Zukunft und der Bereitschaft zur Verantwortung wird aus den immanenten Angeboten und erlebbaren Erfordernissen des Gegenwärtigen Richtung verliehen; flankiert durch Vorbild, Beratung, Überzeugung, nicht durch vorgefertigte Entscheidungsmuster und Überredungsversuche. Gegenwärtiges und Zukünftiges verknüpfen sich in der Existenz der Gemeinschaft als sozialem Organismus, als Handlungs- und Verantwortungsraum, also für Kinder und Erzieher in aufgabenbezogener Gemeinsamkeit, nicht als entfremdete Struktur; unter der Bedingung allerdings, daß die Kinder erfahren, daß dieser Organismus offen ist für die Dynamik der individuellen und gesellschaftlichen Lebensprozesse, und daß sie Vorankommen und Erfolg erleben hinsichtlich der Bewältigung der daraus resultierenden Probleme und Aufgaben. Wir folgen gedanklich Wolfgang Sünkel (Sünkel 1989), wenn wir als Anforderungscharakteristik für das Gemeinschaftsleben im Sinne dieser "Bedingung" ein Wechselverhältnis von Offenheit und Geschlossenheit der Lebenssituationen hervorheben.

Erziehung als Lebensvorbereitung und Hilfe für Lebensbewältigung manifestiert sich als Ausprägung von *Handlungsfähigkeit* und *Orientierungsvermögen* für Selbstverwirklichung und Wahrnehmung von Verantwortung in einem größeren sozialen und gesellschaftlichen Rahmen. Nicht die fertige Persönlichkeit ist abzuliefern, schon gar nicht in einer Einheitsfassung, welche die Pluralität von Interessen, Auffassungen, Lebensumständen, Motiven usw. gedanklich verdrängt bzw. ausgrenzt. Erziehung muß sich auszahlen als Ausprägung von Lebensvorstellungen und Lebensmaximen durch die Kinder und Jugendlichen, nicht als "Funktionieren" innerhalb vorgegebener Strukturen. Sie schafft Voraussetzungen mit Angebotscharakter, fungiert als Möglichkeitsfeld und Vollzugsraum für Meinungsbildung. Die persönliche Entscheidung im Hinblick auf Lebensvorstellungen kann sie den Kindern und Jugendlichen nicht abnehmen und will sie ihnen deshalb nicht abnehmen; zumal diese Entscheidung in hohem Maße von der geistig-kulturellen Situation in der Gesellschaft und deren Vermittlung über die persönlichen Lebensverhältnisse jedes Kindes abhängt bzw. beeinflußt wird.

Die Sogkraft der Aufgabenstellung nutzt sich ab, wenn die konkrete Sinngebung Absichtserklärung bleibt. Sie muß sich "vergegenständlichen", also als Veränderungseffekt und Erfolg erlebt werden; und zwar auf der Linie des Voranschreitens, des Fortschritts; befördert und gelenkt durch dynamische Konsensbildung. In der Praxis zeigt sich das Gemeinschaftsleben nicht als permanenter Prozeß von Veränderungseffekten und Erfolgserlebnissen. Es gibt auch Perioden der relativen Ruhe und der Beharrung. Das ist richtig und wichtig. Momente des Voranschreitens dürfen aber nicht ausbleiben. Sie markieren Knotenpunkte der Selbstbestätigung der Gemeinschaft, ohne die es keine Entwicklung gibt.

Unter gestalterischer Sicht ergibt sich die Frage: Ist es möglich, solche Situationen in einen entwicklungsbefördernden inneren Zusammenhang zu bringen, und zwar für die Gemeinschaft und für jedes einzelne Kind? Diese "Leitlinie" für Erziehung ist nach unserer Auffassung gegenwärtig im pädagogischen Denken unterbelichtet. Ohne sie als lebenspraktische Realität besteht aber die Gefahr, Erziehung "für" die Kinder zu machen, sie auf Betreuung oder Aufsicht einzuschrumpfen. Diese fatale Möglichkeit ist vor allem innerhalb dauerhafter sozialpädagogischer Betreuungsformen gegeben, weniger z.B. bei erlebnispädagogischen Projekten.

Bei der Forderung nach einem entwicklungsfördernden inneren Zusammenhang von Situationen der verändernden Teilnahme am Leben ist selbstverständlich nicht an eine Art von allgemeingültigem Lehrplan oder an ein Programm gedacht. Es geht vielmehr um einen entwicklungsfördernden Zusammenhang jeweils für diese Gemeinschaft und für dieses Kind. Das kann nicht von außen vorgegeben werden. Vielmehr schwebt uns die Aufgabe als gedanklicher Entwurf aller Beteiligten und als Kulminationspunkt für dynamische Konsensbildung vor.

Die zentrale Aufgabe und zugleich das Problem des vorgestellten Ansatzes besteht darin, *Dynamik* in das Gemeinschaftsleben einzubringen und in ihm zu erhalten; Dynamik in Richtung auf Sinnstiftung über Konsensbildung. Ohne dieses Moment ist Erziehung nicht denkbar, schon gar nicht sozialpädagogische Arbeit mit dem Ziel der Resozialisierung.

Das ist ein hoher Anspruch, verbunden mit Risiko und einem Engagement des Erziehers, das ihm persönlich alles abverlangt. Der Anspruch zwingt die Beteiligten auf ein Feld des ständigen Experimentierens, des wiederholten Neuanfanges, des In-Frage-Stellens des Erreichten. Nur so kann der objektiven Tendenz zu Erstarrung und Verkrustung entgegengesteuert werden; einem Zustand, in dem erzieherische Absichten ihre Grundlage verlieren.

Wir empfehlen im Zusammenhang mit Handhabung sozialpädagogischer Sachkompetenz nicht förderliche oder gar perfekte Strukturen, sondern verlangen permanente Veränderung; nicht Regelsysteme, sondern vorsätzliche Destabilisierung als regelhaftes Vorgehen.

Angesichts der praktischen Gegebenheiten und der praktischen Realisierungsmöglichkeiten ist man vielleicht geneigt, diesen Anspruch als Utopie einzustufen.

In der Wirklichkeit der DDR-Erziehung ist diesem Anspruch nur in wenigen Fällen und in begrenzten Zeitabschnitten Genüge getan worden. Allerdings wirkten ihm – wie beschrieben – politische, gesellschaftliche und ideologische Zwänge entgegen. Wie verhält es sich damit unter den neuen gesellschaftlichen Bedingungen, in die wir eingetreten sind? Verliert unter diesen Rahmenbedingungen der Ansatz seinen utopischen Charakter, oder trifft er auch hier auf – anders geartete -Umstände und Gegebenheiten, die seine Verwirklichung so erschweren, daß er eine Utopie bleibt?

Wie dem auch sei; man sollte den Gedanken in die Erwägungen einbeziehen. Sozialpädagogische Arbeit ist ohne hohen Anspruch an sich selbst nicht vorstellbar. Beharrung und Perfektion sind nicht ihre Sache. Wir haben das erfahren. Gerade deshalb scheuen wir nicht die Utopie als Markierung für suchendes und strebendes Bemühen. Wir sollten es auf Versuche ankommen lassen.

Schon mehrfach ist dynamische Konsensbildung erwähnt worden. In diesem Problemkreis kulminiert in gewissem Sinne die Methodik der sozialpädagogischen Arbeit, wird sie in der Erwägung unterschiedlicher Auffassungen auf den Punkt gebracht.

In der pädagogischen Literatur ist die Rede von Partnerschaft, Interdependenz, Kollektivität, Zusammenarbeit, Einbeziehung, Mitwirkung, Selbstverwaltung, Demokratie, Pädagogik des "runden Tisches" usw. Dabei ist bei solchen Ansätzen nicht ausgeschlossen, daß das Denkmodell der führenden Rolle des Erziehers als letztlich bestimmender Rolle zwar in die Kritik genommen, nicht aber – bezogen auf das Gemeinschaftsleben – konsequent überwunden wird. "Einbeziehung" zum Beispiel setzt zuweilen die Regiebefugnis des Erziehers nicht außer Kraft, "Demokratie" wird manchmal lediglich als Übungsfeld zugestanden, mit "Partnerschaft", die Sachhoheit des Erziehers nur verbrämt. Das sollten wir so nicht stehen lassen. Vielmehr ist *dynamische Konsensbildung* die Kernfrage demokratischer Pädagogik.

Im wohlverstandenen Sinne ist sie ein gewissermaßen basisdemokratisches Moment innerhalb von Erziehung. Das ist nicht vordergründig politisch gemeint, sondern erzieherisch als Glaubwürdigkeit der Partnerschaft, Sach- und Aufgabenbezogenheit der Gemeinsamkeit, Respektierung der Interessenlage sowie Mündigkeit und Subjektposition, Ernstcharakter des gemeinsamen Lernprozesses, abstrichslose Ehrlichkeit im Zusammenleben. Dieser Grundtonus, ohne den Erziehung mit dem Anspruch auf Demokratie und Humanismus nicht denkbar ist, kulminiert in der Kultur der dynamischen Konsensbildung. Alle sind an der Konsensbildung beteiligt. Jeder bringt Ambitionen und Argumente ein. Indoktrination und Manipulation müssen ausgeschlossen sein. Es geht um Problemlösung. Ein Lernprozeß findet statt, der zu einer erweiterten Handlungskompetenz führt. Die Gemeinschaft fungiert als Subjekt ihres Daseins und ihrer Entwicklung. *Als Existenzweise und Bewegungsform der Gemeinschaft wird die dynamische Konsensbildung zur tragenden Idee der Erziehungsgestaltung auf der Ebene des Gemeinschaftslebens.*

Der Bezugspunkt der Konsensbildung ist das, was als Gemeinsamkeit für das Zusammenleben *nötig* ist, von den Beteiligten als unabdingbar und einsehbar regelungsbedürftig empfunden und akzeptiert wird. Es sind die Rahmenbedingungen, die Freiräume für individuelles Verhalten nicht einschränken, sondern störungsfrei und konsensfähig eröffnen bzw. erhalten. Die Gemeinsamkeit soll nicht überstrapaziert werden, sie darf nicht zu Uniformität führen. Sie muß die Rechte der Einzelnen gewährleisten, darf sie nicht behindern oder eingrenzen.

Konsensbildung sollte nicht mißverstanden werden als "Pädagogik des geringsten Übels", als opportunistische Vereinbarung zur Vermeidung von Schwierigkeiten. Vielmehr werden Widersprüche ausgetragen, Konflikte akzeptiert und bewältigt, Probleme einer Lösung zugeführt. Nicht geht es um lahme und blasse Befriedung, sondern um Wahrheitsfindung und Ausprägung einer bestimmten Kultur der Konsensbildung; wobei diese doppelte Zwecksetzung in eine Erweiterung und Qualifizierung der Orientierungsfähigkeit mündet.

Wenn wir davon ausgehen, daß das Gemeinschaftsleben ein "Raum" aufeinander bezogener und voneinander abhängiger (interdependenter) Tätigkeiten — mit der Tendenz zunehmender Sinnstiftung — und das Bewegungselement die dynamische Konsensbildung ist, dann bringen alle Beteiligten (Erzieher und Kinder) Ziele, Absichten, Intentionen ein. Das Gemeinschaftsleben ist nicht Zielverwirklichung nach dem Willen und den Vorgaben der Erzieher, sondern impliziert Zielsuche und Zielbestimmung als gemeinsame Aktion. Es ist nicht "Hinführung zu einem vorgefaßten Ziel", sondern Ausprägung von Orientierungsfähigkeit und Handlungskompetenz. Man begibt sich gewissermaßen gemeinsam auf die Suche; geleitet vom Streben nach Sinnhaftigkeit des gemeinsamen Tuns. Sie bezieht sich auf Gegenwärtiges und darüber vermittelt auch auf Zukünftiges, schließt also Elemente von "Lebensplanung" der Gruppe und jedes einzelnen ein.

Wir räumen ein, daß es hinsichtlich der Bestimmung und Verwirklichung von Zielstrebigkeit reichlich Verwirrung gibt. Das sehen wir so für die Szene, die aus der DDR-Pädagogik hervorgegangen ist. Anderen wollen wir nicht zu nahe treten. Ohne uns an dieser Stelle auf theoriegeschichtliche Studien einzulassen: Wenigstens zwei Probleme treten zutage. Politische Zielstrebigkeit und pädagogische Zielstrebigkeit werden unklar vermischt statt unterschieden und dann in Beziehung zueinander gesetzt; und pädagogische Zielstrebigkeit verstrickt sich im Dschungel der "Ziel-Mittel-Relation" und gerät zu normativer und linearer Reduktion.

Nach unserem heutigen Verständnis ist die *pädagogische* Zielstellung Ausprägung von Orientierungsfähigkeit und Handlungskompetenz als gemeinsame Aktion. Sie wird über aufgabenbezogene dynamische Konsensbildung hervorgebracht.

Selbstverständlich hat das eine politische, weltanschauliche und moralische Dimension. Sie wird aber nicht normativ gesetzt und "hineingetragen". Das geht am Leben vorbei oder versucht sich als Indoktrination. Politische, weltanschauliche und moralische Auffassungen gelangen über vielfältige "Kanäle" in das Gemeinschaftsleben; über die Anschauungen der Mitglieder (einschließlich der Erzieher), über Medien, aus tagespoltischen und sonstigen Alltags-Ereignissen, die zur Stellungnahme herausfordern. Was die Gruppe gemeinsam bewältigen kann und sollte, ist die Orientierung innerhalb dieses Spektrums. Auch hier begibt man sich gemeinsam auf die Suche. Die Ausprägung dieser Orientierungsfähigkeit ist aber nicht vorrangig Diskussion, Argumentation oder gar politische Schulung. Sie findet ihre Grundlage vielmehr in den Erfordernissen der Aufgabenlösung, in der Überzeugung vom Sinn der *konkreten* Tätigkeit und in der darauf bezogenen dynamischen Konsensbildung.

Die *politische* Zielstrebigkeit ist der pädagogischen Zielstrebigkeit untergeordnet oder eingeordnet; und nicht umgekehrt, wie es in der Regel in der DDR-Pädagogik gesehen wurde.

Politische, weltanschauliche und moralische Auffassungen werden insofern erziehungswirksam, als sie in die konkrete Sinnhaftigkeit des Gemeinschaftslebens eingehen, und nur über konkrete Sinnhaftigkeit wirkt Erziehungsgestaltung in die Sphäre der individuellen politischen, weltanschaulichen und moralischen Auffassungen hinein. Mehr will sie nicht; und mehr kann sie nicht; aber das tut sie, ob man es wahrhaben will oder nicht.

Erzieherische Absichten liegen (als Teilziele jeweils) auf der Linie des Fortschreitens in der Konsensbildung mit zunehmender Sinnstiftung des Gemeinschaftslebens und darauf bezogener Zweckmäßigkeit der Lebensformen und der förderlichen Umgangskultur. Damit gelangt Zielstrebigkeit in das Geschehen; sehr praktisch, fernab von Überredungsversuchen, abstrakten Diskussionen, Indoktrination.

Vielleicht ist mancher Leser von dieser Aussage enttäuscht. Sie entspricht nicht den gängigen hochgesteckten Erwartungen an Erziehung, nämlich gewissermaßen direkt, unmittelbar und programmgemäß auf Persönlichkeitsverhalten und Persönlichkeitsentwicklung Einfluß zu nehmen. Statt dessen wird hier auf eine Vermittlungsebene verwiesen (Sinnhaftigkeit des Gemeinschaftslebens), die zudem lediglich ein Möglichkeitsfeld für Wirkungen auf individuelles Verhalten strukturiert. Das scheint eine enttäuschende "Beschränkung" der Erziehungsmöglichkeit zu sein. Man kann eine andere Meinung vertreten, muß sich aber die Frage gefallen lassen, ob nicht der zu respektierende Wunsch und die berufsethisch begründete Absicht den Blick für die Realitäten verbaut. Die Vorstellung von einer linearen Ziel-Mittel-Wirkungs-Relation entspricht nicht der Komplexität der Humanontogenese. Es ist da mehr im Spiel, als unsere Schulweisheit sich träumen läßt. Wir sollten uns der Tatsache stellen, daß das Instrumentarium von Erziehung eine komplizierte Struktur aufweist und Unwägbarkeiten nicht ärgerliche Ausnahme, sondern die Regel sind.

Die dynamische Konsensbildung bezieht sich nicht nur auf Zielsuche und Zielbestimmung, sondern erfaßt alle Dimensionen des Gemeinschaftslebens, ohne die Schwelle notwendiger Gemeinsamkeit zu unterschreiten.

So ist z.B. die Lebensordnung (Schulordnung, Heimordnung, Gruppenregeln als reales Geschehen) ein Feld für dynamische Konsensbildung. Der "Kern" jeder Lebensordnung sind zweckmäßige Verhaltens- und Disziplinerwartungen und -anforderungen. Ohne sie läuft nichts. Allerdings läuft auch nicht alles darauf hinaus. Sie sind nicht Selbstzweck, sondern Existenzweise des Gruppenalltags. Eine vorgefertigte und aufgestülpte Lebensordnung wird als Zwang empfunden und als Anreiz, sie zu verletzen. Daran ändern auch nichts formale Einbeziehung oder ausgetüftelte Abstimmungsmodalitäten. Vor allem dann nicht, wenn die *Zweckmäßigkeit* nicht einsichtig ist. Sinnlose, umständliche, von den Sachumständen abgekoppelte Regelungen als erzieherische Trockenübungen werden unterlaufen oder nur widerwillig befolgt. Die Zweckmäßigkeit muß ausgehandelt, erstritten und schließlich vereinbart werden. Nur wenn sie über dynamische Konsensbildung zustande kommt, überzeugt und verpflichtet sie. Die Lebensordnung wird dann auch nicht erstarren, da sie innerhalb dynamischer Konsensbildung ständig hinsichtlich ihrer Zweckmäßigkeit hinterfragt wird.

Ein Feld dynamischer Konsensbildung ist auch die Umgangskultur in der Gemeinschaft. Auch sie manifestiert sich in "Regeln", die aber anders geartet sind als Regeln der Lebensordnung und schon gar nicht schriftlich fixiert werden sollten. Es handelt sich um Stil und Ton, Haltungen, Einstellungen, Verhaltensweisen, um das Selbstverständis und das Selbstbewußtsein der gegebenen Gemeinschaft. Dieser subtile Bereich unterliegt der dynamischen Konsensbildung. Umgangskultur kann nicht fremdbestimmt abverlangt, sondern muß von allen Beteiligten hervorgebracht, erstritten, vereinbart, erprobt, kontrolliert werden. In diesem Falle ist und bleibt sie eine Existenzweise der Gemeinschaft und wird von allen Beteiligten gelebt und nicht als Zugeständnis opportunistisch oder widerwillig befolgt.

An einem dritten Beispiel soll verdeutlicht werden, daß dynamische Konsensbildung keinesfalls als flache "Vereinbarungspädagogik" gemeint ist, welche Forderungen und Befugnisse, die aus Sachprozessen resultieren, ausschließt. Wir exemplifizieren das an der Konsensbildung zum Unterricht, zum Lehrerverhalten im Unterricht und zur Zensierung. Im Prinzip trifft das auch auf Fürsorgepflicht seitens der Erwachsenen zu; auf Arbeitsaufgaben, die die Existenz der Gruppe rechtfertigen usw.

Die Unterrichtssphäre unterliegt aus Sachgründen (Bildung der jungen Generation) zunächst ohne Einschränkung der Kompetenz der Lehrer. Sie sind den Schülern nicht im Detail rechenschaftspflichtig, über Zensuren wird nicht abgestimmt. Gegenstand der Konsensbildung sollten Unterrichtsfragen allerdings insofern sein, als sie die Grundbefindlichkeit der Schulgemeinschaft berühren. Nicht auf einzelne Zensuren, nicht auf das didaktisch-methodische Vorgehen des Lehrers im Detail bezieht sich strittige gemeinsame Standpunktbildung; wohl aber auf den Stellenwert der Zensierung im Verständnis aller Beteiligten, auf Unterricht als interdependentes Geschehen, also auf das, was die Schulkultur als Ganzes ausmacht.

Diese Unterscheidung erfordert Fingerspitzengefühl. Über eine Kanonisierung der Themen für Konsensbildung ist das nicht zu lösen. Es gibt fließende Übergänge, denen man sich stellen muß. Nötig ist ein Gespür für das, was die Gesamtbefindlichkeit berührt. Genau diese Fragen dürfen nicht aus der Konsensbildung herausgehalten werden. Andererseits darf Konsensbildung nicht die an Sachaufgaben gebundene Existenzgrundlage der Gemeinschaft unterhöhlen und in diesem Sinne als Alibi für verminderte Leistungskraft benutzt werden. Sie muß vielmehr die Aufgabenerfüllung befördern.

Damit ist zum Ausdruck gebracht, daß Konsensbildung sich nicht in der Beliebigkeit verliert, nicht auf der Schwelle dessen verharrt, was als Gruppenbefindlichkeit vorgefunden wird. Denn es gelten folgende Prinzipien:

1. Sie muß sich immer daran orientieren und darauf gerichtet sein, die aufgabenbezogene *Funktion* des Gruppenlebens (z.B. Schulbildung, Arbeitsaufgaben, Freizeitunternehmungen, Therapieaufgaben in einer Selbsthilfegruppe) mit Effizienz durchzusetzen und nicht zu unterhöhlen.
2. Maßstab und Meßlatte für Konsensbildung ist die *Zweckmäßigkeit* von Vereinbarungen mit Blick auf die Funktion.
3. Es sollte keine Tabu-Zonen für Konsensbildung geben; aber die gemeinsame Standpunktbildung muß sich einer *Umgangskultur* befleißigen, die letztlich wiederum von der Funktion des Gemeinschaftslebens bestimmt wird.

Konsensbildung ist die tragende Idee der Erziehungsgestaltung im Gemeinschaftsleben. Als Vehikel für Sinnstiftung prägt sie Atmosphäre und Stil des Zusammenlebens als Ganzes. Darin gedanklich und praktisch einzuordnen sind besondere Formen der Konsensbildung, die - zumindest in größeren Gruppen - als Gremien, Selbstverwaltungsorgane, Instanzen usw. in Erscheinung treten.

Richten wir den Blick exemplarisch auf die Schülerselbstverwaltung an einer Schule. Es gibt unterschiedliche Organisationsstrukturen. Wichtig ist es, ihre Funktion unter pädagogischer Sicht zu bestimmen. Teilweise werden sie als Interessenvertretung der Schüler betrachtet, auch als Übungsfeld für parlamentarische Demokratie; leider auch als Hilfsorgan der Leitung, das mit "Ämtern" betraut wird, oder als eine Art Gerichtshof, der über Sanktionen zu entscheiden hat. Wir halten das nicht für richtig. Die Schülerselbstverwaltung sollte sich mit der Leitung und den Lehrern in die Verantwortung für die Sachfragen des Schullebens teilen. Indem sie diese Funktion übernimmt, artikuliert sie auch die speziellen Interessen der Schüler, bringt diese ein, vertritt sie im Spektrum der Gesamtinteressen. Mit der Arbeitsteilung sind unmißverständlich spezielle Aufgaben, Kompetenzen, Rechte und Pflichten der Beteiligten verbunden. Diese sollten aber nicht vorgegeben oder administrativ festgelegt werden. Gerade diese Befugnis-Struktur unterliegt der dynamischen Konsensbildung. Sie wird vereinbart, erprobt, muß sich in ihrer Zweckmäßigkeit bewähren. Daraus folgt, daß sie sich in Abhängigkeit von Bedingungen und Erfahrungen verändert, gewissermaßen fortgeschrieben wird.

Statuten oder eine Verfassung sind vielleicht hilfreich; aber sie dürfen nicht erstarren und zum Selbstzweck verflachen.

Die Verantwortung für Sachfragen impliziert natürlich auch Verantwortung für Verhaltensweisen. Aber als Tribunal sollte die Schülerselbstverwaltung nicht fungieren. Sie wirkt, wenn sie sich um Sachfragen kümmert, "naturgemäß" bei der Meinungsbildung zur Umgangskultur mit; Belobigungs- oder Strafbefugnisse sollten ihr aber nicht zugemutet werden.

Wenn wir die dynamische Konsensbildung als die tragende Idee der Erziehungsgestaltung im Gemeinschaftsleben auffassen und praktizieren, kommt die Frage des "Risikos" ins Spiel. Gerade dieser Punkt entscheidet vielleicht über die Wirksamkeit im Spannungsfeld von Zugeständnis und echter Partnerschaft. Das pädagogische Risiko (bezogen auf anteilige Beförderung von Persönlichkeitsentwicklung) sollte nicht mit dem sachlichen Risiko vermengt werden. Vor einem sachlichen Risiko darf man sich nicht scheuen. Wenn bei der Wahrnehmung von Sachkompetenz etwas schief geht, muß das durch die Kompetenzträger innerhalb von Konsensbildung selbst korrigiert werden. Willkürliche Eingriffe aus "pädagogischen Überlegungen" sind nicht angebracht. Die Gemeinschaft muß sich selbst zu zweckmäßigen Lösungen durchringen; selbstverständlich unter partnerschaftlicher Mitwirkung der Erzieher als Gruppenmitglieder. Sie muß aus Erfahrungen lernen, Mängel zu korrigieren. Es wäre nahezu verdächtig, wenn nicht Probleme und Fehler auftreten. Man wird Lösungswege finden und sich einigen. Das Risiko ist das Risiko des normalen Lebens. Der darauf bezogene Lernprozeß ist gerade die Substanz der Erziehungsgestaltung im Gemeinschaftsleben.

Ein pädagogisches Risiko ist dann damit verbunden, wenn dieser Lernprozeß verhindert, abgeschächt, ausgeschlossen wird. Das wäre Erziehung im Glashaus, unter Kuratel. Gerade dies gilt es zu vermeiden. Erziehung ohne sachbezogenes Risiko ist nicht vorstellbar. Der Erzieher muß sich auf das Risiko einlassen.

Damit kommen wir auf die Rolle *des Erziehers* im Gemeinschaftsleben zu sprechen.

Im Gemeinschaftsleben begegnen sich alle Beteiligten als Partner, die der gemeinsamen sinnstiftenden Aufgabenfindung und Aufgabenlösung verpflichtet sind. Arbeitsteilung und sich wechselseitig ergänzende Kompetenz, Verantwortung und Tätigkeitsprofile sind aus dieser aufgabenbezogenen Gemeinsamkeit abgeleitet und dienen gerade ihrer Verwirklichung.

Dieses Grundverhältnis berührt einen neuralgischen Punkt innerhalb von Erziehungsgestaltung. Gerade darauf bezogen unterscheiden sich erziehungspraktische Versuche.

In der Jesuiten-Erziehung alten Stils z.B. hatten alle den "Oberen" bedingungslos zu gehorchen.

Reformpädagogische Strömungen tendieren zu Gleichberechtigung und partnerschaftlichem Vertrauensverhältnis.

Makarenko betrachtet Erzieher und Jugendliche auf der Ebene des Gemeinschaftslebens als "Kampfgefährten", deren Gemeinsamkeit und Arbeitsteilung der Logik der Lösung von Sachaufgaben folgt.

Antiautoritäre Erziehung nimmt die Rolle des Erziehers in einem Maße zurück, daß selbst Sachaufgaben allein durch die Kinder bestimmt werden.

In der DDR gab es echte Partnerschaft, daneben aber auch autoritäre Führung, schamhaft drapiert durch Mitwirkungsrituale. Unser Standpunkt ist im bisherigen Text immanent angedeutet: Es geht auf der Ebene des Gemeinschaftslebens um aufgabenbezogene Interessen- und Standpunktübereinstimmung als dynamischem Konsens.

Wie bringt sich der Erzieher ein?

Zunächst dadurch, daß er arbeitsteilig bestimmte Aufgaben erfüllt, für die er im Interesse des Funktionierens und der Sinnstiftung des Gemeinschaftslebens Fachkompetenz besitzt. So unterrichtet er z.B. als Lehrer, leitet eine Arbeitsgemeinschaft, fungiert im Heim als Gruppenbetreuer, als Sportfachmann, als Direktor. Die Gruppe "leistet sich" sozusagen solche Fachleute.

Außerdem nimmt er als Gruppenmitglied an der Konsensbildung teil, ohne Vorrechte oder Benachteiligung, allerdings unter Respektierung seiner an die Fachkompetenz gebundenen arbeitsteiligen Verantwortung. Er bringt sich also nicht ein über administrative Befugnisse, die irgendeine "übergeordnete Macht" ihm verliehen hat. Er agiert als Gruppenmitglied, fördert und beeinflußt *mitmachend* die gemeinsame Tätigkeit.

Selbstverständlich beabsichtigt er Wirkungen. Darüber darf es keine Mißverständnisse geben. Einer Erziehung "zum Null-Tarif" reden wir nicht das Wort.

Die Wirkungen beruhen auf seiner Fach- und Sachkompetenz; auf seiner Lebenserfahrung, die er nicht aufdrängen, aber ins Spiel bringen sollte; und auf seiner persönlichen Ausstrahlungskraft (Charisma), die sich als voller Einsatz für die Interessen der Kinder, als Liebe und "allseitige Besorgung", als seine Rolle als Ansprechpartner äußert und Achtung und Akzeptanz, Gegenliebe und Vertrauen erzeugt. Das stellt hohe Anforderungen an die Persönlichkeit des Erziehers.

Selbstverständlich bringt sich jeder Erzieher mit seiner persönlichen Gesinnung ein. Das ist so in der Erziehung, und das wird so bleiben. Erziehungswirkungen gehen von der Gesamtpersönlichkeit des Erziehers aus. Mit Distanz zur Gesinnung ist nichts zu bewirken. Der Erzieher soll seine Überzeugung nicht verleugnen. Aber es bedarf eines gewissermaßen berufsspezifischen Umgangs mit Politik, Weltanschauung und Moral. Getragen von der Erziehungsverantwortung muß dieser frei sein von jeder Art Indoktrination. Der Erzieher akzeptiert die Kinder als Suchende, respektiert ihre Meinungen und Entscheidungen; wie er andererseits erwarten kann, daß sie ihn in seiner Gesinnung annehmen. Unveräußerlich bleibt die erzieherische Verpflichtung, auf die Identifikation der Kinder mit den humanistischen Werten hinzuwirken, denen unter den Bedingungen der gegenwärtigen Entwicklungslogik der Menschheit existentielle Bedeutung zukommt; als übergreifende politische Grundhaltung, in der sich unterschiedliche moralische, ideologische, religiöse, Motivation – als jeweils weltanschaulicher Zugang – und auch interessenabhängige unterschiedliche Meinungen in einem dynamischen Konsens verbinden. Moralisches Verhalten wird durch Weltanschauung beeinflußt. Dieser Zusammenhang darf aber nicht überschätzt und schon gar nicht verabsolutiert werden. Moralisches Verhalten ist in hohem Maße eine Funktion des praktischen Lebensvollzuges. Es wird im Alltag geübt und, muß sich im Alltag des Gemeinschaftslebens bewähren. Auf diesem Wege wird es zur Handlungsmaxime im Sinne einer maßvollen "Lebensphilosophie", zur Gewohnheit, gewissermaßen zur zweiten Natur. Gerade in diesem, Bereich sind Überredungsversuche, Appelle, Indoktrination untauglich. Das Gemeinschaftsleben ist ein "Turnsaal" des moralischen Verhaltens; allerdings nur unter der Bedingung, daß der Sinn der gemeinsamen Tätigkeit konkret gelebt und erlebt wird und alle Beteiligten als Gestaltungssubjekte auftreten.

Fassen wir zusammen: Im Zusammenhang mit der Methodik der sozialpädagogischen Arbeit geht es zunächst um sinnstiftendes Gemeinschaftsleben; fortschreitend in der Konsensbildung mit Bezug auf Sinngehalt und zweckentsprechender Lebensordnung und Umgangkultur; wachsender Bezugswürdigkeit für alle Beteiligten. Die Erzieher bringen sich ein, indem sie an der Gestaltung des Gemeinschaftslebens teilnehmen.

Wenn *Integrationshilfe* beabsichtigt und damit sozialpädagogische Sachkompetenz im Spiel ist, muß diese allgemeingültige Aussage über den Begriff des zugleich korrektiven und offenen Neuanfanges modifiziert werden. Unbelasteter und variationsfähiger Umgang ist erforderlich, Problemlösungsversuche und Konsensbildung zur Problemlösung werden ausgelöst und befördert, Korrektur als Neuanfang wird eingeleitet. Nur unter dieser Voraussetzung wird Integrationshilfe geleistet und Resozialisierung erreicht.

Tatsächlich genügen *erfolgreiche* sozialpädagogische Angebote bzw. Projekte offenbar genau diesen Kriterien. Intuitiv oder aus wissenschaftlicher Einsicht kämpfen sie gegen jede Art von Verkrustung an, scheuen nicht, sondern kultivieren die Problemhaftigkeit der Situation, leben gewissermaßen von der Konsensbildung aller Beteiligten, sind aus auf Korrektur, vermeiden das Lavieren um des störungsfreien Ablaufs willen. Wir verweisen auf erfolgreiche Heimerziehung (z.B. bei Makarenko, der für seine Gemeinschaft jeweils bewußt einen Neuanfang suchte, wenn Strukturen sich etabliert hatten), auf Alternativen zur Heimerziehung (die zur Konstituierung eines sozialpädagogischen Netzes beitragen, das in sich flexibel ist und Verkrustungen gegensteuert), auf erlebnispädagogische Experimente.

Gerade erlebnispädagogische Projekte in ihrer abenteuerlichen und sensationellen Anlage offenbaren, daß der Erfolg auf den genannten Kriterien beruht. Wir verweisen beispielhaft auf "Segel-Pädagogik". "Hütten-Pädagogik", Bewirtschaftung verlassener Bauerngehöfte in Spanien usw. Worauf gründen sich die Erfolge? Die Unternehmung gibt für die Jugendlichen einen Sinn, eine abenteuerliche

Perspektive. Der heilsame Zwang der Umstände verpflichtet zu sachbezogener Arbeitsteilung und vermittelt das Erlebnis der Partnerschaft, verlangt Entscheidungen zu Sachfragen und Vereinbarungen zu einen bestimmten Stil des Zusammenlebens. Die darauf bezogene Konsensbildung ist gewissermaßen lebensnotwendig. Man ist aufeinander angewiesen. Die Erwachsenen bauen allerdings nicht nur auf Wirkungen aus dem Sachbezug des Gemeinschaftslebens; sie handeln aus einem Auftragsbewußtsein heraus und nehmen feinfühlig auf die Umgangskultur Einfluß. Ihnen ist bewußt, daß z.B. der Segelturn zum Tourismus verflacht, wenn er nicht für jeden Jugendlichen zu einem tiefgreifenden Erlebnis und zu einem persönlichen Neuanfang führt.

Wir unternehmen den Versuch, die allgemeinen Kriterien für Wirksamkeit von Erziehungsgestaltung im Bezugsfeld der Gestaltung des Gemeinschaftslebens für das sozialpädagogische Feld zu untersetzen.

Erfolgversprechend sind sozialpädagogische Angebote, Projekte und Aktivitäten,

(1) die von den Kindern oder Jugendlichen als Angebote im Sinne *freiwilliger Teilnahme* erlebt und empfunden werden; verstanden zunächst als Bereitschaft zur Gesellung mit anderen.

Diese Freiwilligkeit ist gewissermaßen "naturgegeben" bei Freizeitangeboten, Selbsthilfegruppen, sozialer Jungendarbeit, erlebnispädagogischen Projekten. Man schlägt den jungen Menschen die Teilnahme vor, bietet an, wirbt für das Mitmachen. Sie können jederzeit abspringen (mit Ausnahme vom Segelschiff), sich anderweitig entscheiden.

Bei stationärer Fremdunterbringung ist die Sache schon problematischer. Aber auch hier gilt dieses Kriterium. Heimerziehung ausschließlich als "Unterbringung" ist sozialpädagogisch wenig erfolgversprechend. Sie muß aus der sinnhaften Gestaltung des Gemeinschaftslebens heraus eine solche Sogkraft entwickeln, daß die Bereitschaft zur Teilnahme gegenüber dem Zwang zum Mitmachen oder einfach dem Dort-Sein überwiegt.

(2) die mit der *Akzeptanz einer Aufgabenstellung* verbunden sind. Nur so ist Sinnhaftigkeit als Klammer für Gemeinschaftlichkeit zu erreichen; nur so kommen Forderungen, Anstrengungsbereitschaft, Ordnung und Disziplin ins Spiel.

In der sozialpädagogischen Ausgangssituation bedeutet die Aufgabenstellung in den meisten Fällen eine Umlenkung der Tätigkeit und Aktivität. Das Projekt darf nicht einfach eine Fortsetzung des Bisherigen in einer anderen institutionellen Hülle sein. Ein Neuanfang soll angebahnt werden. Ein neuer Sinn muß ins Leben treten, von den Betreffenden angenommen und auf Dauer erhalten werden. Strukturen dürfen nicht erstarren und verkrusten. Über Öffnung der Situation ist Dynamik zu gewährleisten.

(3) die – bezogen auf die Sinngebung – das *Erfordernis der Konsensbildung* beinhalten.

Weder "mitschwimmen" noch "untertauchen" darf auf Dauer möglich sein. Durch die äußeren Umstände oder aus der Tradition heraus tritt die Teilnahme an der Konsensbildung als heilsamer Zwang auf. Mitgestaltung ist nicht aufgepfropft oder Übungsfeld. Sie ist lebensnotwendig. Uneingeschränkte Fremdbestimmung muß ausgeschlossen sein.

(4) die durch *Partnerschaft* gekennzeichnet ist, die auf gegenseitiger Akzeptanz beruht.

Damit wird das Grundverhältnis zwischen Erwachsenen und Kindern berührt, über das wir im Zusammenhang mit dem Erziehungsverständnis gesprochen haben. In sozialpädagogischer Modifizierung lernen wir es in erfolgreicher Praxis als eine Art "verschworenen Einverständnisses" bezüglich des Problemgehaltes der Ausgangssituation kennen.

Im Ensemble dieser "Untersetzungen" manifestiert sich die "Situation des korrektiven und zugleich offenen Neuanfangs" als Eröffnung eines unbelasteten und variationsfähigen Umganges zwischen den Beteiligten; mit ihrer eigenartigen Sogkraft, mit der Tendenz des "aufeinander Zulaufens" der Aktivitäten; als Konstituierung eines Sinngehaltes; als Chance des Neubeginns. Das ist unabdingbare Voraussetzung für Resozialisierung, markiert gewissermaßen ein sozialpädagogisches Credo. Außerhalb solcher Dynamik ist sozialpädagogische Arbeit nicht erfolgversprechend. Es handelt sich um eine conditio sine qua non. Alles, was unter sozialpädagogischer Absicht ins Werk gesetzt wird, muß diesem Kriterium genügen; oder es birgt den Keim des Mißerfolges.

Die "Gruppendynamik" deckt aber die Methodik der sozialpädagogischen Arteit noch nicht ab. Nicht allein auf sie darf man sich verlassen. Wohl führen die genannten Bedingungen (Freiwilligkeit, Akzeptanz einer Aufgabenstellung, Konsensbildung, Partnerschaft) gewissermaßen zwangsläufig und "naturgegeben" immer wieder zu offenen Situationen. Dieser Prozeß kann aber verflachen, verkrusten, der Sogkraft verlustig gehen, seine Zielstrebigkeit verlieren; wenn nämlich das Interesse erlischt, Veränderungseffekte (Erfolgserlebnisse) nicht eintreten oder nicht als solche erlebt werden, feste Strukturen sich etablieren und Konsensbildung nicht mehr erforderlich ist. Die Dynamik auf der Ebene des Gemeinschaftslebens bedarf der Anreicherung durch *Operationen*, des pädagogisch-instrumentalen Umgangs mit den Sozialbeziehungen.

Wir wollen nicht verschweigen, daß damit ein Streitpunkt innerhalb sozialpädagogischer Arbeit berührt wird. Es gibt Anhänger der Auffassung, daß das engagierte "Mitmachen" auf der Ebene des Gemeinschaftslebens ausreicht; Expertentum, Professionalität, Supervision und damit verbundene Überlegungen zur Theorie und Methodik nicht nötig wären. Wir können uns dem nicht anschließen. Es bedarf einer theoriegeleiteten Handlungsorientierung.

Wir haben versucht, die Sozialbeziehungen als pädagogischen Handlungsraum zu erfassen und die Frage zu beantworten: Wie soll man unter pädagogischer Sicht mit dieser potenzgeladenen und subtilen Befindlichkeit zielstrebig umgehen? Damit ist eine Handlungsorientierung angedeutet, wie wir hoffen. Für die praktische Handhabung bleibt aber noch einiges offen. Die Frage will beantwortet sein: Wie soll das alles methodisch gebündelt werden? Es geht gewissermaßen um die "Instrumentierung", um vorgedachte Melodie und Harmonie hörbar zum Klingen zu bringen. Wie gehen wir Zielstrebigkeit als Sinngebung über Konsensbildung methodisch an?

Wir wenden uns in diesem Zusammenhang den *methodischen Operationen* als den Segmenten des Erziehungsprozesses zu.

Den Terminus entlehnen wir von Makarenko. Er schreibt: "Meine Arbeit besteht aus einer ununterbrochenen Reihe zahlreicher mehr oder weniger langer Operationen, die sich manchmal über ein ganzes Jahr erstrecken, manchmal den Charakter einer blitzartigen Aktion tragen, manchmal sozusagen eine Inkubationsperiode haben, in der sich die potentiellen Kräfte für eine Aktion sammeln, die dann aber plötzlich einen offenen Charakter annimmt." (Makarenko 1976, 448)

Das ist mehr eine literarische denn eine wissenschaftliche Beschreibung; aber sie spiegelt eine Erfahrung wider, die alle Erzieher teilen werden. Es sei denn, sie sind so auf ungestörte Harmonie aus, daß sie das Gespür für Dynamik verloren haben.

Es gibt solche meist mittelfristigen Vorgänge, innerhalb derer auf prononcierte Weise eine Herausforderung zu einem Spannungszustand gerät und Problemlösungsversuche und Problemlösung stattfinden, Ungewohntes bewältigt, Sinnstiftung vertieft und damit Entwicklungsfortschritt bewirkt wird. Auf sehr praktische Weise kommt Zielstrebigkeit ins Spiel.

Es handelt sich zunächst um Lebensvorgänge, um pulsierendes Gemeinschaftsleben: Ein Streit bricht aus und wird geschlichtet. Jemand unternimmt etwas, will andere dafür gewinnen, es verläuft im Sande oder aber führt zu einer kollektiven Aktivität. Bestimmte Regeln der Lebensordnung werden wiederholt verletzt, weil sie unzweckmäßig geworden sind; stillschweigend oder nach Diskussion werden sie außer Kraft gesetzt oder verändert. Langeweile greift um sich, weil sinnstiftende Betätigungsmöglichkeiten fehlen; die Unzufriedenheit dauert an, oder es findet sich eine Lösung.

Die Erzieher bemerken das oder bemerken es nicht; sie fördern die Problemlösung, oder sie tun es auch nicht. Die Operation findet in jedem Falle statt. *Sie ist ein auf Problemlösung über Konsensbildung gerichteter Vorgang innerhalb des Gemeinschaftslebens*. Wenn es allerdings um Erziehungsgestaltung gehen soll, muß der Erzieher nicht nur beteiligt sein, sondern eine *erzieherische Absicht* einbringen und damit der Operation die Qualität einer *methodischen* Operation verleihen: Sie muß der Beförderung von Persönlichkeitsentwicklung dienen.

Die erzieherische Absicht tritt in Erscheinung als Anregung, Vorhaben, Projekt auf der Linie des Fortschreitens in der Konsensbildung mit *zunehmender Sinn-*

stiftung des Gemeischaftslebens und darauf bezogener Zweckmäßigkeit der Lebensformen und einer förderlichen Umgangskultur.

Das Alltagsgeschäft der Auslösung und Verwirklichung methodischer Operationen ist der Umgang mit den erzieherischen Handlungen. Wir haben darüber gesprochen. Die dort erwähnten Funktionen (Aktivierungsfunktion, Kontrast- und Spiegelfunktion, Problemlösungsfunktion) erhalten erst einen Sinn, wenn sie auf eine Operation bezogen sind.

Der Typ einer Operation, der das Wesen dieses Vorganges am deutlichsten zum Ausdruck bringt, scheint das zu sein, was Makarenko metaphorisch als "Explosionsmethode" bezeichnet hat. Sie enthält "wie in einer Nußschale die Lösung aller entscheidenden taktischen Probleme, die in der Jugendarbeit auftauchen". (Kentler 1986, 58) Als Beispiele für die Explosionsmethode werden oft die Neuaufnahme von Jugendlichen in die Kolonie, die von Eisenbahnzügen "aufgelesen" wurden, und der "pädagogische Sündenfall" Makarenkos aufgeführt. Selbstverständlich gibt es weitere Beispiele im Werk Makarenkos, die äußerlich nicht so dramatisch wirken. In verallgemeinerter Fassung handelt es sich um Vorgänge, innerhalb derer die Widersprüche oder Probleme so zugespitzt sind oder zugespitzt werden, daß man nicht mehr lavieren und ausgleichen kann. Mit Bezug auf Grundhaltungen müssen sich der einzelne oder die Gruppe entscheiden im Sinne von entweder-oder; alles oder nichts. Der Spannungszustand erfordert einen Qualitätsumschlag im Hinblick auf Haltung oder Einstellung. Eine Chance für Entwicklungsfortschritt ist herangereift, die nicht verpaßt werden darf. Wird sie genutzt, kann eine *Vertiefung von Sinnstiftung* (oder eine Neuorientierung) erreicht werden.

Eine solche "Explosion" ist ein schmerzhafter, aber befreiender Vorgang. Wird sie dem Selbstlauf überlassen, kann sie zerstörerisch ausgehen. Der Erzieher sollte dieser herangereiften Situation nicht ausweichen.

Methodische Operationen erweisen sich als (in der Regel) mittelfristige Vorgänge mit definiertem und absehbarem Anfang und Ende. Da sie Sinnstiftung befördern, verbinden sie sich ihrerseits als Glieder einer Kette, als Stufen einer Leiter. Sie sind also *Segmente des Erziehungsprozesses*. Daraus erwächst ihre Bedeutung für die Beförderung von Persönlichkeitsentwicklung.

Die Beispiele, die wir angeführt haben, betreffen gruppenbezogene methodische Operationen. Vermittelnd wirken solche Vorgänge auf die Individuen. Selbstverständlich gibt es auch individuell bezogene Operationen. Aber auch sie bewegen sich in der Sphäre des Umgangs mit den Sozialbeziehungen. Gruppenbezogene und individuell bezogene Operationen sind Varianten auf dieser Ebene. Nicht wirken die einen auf die Gruppe und die anderen auf das Individuum. Nicht steht das Bemühen um die Gruppe neben den Bemühungen um das einzelne Kind; noch geht die Fürsorge für das einzelne Kind in die für die Gruppe auf, gewissermaßen als Massenabfertigung mit der Hoffnung, daß für jedes Kind dabei etwas herauskommt. Beide Varianten von Operationen zielen auf Persönlichkeitsentwicklung, allerdings auf unterschiedliche Weise.

Die *individuell bezogenen Operationen* sind insofern eine Variante des Umganges mit den Sozialbeziehungen, als sie darauf gerichtet sind, das einzelne Kind in die Problemlösungsversuche (insbesondere in die Konsensbildung zur Problemlösung) einzubeziehen; sie gewissermaßen der Sogkraft der Sinnhaftigkeit teilhaftig werden zu lassen, sie an die Dynamik des Gruppenlebens "anzukoppeln". Es geht um Öffnung der Situation auch für dieses Kind; darum, daß die Situation auch für dieses Kind zum Problem wird und "seine" Tätigkeiten auslöst. Wenn das nicht gelingt, bleibt das Kind Mitläufer oder gar Außenseiter.

Das ist aber noch nicht alles. Von kindbezogener "Feinarbeit" kann erst dann gesprochen werden, wenn es gelingt, das Kind *so* einzubeziehen, daß eine "lebensplanbefördernde" Stellung innerhalb der Sozialbeziehungen ausgeprägt wird.

Das muß erläutert werden.

Es handelt sich um das Verhältnis von Lebensplan und Lebenslauf. Wir wiederholen: Gemeinschaftsleben ist Teilnahme am Leben und Vorbereitung auf das Leben. Die Neugierde auf die Zukunft erfährt Impulse und Richtung aus dem Gegenwärtigen. Zwischen Gemeinschaftsleben und individuellen Lebensvorstellungen (Lebensplan) besteht ein mehrfacher Zusammenhang: Zukunftsvorstellungen beflügeln das gegenwärtige Verhalten und beeinflussen die Anstrengungen des Betreffenden; aufgabenbezogene gegenwärtige Aktivitäten können ihrerseits Zukunftsvorstellungen ausprägen und befördern; und schließlich schafft gegenwärtiges aufgabenbezogenes Verhalten Voraussetzungen für die künftige Verwirklichung der Lebensperspektive.

Aus erziehungspraktischer Sicht interessiert hier vor allem der zuletzt genannte Zusammenhang. Daraus ergibt sich ein gewichtiges *Problem*, das bisher nur ungenügend aufgeklärt ist, für die Erziehungsgestaltung aber eine Schlüsselfrage darstellt. Über die Zukunft des einzelnen Kindes nachzudenken, seine Persönlichkeitsentwicklung zu "projektieren", das ist für die Erzieher schon schwer genug. Noch komplizierter ist die Frage, welche Stellung in der Gemeinschaft (innerhalb der Sozialbeziehungen) erziehungspraktisch anzustreben ist als *Voraussetzung* für die künftige *Verwirklichung* des individuellen Lebensplanes. Profan ausgedrückt: Was müssen wir dem Kind mitgeben" als Rüstzeug für seinen Lebenslauf? Wir meinen nicht Wissen und Fähigkeiten; denn wir reden hier nicht über Bildung. Rüstzeug bezieht sich auf *individuell unverwechelbares* Orientierungsvermögen und Handlungskompetenz. Was braucht das Kind, um *seinen* Lebenslauf erfolgreich entsprechend *seinen* Lebensvorstellungen zu gestalten?

"Mitgeben" steht berechtigt in Anführungszeichen. Das Kind muß sich das, was es braucht, selbst erarbeiten. Wohlgemeinte Ratschläge reichen nicht aus. Vielmehr geht es um feinfühlige Einflußnahme auf die unverwechselbare Stellung des Kindes im Sozialgefüge; denn aus dieser Stellung heraus agiert es, lernt es, macht es Erfahrungen, prägt es seine Verhaltensweisen aus.

Auf diese Sicht ist die Formulierung bezogen, das Kind *so* einzubeziehen, daß eine "lebensplanbefördernde" Stellung innerhalb der Sozialbeziehungen erreicht wird. Genau darauf sind kindbezogene methodische Operationen gerichtet.

Sie können als individuell bezogene Dimension innerhalb gruppenbezogener Operationen oder als "eigenständige" individuell bezogene Operationen auftreten. Was ihre Realisierung anbelangt, gelten alle Aussagen zu den methodischen Operationen. Vielleicht ist hervorzuheben, daß im Ensemble der erzieherischen Handlungen der Kontrast- und Spiegelfunktion besondere Bedeutung zukommt. Die Konfrontation mit den Folgen der Handlungen verhilft zu Selbsterkenntnis, Selbstverständnis, Selbstbewußtsein; und darum gerade geht es vorrangig bei kindbezogenen methodischen Operationen.

Wir erinnern daran, daß Operationen Lebensvorgänge sind. Im Gemeinschaftsleben treten aus dem Zwang der Umstände heraus Widersprüche auf, reifen Probleme als Herausforderungen an Tätigkeit, Auseinandersetzung, Lösungsversuche heran. Die Erzieher bringen sich ein, beteiligen sich an der Problemlösung, befördern sie, nehmen Einfluß auf Richtung und Kultur der Konsensbildung. Dabei haben sie nicht nur die sachliche Dimension im Auge, sondern auch die Befindlichkeit der Gruppe und jedes einzelnen und damit die Wirkung der Operation auf das Persönlichkeitsverhalten und die Persönlichkeitsentwicklung. Das in diesem Sinne Methodische Vorgehen entspringt ihrem pädagogischen Auftragsbewußtsein, gründet sich auf gesunden Menschenverstand und Berufserfahrung.

Wir vermuten, daß dem skizzierten Vorgehen eine gewisse *Regelhaftigkeit* innewohnt; und daß ihre Aufdeckung hilfreich sein kann, um das "Methodenbewußtsein" der Erzieher anzuheben und die Effektivität von Erziehungsgestaltung zu erhöhen. Die Regelhaftigkeit läßt sich in sehr grober Verallgemeinerung mit drei Fragesätzen beschreiben:

Was will ich im Hinblick auf Persönlichkeitsverhalten und Persönlichkeitsentwicklung erreichen?

Wodurch kann ich Prozesse in Richtung auf diese Zielstellung in Gang setzen?

Wie kann ich diese Prozesse in ihrem Ablauf und ihrer Richtung beeinflussen?

Die Zielbestimmung (*was*) liegt auf der Linie des Fortschreitens in der Konsensbildung mit zunehmendem Sinngehalt des Gemeinschaftslebens und darauf bezogener Zweckmäßigkeit der Lebensformen und der förderlichen Umgangskultur. Dabei handelt es sich jeweils um *Teilvorhaben*, die sich in solche Komplexe einordnen wie: die Perspektivhaftigkeit des gemeinsamen Tuns ausprägen, seine Bedeutung vor Augen führen, die Bezugswürdigkeit der Gmeinsamkeit erhöhen, Lernbereitschaft befördern, Verantwortungsbewußtsein entwickeln, Anzeichen von Intoleranz überwinden, Zusammenhalt festigen, Erfolgserlebnisse schaffen, die Ästhetik der Umgangsformen beeinflussen, das Selbstbewußtsein einzelner Kinder stärken, störende Verhaltensweisen in die Kritik bringen, das partnerschaftliche Verhältnis verbessern, die Überzeugung von der Sinnhaftigkeit des Gemeinschaftslebens vertiefen usw.

Die Erfahrung zeigt, daß die Vorhaben nur in Ausnahmefällen in jeweils *einer* Operation erreicht werden (soweit überhaupt eine einigermaßen exakte Ergebniskontrolle möglich ist). In der Regel sind mehrere Operationen nötig; als Vertiefung, neuer Zugang oder neuer Anlauf.

Die Teilziele sollten weder zu allgemein noch zu kurzschrittig gefaßt werden. Im ersten Falle geraten sie zu Dauervorhaben ohne Veränderungseffekt; im zweiten zu Banalitäten.

Das Teilvorhaben kann nicht willkürlich ausgewählt werden. Gemeinschaftsleben impliziert Zielsuche und Zielbestimmung; und alle sind daran beteiligt. Das muß beachtet werden. Es geht also weniger um normative Bestimmung als vielmehr darum, Tendenzen der Zielsuche und Zielbestinmung aufzugreifen. Gespür und feinfühlige Analyse sind nötig; bezogen auf Ausprägung der Tendenz von Sinngehalt, Zweckentsprechung der Lebensordnung und Umgangskultur. *Das Teilziel ist der jeweils notwendige und mögliche nächste Schritt.*

Das Teilziel muß gedanklich in die Sphäre des Gemeinschaftslebens "übersetzt" werden. Es muß eine Situation ins Auge gefaßt werden (*wodurch*), die für die Beteiligten zum Problem wird und Tätigkeiten als Problemlösungsversuche auslöst. Eine solche Situation kann herbeigeführt bzw. aufgreifend verstärkt werden, indem der Erzieher eine Herausforderung provoziert, Ungewohntes ins Spiel bringt; also — so paradox das klingt — den gegenwärtigen Zustand (Befindlichkeit) destabilisiert, in Frage stellt. Das ist unabdingbares Moment jeder methodischen Operation. Der Erzieher darf ein solches "Risiko" nicht scheuen. Wenn er zuläßt, daß die Dynamik verflacht, gibt er sich selbst als Erzieher auf. Das macht diesen Beruf so spannend und kostet Nerven. Ein Aufpasser ist kein Erzieher.

Es handelt sich nicht um eine Herausforderung schlechthin; Prozesse sollen ausgelöst werden, die Problemlösungsversuche und Problemlösungen mit Effekt in Bezug auf das projektierte Teilziel darstellen. Solche Situationen (ihr Problemgehalt) sind an Sachanlässe gebunden; nicht handelt es sich um Sandkastenspiele (in Ausnahnefällen kann das der Fall sein; so zum Beispiel beim Rollenspiel, bei Trainingsprogrammen für Kommunikation bzw. Konfliktbewältigung). Solche Sachanlässe "liefert" das Gemeinschaftsleben. Der Erzieher nutzt sie, späht sie aus, lauert auf sie; oder führt sie absichtsvoll herbei.

Bis hierher haben wir es mit Überlegungen des Erziehers zu tun. Die Absichten können nicht auf telepathischem Wege in das Gemeinschaftsleben "hineintransportiert" werden. Vielmehr bringt sie der Erzieher über sein Handeln ein (*wie*).

Das geschieht zunächst dadurch, daß er mitmachend das Gemeinschaftsleben befördert und lenkt. Er hat die Möglichkeit und Gelegenheit, Sachaufgaben mit Herausforderungscharakter aufzugreifen, zu verdeutlichen, vorzuschlagen, zu provozieren.

In die Problemlösungsversuche, die sich in Gang befinden bzw. ausgelöst werden, greift er vermittels erzieherischer Handlungen ein. Er "implantiert" Tätigkeitsimpulse mit Aktivierungsfunktion, Kontrast- und Spiegelfunktion, Problemlösungsfunktion. Das geschieht intermittierend, also nicht permanent, sondern von Zeit zu Zeit, gewissermaßen an Knotenpunkten, für die er ein Gespür entwickeln muß. Nicht die Masse macht es, sondern der wirkungsvolle Zugriff. Von besonderer Bedeutung ist die Teilnahme an der und die Einflußnahme auf die Konsensbildung. Hier schließt sich der Kreis zum Teilziel. Als Konsens kann das herauskommen, was der Erzieher auf der Linie des Fortschreitens der Sinnstiftung projektiert hat. Es liegt nahe, in diesem Falle von einem Erfolg der methodischen Operation zu sprechen. Das wäre aber eine Inkonsequenz gegenüber dem, was wir zur dynamischen Konsensbildung ausgesagt haben, vielleicht sogar ein Rückfall in das Denkmuster von der "führenden Rolle". Der Ausgang der Konsensbildung ist offen. Er kann zu einem anderen Ergebnis führen, als sich der Erzieher vorgestellt hat. Wie er auch immer ausfällt, in ihm repräsentiert sich das Ergebnis der methodischen Operation. Und in diesem Sinne ist sie erfolgreich; auch wenn sie von den ursprünglich eingebrachten Ambitionen des Erziehers abweicht.

Wenn der Erzieher diese Regelhaftigkeit erkennt und beachtet, dann steht ihm eine grobe Handlungsanleitung für Erziehungsgestaltung zur Verfügung. Wir sind uns bewußt, daß wir damit eine heikle Angelegenheit berühren. Einerseits sind Handlungsanleitungen für Erziehungsgestaltung erwünscht, andererseits bergen sie die Gefahr zur Verkürzung, Verflachung, Reduzierung, Vereinfachung, Dogmatisierung. Sie werden zuweilen "abgearbeitet" und von ihrem großflächigen Hintergrund abgetrennt. Unser Vorschlag ist solcher Benutzung nicht entgangen. Das hat uns manchen Spott und den Vorwurf der unberechtigten Vereinfachung eingebracht.

Wir halten dennoch daran fest. Pädagogisch-theoretische Orientierung sollte "Instrumentierung" nicht auslassen. Sie stellt sich sonst selbst in Frage, was ihren praktischen Wert anbelangt. Eine Art Algorhythmus kommt heraus. Er kann zur Lächerlichkeit verkommen, wenn er "abgearbeitet" wird; sich als Orientierung aber bewähren, wenn man schöpferisch damit umgeht.

Unter sozialpädagogischer Sicht kommt solchen methodischen Operationen besondere Bedeutung zu, welche die Dynamik des Gemeinschaftslebens vor allem im Sinne erzieherischer Zeilstrebigkeit befördern (erhalten, herstellen). Sie aktivieren die Sogkraft des korrektiven und zugleich offenen Neuanfanges in der Erziehung; wirken also jeglicher Routine, Erstarrung und Verkrustung entgegen. Diese Art Umgang mit dem "Verkrustungssyndrom" scheint eine Zentralfrage sozialpädagogischer Arbeit zu sein. Das ist nicht als Hektik zu verstehen, gewissermaßen als Feuerwerk von Operationen oder gar Explosionen. Es braucht auch der Zeiten der Ruhe, der Harmonie, der Besinnung, der relativen Stabilität des Ablaufs des Gemeinschaftslebens. Aber es darf der Zeitpunkt nicht verpaßt werden, an dem die Gefahr entsteht, daß Erstarrung und Verkrustung auftreten und der Sinngehalt seine Sogkraft verliert. Dann dürfen Operationen zur Beförderung von Dynamik nicht ausgelassen, umgangen, aufgeschoben werden.

Drei Typen solcher Operationen sind denkbar:

(1) Zur rechten Zeit wird — bezogen auf einen geeigneten Sachanlaß — prononciert die öffentliche Meinung ins Spiel gebracht, um die Dynamik *zu erhalten*. Dies geschieht dann, wenn eine Versandung droht, das Interesse erlischt, die

Gruppe Gefahr läuft, sich selbst untreu zu werden. Diese Art Operation wird als Entwicklungsimpuls "implantiert", es wird gewissermaßen "nachgewaschen".

(2) Es wird *erneut* eine Öffnung der Situation *angebahnt*. Ein variierter Zugang wird gewählt, um die Situation für alle Beteiligten erneut zum Problem zu machen. Die Konsensbildung wird mit veränderter Argumentation, variiertem Antrieb/-Angebot angeregt und abverlangt. Es geht um einen neuen Anlauf, um einen partiellen Neuanfang.

(3) Die Problemlösungsversuche werden abgebrochen, aufgegeben; die Öffnung der Situation *anders thematisiert*. Eine andere Richtung im Hinblick auf Sinngebung wird eingeschlagen. Das kann innerhalb der gegebenen Rahmenbedingungen versucht werden, aber auch diese Rahmenbedingungen in Frage stellen. Beispiele dafür finden sich in der Literatur und in der Praxis (die Gorki-Kolonie "erobert Kurjash"; eine erlebnispädagogische Aktion wird nicht wiederholt; ein Projekt wird aufgegeben; das Heim löst sich auf usw.). Das ist selbstverständlich eine schwerwiegende Entscheidung, verbunden mit Aufwand, Aufregung und Risiko. Wenn sie aber nötig ist, muß man sich dieser Aufgabe stellen. Es ist die Konsequenz aus dem Erfordernis des Neuanfangs. Praktisch ist das nur vorstellbar und machbar unter der Voraussetzung, daß — wie schon ausgeführt — ein sozialpädagogisches Netz vorhanden ist, das den "Verlust" auffängt.

Alle drei Absichten, die mit den geschilderten Typen von Operationen verbunden sind, werden nicht nur mit Aufgabenstellung, Ermunterung usw. zu erreichen sein. Es handelt sich um Einschnitte, qualitative Veränderungen, Explosionen, die die Merkmale des "sozialpädagogischen Credos" in ihrer Gesamtheit berühren (Freiwilligkeit, Aufgabenbezogenheit, Konsensbildung, Partnerschaft).

Mehr noch: Man muß es auf sich nehmen, eben diese Merkmale mit Konsequenz zur Disposition zu stellen. Verflachung darf in keiner dieser Dimensionen zugelassen, keines dieser Merkmale darf aufgegeben werden. Wenn sich daraus Konflikte ergeben, müssen sie zugespitzt und einer Lösung zugeführt werden; auch wenn das ganze Projekt gewissermaßen ins Trudeln kommt.

Wir sind damit wieder beim Risiko als Bestandteil sozialpädagogischer Arbeit. Die angemahnte Konsequenz führt unter Umständen zu einer Destabilisierng, stört Ruhe, Harmonie und Gewohnheit; der Konflikt kann sich entladen statt über Konsensbildung gelöst werden; alles kann schief gehen. Bei Strafe der Verkrustung aber muß man dieses Risiko auf sich nehmen.

Jede gruppenbezogene Operation wirkt auf individuelles Verhalten und beeinflußt individuelle Enticklung. Darin liegt letztlich ihr Sinn. Die Gruppe ist nicht Selbstzweck, sondern als pädagogischer Handlungsraum ein strukturiertes Möglichkeitsfeld für erzieherische Ereignisse. Gruppenbezogene Operationen sollten aber durch kindbezogene Operationen ergänzt werden. Das gilt insbesondere für sozialpädagogische Arbeit, geht es hier doch in jedem Falle um Hilfe für individuelle Lebensbewältigung. Wir erinnern daran, daß kindbezogene Operationen erziehungsmethodisch darauf gerichtet sind, das Kind in Problemlösungsversuche einzubeziehen (an die Gruppendynamik "anzukoppeln"), und zwar so, daß seine "lebensplanbefördernde" Stellung ausgeprägt wird.

Die sozialpädagogische Modifizierung dieses Vorgehens berührt die sensible und wichtige Phase der Kontaktaufnahme, der Gewinnung für Aktivitäten, des "Angenommen-Werdens" als Erwachsener, der Akzeptanz des Kindes durch die bestehende Gruppe; als "Aufnahmephase" in der sozialpädagogischen Literatur umfänglich erörtert. Sie entscheidet — so nüchtern muß das gesehen werden — über die Möglichkeit helfender Einflußnahme überhaupt. Nur im Erfolgsfalle haben wir es mit einem "Klienten" zu tun. Die Kontaktaufnahme baut auf Freiwilligkeit, allerdings in den wenigsten Fällen als Wunsch nach Betreuung und Lebenshilfe, sondern mit Bezug auf Sachinteressen. Man nähert sich an, weil der Betreffende Sport treiben will und ihm dafür Gelegenheit geboten wird; oder einfach die Freizeit mit anderen verbringen möchte; oder in eine Wohngemeinschaft eintreten will. Die Sogkraft des mit dem Angebot verbundenen Gemeinschaftslebens als spielt eine Rolle. Die Sozialarbeiter müssen die Bedürfnisstruktur der Betreffenden berücksichtigen, sich selbst in der "Szene" gut auskennen, attraktive Angebote bereit halten, ohne Berührungsängste mit jungen Menschen umgehen können. Vor diesem Hintergrund kommt die Freiwilligkeit der Teilnahme zum Tragen. In der "offenen Jugendarbeit" ist das relativ unproblematisch; schwieriger in den Fällen "angeordneter" Maßnahmen. Deshalb gibt es Bestrebungen, auch in solchen Konstellationen Wahlmöglichkeiten zu eröffnen (z.B. Wahl des Heimes).

Kindbezogene Operationen sind darauf gerichtet, die Situation für das betreffende Kind zu öffnen und Teilnahme an den Problemlösungsversuchen auszulösen. Zuweilen wird empfohlen, dem Kind Aufgaben zu übertragen, um eine Einbeziehung in die Tätigkeit zu erreichen. Wenn wir den Gedanken der Freiwilligkeit ernst nehmen, sollte eher darauf hingearbeitet werden, daß das Kind sich nach Orientierung in dem neuen Umfeld Aufgaben selbst *sucht*. Darauf sollten methodische Operationen gerichtet sein. Sie erfordern ein aus geprägtes Fingerspitzengefühl. Dabei ist auch zu beachten, daß die gegenseitige Akzeptanz zwar angebahnt wird, früher oder später aber eine Grundsatzentscheidung heranreift oder getroffen wird; in dem Sinne, ob sich das Kind der Gemeinschaft zugehörig fühlt oder nicht. Insofern ist ein explosives Moment im Spiel: die Eröffnung eines Neuanfanges. Methodische Operationen, die diese Alternative enthalten, sind in der sozialpädagogischen Arbeit nicht zu umgehen. Gelingt der Neuanfang als Entscheidung für Zugehörigkeit nicht, wird das Kind selbst den Kontakt abbrechen (wegbleiben, weglaufen); oder der Sozialarbeiter gibt auf. Das ist selbstverständlich eine schwerwiegende Entscheidung; denkbar überhaupt nur angesichts eines sozialpädagogischen Netzes, das einen neuen Versuch erlaubt.

Wenn sich der junge Mensch der Gemeinschaft zugehörig fühlt, offenbart sich das sozialpädagogische Moment kindbezogener Operationen darin, eine Überwindung der Gerichtetheit auf sich selbst (Wesen von Erziehungsschwierigkeiten) anzubahnen und zu bewirken. Man darf sich nicht damit zufrieden geben, daß das

Kind aus einer gegebenen Stellung heraus in der Gemeinschaft agiert. Sie kann für die Gruppe und für die Entwicklung des Kindes selbst ungünstig sein (anmaßender Anführer/Anstifter; Mitläufer). Es geht vielmehr um eine Veränderung der Stellung im Sinne "lebensplanbefördernder" Potenz. Da das in der Regel mit einer Veränderung der Rollenkonstellation der Gruppe verbunden ist, betrifft sie die Gesamtbefindlichkeit der Gemeinschaft, bringt Unruhe und ggf. Destabilisierung mit sich und ist deshalb wiederum mit explosiven Momenten und mit Risiko verbunden. Wir verstehen, warum Makarenko die Explosionsmethode als die Kernfrage der "Umerziehung" bezeichnet.

Umgang mit der Methodik

In der differenzierten Wirklichkeit sozialpädagogischer Arbeit begegnen wir der Methodik in der vorgestellten Fassung nie in "reiner" Form; denn die Darstellung bewegt sich auf einer Abstraktionsebene, die von jeweils konkreten Bedingungen und Umständen absieht.

Das Postulat Dynamik z.B. tritt in erlebnispädagogischen Projekten deutlich und bestimmend hervor, in etablierten institutionellen Formen dagegen abgeschwächt und mehr randständig. Konsensbildung hat größere Bedeutung im Umgang mit Jugendlichen als mit jüngeren Kindern. Der Neuanfang rückt bei der Arbeit mit Drogensüchtigen mehr in den Vordergrund als bei der Betreuung von elternlosen Kindern. Partnerschaft nimmt bei der "Szenen-Arbeit" mit informellen Gruppen Jugendlicher andere Züge an als in Kleinstkinderheimen.

Die konkreten Bedingungen sind so unterschiedlich, daß man jeweils dafür andere theoretische Ansätze vermuten könnte, die nichts miteinander zu tun haben, gewissermaßen nebeneinander existieren, sich vielleicht gegenseitig ausschließen. Das ist aber nicht der Fall. Die Grundaussagen variieren vielmehr mit Bezug auf die konkreten Verwirklichungsformen hinsichtlich ihrer Gewichtung, ihrer Ausdrucksweise, ihrer gestalterischen Konsequenzen. Sie verändern ihren Stellenwert, treten flankierend oder bestimmend in Erscheinung. Sie können sich sogar scheinbar in ihr Gegenteil verkehren. Die Logik, die in dieser gedanklichen Entfaltung zum Ausdruck kommt, offenbart ihren dialektischen Charakter. Und trotzdem, oder gerade deshalb, bleiben die gemeinsame Herleitung und die grundsätzliche Bedeutung erhalten. Die Unterschiede schließen sich nicht gegenseitig aus, sondern sind Modifikationen einheitlicher Ausganspositionen. Nicht werden verschiedene theoretische Grundlagen nebeneinander gestellt, sondern ein einheitlicher Zugang wird gedanklich entfaltet, zum Konkreten hin weitergedacht und aufgefächert. Das ist genau das, was wir als Konkretion beschrieben haben. Sie müssen wir handhaben, wenn der vorgestellte theoretische Ansatz Erklär- und Orientierungswert gewinnen soll für praktische sozialpädagogische Arbeit.

Die Theorie kann dabei behilflich sein, indem sie den methodologischen Weg ins Bewußtsein ruft und die Begrifflichkeit sozialpädagogischer Sachkompetenz erarbeitet und vorstellt. Sie könnte weiterhin den Versuch unternehmen, die Konkretion zu begleiten, insofern diese sich als Zwischenschritt auf *Gruppen oder Klassen* von Bedingungen und Umständen beschränkt. Was sie nicht bewältigen kann, ist der gedankliche Schritt bis zu den unverwechselbaren und unwiederholbaren konkreten Gegebenheiten der sozialpädagogischen Arbeit. Das wird der Praktiker leisten müssen, der mit ihnen unmittelbar konfrontiert ist. Dieses Unternehmen kann die Theorie dem Erzieher oder Sozialarbeiter nicht abnehmen. Es stellt deren zutiefst schöpferische Arbeit dar.

Wir wollen abschließend zu diesem Kapitel eine Wegleitung andeuten für Konkretion; und zwar in der Form, daß wir einige Gesichtspunkte vorstellen, die bei diesem Vorgang bedacht werden müssen.

Zunächst und zuallererst ist die *Aufgabenstellung* zu bedenken, die mit dem jeweils konkreten Projekt verbunden ist. Sie stellt eine wesentliche Ausgangsgröße für die Modifikation sozialpädagogischer Sachkompetenz dar. Sie kann sich beziehen auf die Gewährleistung der Heimstatt-Funktion einer Einrichtung oder Gesellung (anstelle der Familie) mit Blick darauf, Geborgenheit, Unterbringung, Versorgung, anregendes kulturell-geistiges Milieu, Unterstützung von Schulausbildung und Berufsausbildung und differenzierte Interessenentwicklung zu befördern. Sie kann Teilaufgaben abgreifen aus dem Bereich der Lebensvorbereitung und sozialen Sicherung, zum Beispiel im Rahmen von Jugendsozialarbeit, Schulsozialarbeit, Umschulung usw. Sie gewinnt Substanz aus dem vielseitigen Freizeitbereich. Sie bezieht sich auf sozialpädagogische Begleitung von medizinischer Betreuung und von Heilverfahren, auf Suchtüberwindung, Integration nach Heim- oder Haftentlassung usw. Innerhalb dieses Spektrums ist sachbezogene Aufgabenstellung jeweils angesiedelt. Sie variiert und gewichtet die Elemente sozialpädagogischer Methodik.

Zu beachten sind die *strukturellen* und *institutionellen* Formen, unter denen sich sozialpädagogische Arbeit vollzieht. Die Skala reicht von Heimunterbringung über familienähnliche Formen bis jugendkultureller Gesellung und Einzelbetreuung. In Abhängigkeit davon nimmt die Methodik sozialpädagogischer Arbeit unterschiedliche Gestalt an.

Das ist auch der Fall mit Bezug auf das *Lebensalter* der Kinder und Jugendlichen. Extremdaten machen das deutlich: Die Akzeptanz einer Aufgabenstellung zum Beispiel wird bei Kleinstkindern ein weniger gravierendes Problem darstellen als bei Jugendlichen und Erwachsenen.

Schließlich spielt die Situation der *Begegnung mit Jugendhilfe* eine Rolle. Ob die Kinder und Jugendlichen freiwillig ein Angebot annehmen, ob sie sich aus freiem Entschluß einer Gruppe anschließen oder eine Maßnahme angeordnet wird; das erfordert unterschiedliches methodisches Herangehen.

Die Aufzählung ist sicher nicht vollständig. Weitere "Mittelglieder" sind zu beachten, bis hin zur Befindlichkeit der Gemeinschaft und jedes Kindes und Jugendlichen. Wir stellen hier nur eine Wegleitung vor.

Es gibt sie eigentlich nicht, die "Methodik sozialpädagogischer Arbeit", wenn man Rezepte im Auge hat, die abgearbeitet werden können. Aber wenn man die Abstraktionsebene akzeptiert, auf der die Aussagen zur Methodik angesiedelt sind, dann stellen sie eine Orientierungshilfe dar. Wir müssen lernen, mit ihr umzugehen. Ihre gedankliche Substanz wäre zu erfassen; und dann bleibt die spannende Aufgabe, sie auf das konkrete sozialpädagogische Projekt hin zu modifizieren. Die Grundaussagen zur Methodik werden wir überall und immer wieder finden. An ihnen können wir uns orientieren.

Literatur

ANORDNUNG über die Bildungs- und Erziehungsarbeit in den Heimen der Jugendhilfe vom 1.9.1969, in: GBl.II 90, S. 555

ANORDNUNG über die Spezialheime der Jugendhilfe vom 23.4,.1965, in: GBl.II, Nr. 53, S. 368

BOSOWITSCH, Die Persönlichkeit und ihre Entwicklung im Vorschulalter, Volk und Wissen Verlag, Berlin 1970

BOSOWITSCH/SLAWINA, Falsche Beziehungen zwischen Kind und Kollektiv und ihr Einfluß auf die Herausbildung der Persönlichkeit, in: Jugendhilfe, 16.Jg. 1978, Heft 2

7. DURCHFÜHRUNGSBESTIMMUNG zur Jugendhilfeverordnung (JHVO) vom 23.6.1983

FGB, Familiengesetzbuch der DDR vom 20.12.1965

FISCHER, Bernd-Reiner/SCHMIDT, Norbert, Das zweifache Scheitern der DDR-Schule, in: Aus Politik und Zeitgeschichte, Beilage zur Wochenzeitung "Das Parlament", B 37-38/91, 6.9.1991

FISCHER, Bernd-Reiner, Eine Typologie von pädagogisch relevantenn Situationen sozialpsychologischer Charakteristik, Berlin, Humboldt-Universität zu Berlin, Sektion Pädagogik, 1988, Dissertation A

FISCHER, Bernd-Reiner, Typen von pädagogisch relevanten Situationen sozial psychologischer Charakteristik, in: Wissenschaftliche Zeitschrift der HUB, Reihe Gesellschaftswissenschaften, 37. Jg. 1988, Heft 8

FISCHER, Bernd-Reiner/MANNSCHATZ, Eberhard, Überlegungen zum heuristischen Wert des Situationsbegriffes für die Pädagogik, in: Pädagogische Forschung, Berlin 29 (1988)

FRAUENBERGER, Walter, Die Kinderheime besser differenzieren, in: Zeitschrift für Jugendhilfe und Heimerziehung, 2. Jg. 1956, Heft 8

FURRER, Hans, Mut zur Utopie, Zur Pädagogik A.S. Makarenkos, Athenäum Verlag, Frankfurt am Main 1988

GINTZEL, Ullrich, Sozialpädagogische Einzelbetreuung, Möglichkeiten und Chancen einer Betreuungsform, in: Jugendhilfe, Luchterhand, 31. Jg. 1993, Heft 1

GRAUPNER, Siegfried/MANNSCHATZ, Eberhard, Enge Verbindung des Heimlebens mit der Schule, Zur schulpolitischen Perspektive der Kinderheime, in: Sozialistische Erziehung in Jugendhilfe, Heim und Hort, 3. Jg. 1961, Heft 5

HACKETHAL, Martin, Bericht von der theoretischen Konferenz der Berliner Heime, in: Neue Erziehung in Kindergarten und Heim, 6. Jg. 1953, Heft 2

HACKETHAL, Martin, Ein Besuch in München, in: Zeitschrift für Jugendhilfe und Heimerziehung, 2. Jg. 1956, Heft 7

HEIMERZIEHUNG, Autorenkollektiv unter Leitung von Eberhard Mannschatz, VWV Berlin 1984

HENNIGSEN, Jürgen, Zur Kritik der "Gruppenpädagogik", in: C.W. Müller (Hg.) Gruppenpädagogik, Beltz Verlag, Weinheim und Basel 1987

HILLIG, Götz, 'Freunde' und 'Feinde' A.S.Makarenkos, Fünfzehn Portraits aus dem Umfeld der Gorki-Kolonie, Manuskript, 5. Fassung, 9.11.1992

HOFFMANN, Julius, Jugendhilfe in der DDR, Funktion und Strukturen, Juventa Verlag München 1981

JHVO, Verordnung über die Aufgaben und die Arbeitsweise der Organe der Jugendhilfe (Jugendhilfeverordnung) vom 3. März 1966

JUGENDHILFE IM VERBUND, Erste Erfahrungen von und mit BeraterInnen im Land Brandenburg, in: Jugendhilfe, Luchterhand, 30. Jg. Heft 3/92

JORDAN, Erwin, Jugendhilfeplanung, Chance zur Weiterentwicklung, in: Lebenswelten gestalten, Beiträge zum 9. deutschen Jugendhilfetag 1992 in Hamburg, VOTUM Verlag Münster 1992

KELBER, Magda, Was verstehen wir unter Gruppenpädagogik, in: C.W. Müller (Hg.) Gruppenpädagogik, Beltz Verlag Weinhein und Basel 1987

KENTLER, Helmut, Versuch 2, in: Was ist Jugendarbeit? Juventa Verlag Weinheim und München 1986

KELLOTAT, Horst, Welche nächsten Schritte sind bei der Erforschung der Geschichte erfolgreicher Heimkollektive zu gehen, in: Jugendhilfe, 20. Jg. 1982, Heft 11

KRUPSKAJA, Ausgewählte Schriften, VWV Berlin 1987

KUPFFER, Heinrich, Pädagogik der Postmoderne, Beltz Verlag Weinheim und Basel 1990

LEBENSWELTEN gestalten, Beiträge zum 9. Deutschen Jugendhilfetag 1992 in Hamburg, VOTUM Verlag Münster 1992

LEIMBACH, H. Sind unsere Kinderheime richtig differenziert? in: Zeitschrift für Jugendhilfe und Heimerziehung, 2. Jg. 1956, Heft 5

MAKARENKO, A.S., Werke, Band IV, VWV Berlin 1958

MAKARENKO, A.S., Werke, Band V, VWV Berlin 1974

MAKARENKO, A.S., Werke, Band VII, VWV Berlin 1976

MANNSCHATZ, Eberhard, Organisationsformen des Kollektivs in den Heimen, in: Neue Erziehung in Kindergarten und Heim, 4.Jg. 1951, Heft 10

MANNSCHATZ, Eberhard, Die sozialistische Erziehung in den Heimen, in: Zeitschrift für Jugendhilfe und Heimerziehung, 3. Jg. 1957a, Beilage zum Heft 11

MANNSCHATZ, Eberhard, Vom Wesen der Kollektiverziehung, in: Zeitschrift für Jugendhilfe und Heimerziehung, 3. Jg. 1957b, Heft 12

MANNSCHATZ, Eberhard, Ein Diskussionsbeitrag zum Problem der Überlastung der Kinder in den Heimen, in: Zeitschrift für Jugendhilfe und Heimerziehung, 3. Jg. 1957c, Heft 8

MANNSCHATZ, Eberhard/WICHT, Horst, Auf der Suche nach neuen Wegen, in: Zeitschrift für Jugendhilfe und Heimerziehung, 3.Jg. 1957, Heft 6

MANNSCHATZ, Eberhard, Die Unterstützung der polytechnischen Bildung und Erziehung durch die Arbeit in den Heimen, in: Sozialistische Erziehung in Kindergarten, Heim und Hort, 5. Jg. 1959, Beilage zu Heft 1

MANNSCHATZ, Eberhard, Bericht über die Konzeption eines Experimentes, in: Sozialistische Erziehung in Jugendhilfe, Heim und Hort, 5. Jg. 1959, Heft 23

MANNSCHATZ, Eberhard, Zur Analyse der pädagogischen Ausgangssituation, in: Jugendhilfe, 1. Jg. 1963, Heft 2

MANNSCHATZ, Eberhard, Gedanken zum Wesen der sozialpädagogischen Aufgabe der Jugendhilfe, in: Jugendhilfe, 4. Jg. 1966, Heft 7

MANNSCHATZ, Eberhard, Die nächsten Aufgaben, in: Jugendhilfe, 4. Jg. 1966, Heft 1

MANNSCHATZ, Eberhard, Entwurf zu einer Methodik der Kollektiverziehung, VWV Berlin 1962

MANNSCHATZ, Eberhard, Zielklar und straff leiten, Zu Grundpositionen der Entscheidungstätigkeit, in: Jugendhilfe, 7. Jg. 1969, Heft 9

MANNSCHATZ, Eberhard, Das Sozialgefüge der Familie, in: Jugendhilfe, 8. Jg. 1970a, Heft 11

MANNSCHATZ, Eberhard, Die Beeinflussung der Stellung des Kindes in der Familie, in: Jugendhilfe, 8. Jg. 1970b, Heft 12

MANNSCHATZ, Eberhard, Einführung in die sozialistische Familienerziehung, VWV Berlin 1971

MANNSCHATZ, Eberhard, Sozialistische Schulpolitik, Richtschnur für die Verhinderung und Überwindung des Zurückbleibens einzelner Kinder und Jugendlicher in ihrer Persönlichkeitsentwicklung, in: Jugenhilfe, 11. Jg. 1973a, Heft 5

MANNSCHATZ, Eberhard, Funktion, Aufgaben und Arbeitsweise der Organe der Jugendhilfe bei der Verhinderung und Überwindung des Zurückbleibens von Kindern und Jugendlichen, in: Jugendhilfe, 11. Jg. 1973b, Heft 7/8

MANNSCHATZ, Eberhard, Worauf die erzieherische Beratung der Eltern gerichtet sein sollte, in: Jugendhilfe, 17. Jg. 1979, Heft 1

MANNSCHATZ, Eberhard/WEISS, Elisabeth, Jugendhilfe als spezielle pädagogische Aktivität weiter ausprägen, in: Jugendhilfe, 21.Jg. 1983, Heft 3

MANNSCHATZ, Eberhard/SPOHR, Friedel, Ergebnisse der Heimerziehung im Spiegel von Kindermeinungen, in: Jugendhilfe, 21. Jg. 1983, Heft 2

MANNSCHATZ, Eberhard, Persönlichkeitsfördernde Zuwendung bei Erziehungsschwierigkeiten, VWV Berlin 1987

MANNSCHATZ, Eberhard, Erziehung als Gestaltungsproblem, Ein Beitrag zum Umgang mit dem Erbe Makarenkos, in: WZ der HUB. Reihe Gesellschaftswissenschaften, 37. Jg. 1988, Heft 8

MARBURG, 25 Jahre Makarenko-Referat (1968-1993), Philipps-Universität Marburg, Forschungsstelle für Vergleichende Erziehungswissenschaft, Marburg 1993

MARX, Karl/ENGELS, Friedrich, Werke, Band 3, Dietz Verlag Berlin 1959a

MARX, Karl/ENGELS, Friedrich, Werke, Band 4, Dietz Verlag Berlin 1959b

MIELENZ, Ingrid, Jugendhilfe als Querschnittspolitik, Jugendhilfe im Widerstreit von Abgrenzung und Einmischung, in: Lebenswelten gestalten, VOTUM Verlag Münster 1992

MINISTERIUM FÜR VOLKSBILDUNG, Sollen Normalkinderheime differenziert werden? in: Neue Erziehung in Kindergarten und Heim, 7. Jg. 1954, Heft 1-4

MINISTERIUM FÜR VOLKSBILDUNG, Die Perspektive der Heimarten, in: Sozialistische Erziehung in Kindergarten, Heim und Hort, 5. Jg. 1959, Heft 2

MOLLENHAUER, Klaus, Einführung in die Sozialpädagogik, Verlag Julius Beltz, Weinheim/Berlin 1964

MOLLENHAUER, Klaus, Was will denn eigentlich die ältere Generation mit der jüngeren? in: 10 Jahre Institut für Soziale Arbeit. Fakten, Aufgaben, Perspektiven, ISA e.V., Münster 1989

MÜLLER, C.Wolfgang, Zwischen altem Anspruch und neuer Bescheidenheit. Fragen an die zeitgenössische Jugendhilfe, in: Lebenswelten gestalten, VOTUM Verlag Münster 1992

PETROWSKI, Psychologische Theorie der Kollektive, Beiträge zur Psychologie 15, Berlin 1983

RICHTLINIE Nr. 1 des Zentralen Jugendhilfeausschusses über die Grundsätze für die Vorbereitung, den Erlaß und die Durchführung pädagogischer Entscheidungen der Organe der Jugendhilfe vom 1 – 8.11.1965

RICHTLINIE Nr. 2 des ZJA zur Sicherung einer zielstrebigen und kontinuierlichen Entscheidungstätigkeit in den Fällen des § 5o FGB auf der Grundlage individueller Erziehungsprogramme vom 8.7.1969

RICHTLINIE zur Sicherung der beruflichen Ausbildung, Erziehung und internatsmäßigen Betreuung gefährdeter Jugendlicher vom 13.8.1974

SALZWEDEL, Werner, 'Theoretische Aspekte pädagogischer Prozeßbetrachtung', in: WZ der HUB, Reihe Gesellschaftswissenschaften, 37. Jg. 1988, Heft 8

SALZWEDEL, Werner, Grundfragen pädagogischer Prozeßtheorie aus allgemeinpädagogischer Sicht, in: WZ der HUB, Reihe Gesellschaftswissenschaften, 39. Jg. 1990

SEIDENSTÜCKER, Bernd, Jugendhilfe in der DDR, in: Seidenstücker/Münder, Soziale Praxis, VOTUM Verlag Münster 1990

SÜNKEL, Wolfgang, Die Situation des offenen Anfangs in der Erziehung mit Seitenblick auf Makarenko und Pestalozzi, in: Protext, Institut für Pädagogik Universität Erlangen, Nr. 2, 1988

SÜNKEL, Wolfgang, Über das Studium Makarenkos in Erlangen, in: Protext, Erlangen-Niendorf 1990

SCHÜTZE, Otmar, Was eine wirksame Erziehungshilfe erfordert, in: Jugendhilfe, 17. Jg. 1976, Heft 3

VINDER, Robert D., Gruppenpädagogik, in: C.W.Müller (Hg.) Gruppenpädagogik, Beltz Verlag, Weinheim und Basel 1987 (Reprint der 3.Auflage 1973)

VOGT, Hannah, Heimerziehung in der DDR, in: Neue Sammlung, Göttinger Blätter für Kultur und Erziehung, 6. Jg. 1966, Heft 1

WERNER, Reiner, Das verhaltensgestörte Kind. Heilpädagogik psychischen Fehl verhaltens, Deutscher Verlag der Wissenschaften, Berlin 1967

WERNER, Reiner, Problemfamilien — Familienprobleme, Deutscher Verlag der Wissenschaften, Berlin 1978

WESSEL, Karl-Friedrich, Struktur und Prozeß ontogenetischer Entwicklung des Menschen, Ergebnisse, Aufgaben, Perspektiven, in: WZ der HUB, Mathematisch-naturwissenschaftliche Reihe, 36. Jg. 1987, Heft 7

ZENTRALE KONFERENZ der Jugendhilfe am 25. und 26.11.1959 in Weimar, in: Sozialistische Erziehung, Zeitschrift für Jugendhilfe, Hort und Heim, Beilage zu Heft 1, 1960

CHRISTIAN SCHRAPPER
Hans Muthesius
Ein deutscher Fürsorgejurist und Sozialpolitiker zwischen Kaiserreich und Bundesrepublik

Hans Muthesius, geboren 1885 in Weimar, gestorben 1977 in Frankfurt/M., war einer der bedeutensten Fürsorgejuristen und Sozialpolitiker der jungen Bundesrepublik. Als langjähriger Vorsitzender des Deutschen Vereins für öffentliche und private Fürsorge, als Dezernent des Deutschen Städtetages sowie als gefragter Berater der Adenauer-Ära gestaltete er die Fürsorge und Sozialpolitik der Wiederaufbau- und Wirtschaftswunderzeit an einflußreicher Stelle.

Eine kritische Diskussion über Hans Muthesius fachliche und poltische Verdienste entfaltete sich erst nach seinem Tode. Umstritten ist seine Beteiligung an der sozialrassistischen Ausgrenzung und Vernichtung junger Menschen vor allem im besetzten Polen während des Zweiten Weltkrieges.

Der Autor klärt in dieser detaillierten historischen Untersuchung die Fragen nach persönlicher Beteiligung und Verantwortung eines Einzelnen im nationalsozialistischen Verwaltungs- und Fürsorgeapparat. Darüber hinaus gelingt die Darstellung und Analyse einer exemplarischen Berufsbiographie in vier Etappen politischer und sozialer Entwicklung Deutschlands: Vom Kaiserreich und dem Ersten Weltkrieg über die Zeit der Weimarer Republik und des NS-Regimes bis zur Restauration und Neugestaltung bundesrepublikanischer Wohlfahrtspflege.

306 Seiten, 39,80 DM/40,80 sFR/310,40 öS, ISBN 3–926549–88–2
Best.-Nr. 88

VOTUM Verlag GmbH

KLAUS WOLF (HG.)
Entwicklungen in der Heimerziehung

Heimerziehung hat sich auf den ersten Blick in den letzten 20 Jahren grundlegend geändert. Die finanzielle Ausstattung der Heime, die Professionalität der MitarbeiterInnen und die Differenzierung der Angebote der Heime sind kaum noch zu vergleichen mit den Zuständen der Heimerziehung zu Beginn der 70er Jahre.

Haben sich aber die Lebensbedingungen der Kinder und Jugendlichen in den Heimen der Jugendhilfe tatsächlich grundlegend geändert? Wie weit haben sich grundsätzliche Veränderungen im Umgang mit ungewöhnlichen Lebenserfahrungen von Kindern und Jugendlichen in Heimen durchgesetzt? Hat sich die Funktion der Heimerziehung in der Jugendhilfe verändert?

An diesen Fragen entlang werden in dem Buch Antworten gesucht und gegeben. Am Beispiel der Hamburger Heimreform werden die Entwicklungen, Widersprüche, Probleme, Chancen und Grenzen stationärer Jugendhilfe dargestellt und bewertet. Die wichtigsten Reformziele, der Verlauf der Reformprozesse, neue Formen stationärer Jugendhilfe, rechtliche und finanzielle Rahmenbedingungen und der Umgang mit speziellen Problemlagen von Kindern und Jugendlichen (wie Jugendliche in der Prostitutions- und Stricherszene, unbegleitete Flüchtlingskinder, drogenkonsumierende Jugendliche, Kinder aus der Psychiatrie, minderjährige Mütter) stehen im Mittelpunkt.

In einem ersten Beitrag werden ausführlich die Veränderungen in der Praxis der Heimerziehung dargestellt und erörtert.

Das Buch ist somit eine wichtige Grundlage für alle PraktikerInnen und Verantwortliche in der Heimerziehung und Erziehungshilfe.

309 Seiten, 29,80 DM/30,80 sFR/232,40 öS, ISBN 3-926549-73-4
Best.-Nr. 73

VOTUM Verlag GmbH

TILMAN ALLERT/LIESELOTTE BIEBACK-DIEL/
HELMUT OBERLE/ELISABETH SEYFAHRT

Familie, Milieu und sozialpädagogische Intervention

Sozialpädagogische Intervention zur Verbesserung der Lebenssituation von Familien hat seit der Entwicklung der Sozialpädagogischen Familienhilfe eine spezifische Ausprägung erhalten. Qualifizierte Hilfe in ihrer Wirksamkeit wird von der Familienstruktur und der Lebenswelt der Betroffenen ebenso bestimmt wie von der Professionalität der Fachkräfte und der Gestaltung der Angebote.

Das Buch beschreibt exemplarisch die Situation von Familien, deren Milieu und den Verlauf von Hilfen. Dabei geht es auch um die Kooperation von freien und öffentlichen Trägern der Familienhilfe. Ein Teil beschreibt und bewertet die Bedingungen der Familienhilfe (im ländlichen Raum).

Für die Berufsausbildung von SozialarbeiterInnen und FamilienhelferInnen ist das Buch eine Grundlage zur kritischen Auseinandersetzung mit Theorie und Praxis der Sozialpädagogischen Familienhilfe.

240 Seiten, 26,80 DM/27,80 sFR/209 öS, ISBN 3–926549–81–5
Best.-Nr. 81

VOTUM Verlag GmbH